高等院校新形态一体化系列教材

简明古代汉语教程

主　编　曾慧媛

副主编　雷意群

安徽师范大学出版社
ANHUI NORMAL UNIVERSITY PRESS

·芜湖·

图书在版编目（CIP）数据

简明古代汉语教程 / 曾慧媛主编 . — 芜湖 : 安徽师范大学出版社，2023.7
ISBN 978-7-5676-6286-5

Ⅰ . ①简… Ⅱ . ①曾… Ⅲ . ①古汉语—高等职业教育—教材 Ⅳ . ①H109.2

中国国家版本馆CIP数据核字（2023）第116215号

简明古代汉语教程　　　曾慧媛　主编
JIANMING GUDAI HANYU JIAOCHENG

责任编辑：胡志恒
责任校对：李克非
装帧设计：嘉鸿永徽科技
出版发行：安徽师范大学出版社
　　　　　芜湖市九华南路189号安徽师范大学花津校区　邮政编码：241002
网　　　址：http://www.ahnupress.com/
发 行 部：0553-5910319　5910327　5910310（传真）
印　　刷：河北柏兆达印刷有限公司
版　　次：2023年8月第1版
印　　次：2023年8月第1次印刷
规　　格：787 mm×1092 mm　1/16
印　　张：13
字　　数：324千字
书　　号：ISBN 978-7-5676-6286-5
定　　价：48.00元

前言

　　文明是人类历史的总汇，也是人类文化的结晶。有着五千多年辉煌史的中华文明凝聚着中华民族的智慧，是中华民族屹立于世界之林的历史根基和精神魂魄，是中华文化永续繁荣的深厚滋养，也是当代中国文化创新发展的源头活水。

　　习近平总书记在中国共产党第二十次全国代表大会上的报告中指出："坚持和发展马克思主义，必须同中华优秀传统文化相结合。只有根植本国、本民族历史文化沃土，马克思主义真理之树才能根深叶茂。中华优秀传统文化源远流长、博大精深，是中华文明的智慧结晶。"要想批判地继承文化遗产，前提是要能读懂古书，而读懂古书的关键，需要读者具备阅读古书的能力，这就要求我们必须学习古代汉语。时代越远，其语言与现代的距离也就越大，所以古代汉语的学习显得更重要。我们只有扫除语言的障碍，才能充分地接触我们的文化遗产，然后才谈得上从中剔除其糟粕，吸收其精华。"古代汉语"是一门培养古书阅读能力的工具课，通过这一课程的学习，学生能更好地掌握古代汉语的基础知识和基本理论，并借助工具书正确理解、阅读浅近的文言文作品，同时也能加深对现代汉语的理解，提高现代汉语的使用能力。

　　根据教学的需要，并考虑到社会的要求及学生的实际情况，编者努力吸取以往的成就和经验，编写了这部《简明古代汉语教程》。在编写中，我们重视感性认识和理性认识的结合，把文选和通论摆在同等重要的地位。教程共分文选、通论及文史知识拓展三大部分（古代汉语常用词体系融入文选内容，可借助工具书查找学习，并未单独列出），共六个单元。每个单元精选了五篇左右的文选和两至三节的通论及一篇拓展知识的文章。作为语言材料，文选部分既重视语言的典范性，又重视文章的思想内容，目的是使学生掌握古代汉语的常用词汇、语法特点、规律并丰富学生对古代汉语的感性认识；通论部分主要包括古代汉语的文字、词汇、语法方面的基础知识和基本理论，学习这部分内容，主要目的是把学习文选的感性认识提高到理性认识的高度；针对学生的特点，本教程还突出了实践环节的训练，每个通论后面都编配有相应的"思考与练习"，努力达到理论与实践的紧密结合。本教程在编排上注意体现由浅入深的原则，在注释上比较详细，并力求用词确切，重视语法分析。文史知识拓展部分主要选择先秦时代与政治、经济、文化相关的一些知识，是编者为激发学生阅读兴趣，使其体味中国传统文化魅力而设的一个重要部分。

　　本教程在编写过程中参考了很多相关书籍和教学资料，同时引用了许多专家学者的研究成果，在此一并致谢！由于编者知识水平有限，时间仓促，书中错误和不当之处在所难免，敬请广大师生和读者批评指正并提出宝贵意见。

编者

2023年4月

目 录

绪论

零

中华文明数千年源远流长，历史文化博大精深。这些光辉灿烂的历史文化遗产，很多都记载在卷帙浩繁的古代文献中，要深刻理解古代文献、准确把握古代文化的精髓，继承发扬中华民族的优秀传统文化，就必须系统掌握古代汉语的基础知识。在国学热潮方兴未艾的今天，人们日益注重传统文化，古代汉语的工具作用就显得更为重要。

一、什么是古代汉语

古代汉语是一个比较广泛的概念，大致说来它有两个系统：一个是以先秦口语为基础而形成的上古汉语书面语言及后来历代作家仿古的作品中的语言，也就是通常所谓的文言；另一个是唐宋以来以北方话为基础而形成的古白话。根据本课程的学习目的和任务，我们学习和研究的对象主要是前者，即上古的文学语言及历代模仿它的典范作品。这里所谓的文学语言是指语言巨匠们在全体人民所使用的语言的基础上高度加工的结果。重点是先秦的典范作品。这不仅因为先秦时代距离现在较远，作品比较难懂；而且因为先秦的典范作品的语言是历代文学语言的源头，影响极为深远。学习先秦典范作品的语言，可以收到溯源及流、举一反三的效果。至于古白话，由于它同现代汉语非常接近，比较容易读懂，所以我们不将它作为学习和研究的对象。

二、古代汉语的学习内容和学习方法

这门课程的对象确定了，还要考虑它的教学内容和教学方法。前人学习古代汉语，重视感性认识，强调多读熟读，所谓"读书百遍，其义自见"。在工具书的帮助下，日积月累，也就逐渐地掌握到一定数量的文言语汇，领会到文言用词造句的一些规律。有人曾经希望学习古代汉语时有一把钥匙，学生掌握了这把钥匙，就能开一切古籍之门，而不是讲一篇懂一篇，不讲就不懂。这种愿望是可以理解的，但是有没有这样一把钥匙呢？如果想不经过循序渐进地认真学习，很轻易地就具备阅读古书的能力，这样的钥匙自然是没有的。如果说，认真考虑教学内容，讲究教授和学习的方法，使学生能够触类旁通，执一驭万，那是完全可能的。

理性认识依赖于感性认识，感性认识有待于发展为理性认识，学习古代汉语必须把对古代汉语的感性认识和理性认识结合起来，才有望收到预期的效果。感性认识是学习语言的必要条件，感性认识越丰富越深刻，语言的掌握也就越牢固越熟练。要获得古代汉语的感性认识，就必须大量阅读古代的典范作品。因此，本教程文选部分占有极其重要的地位。所选的文章一般是历代的名篇，都是具有语言典范性的优秀作品，而绝大多数又是思想性和语言的典范性相结合的，讲读抑或是学生自行阅读，大家可酌情而定。我们要求结合注释，彻底读懂，并希望多读熟读，最好能够背诵若干篇，这不但可以踏踏实实地掌握一些古代的语言材料，而且还可以培养对古代汉语的"语感"，这种基本的实践功夫，大大有助于提升感性认识。如果能够坚持不懈，必然会有得于心。古代汉语的学习内容除了历代文选之外，还应掌握一定数量的常用词及文字、词汇、语法等知识与理论，来深化对文选中古代语言现象的理解。阅读文选并结合通论讲述的知识和理论，互相印证，悉心体会和总结归纳，把感性认识提升发展为理性认识，才能在学习中达到由此及彼、触类旁通的作用。

先秦散文

（一）

壹

文选

导读

左丘明（生卒年月不详），一说复姓左丘，名明；一说单姓左，名丘明。春秋时期史学家、鲁国人，曾任鲁太史。相传他鉴于鲁史《春秋》太简，恐后学弟子各持异说，失其真意，而作《左氏春秋》。

《左氏春秋》又称《春秋左氏传》《春秋内传》，汉朝以后多称《左传》，汉人也有称之为《春秋古文》的。原本《春秋》与《左传》是各自单行的史书，至晋杜预"分经之年与传之年相附"，将二者合著，成为《春秋经传集解》，最终使《左传》与《春秋经》紧密地联系在一起了。

《左传》是我国第一部叙事详细完整的编年体史书，其所载历史，起于鲁隐公元年（前722年），止于鲁哀公二十七年（前468年），实际记事止于鲁悼公十四年（前453年），它是研究中国古代社会，特别是春秋时期社会变革的重要历史文献。书中对春秋时期各诸侯国的争霸战争、各诸侯内部争权夺利的战争及各诸侯国的经济、文化和一些重要的自然现象都做了比较真实的记载，在一定程度上反映了当时的历史面貌。

《左传》在文学和语言上都有很大的成就。作者既善于用简练的语言记叙复杂的历史事件（特别是大规模的战争），也善于用写实的手法通过人物的语言、动作表现人物，同时，《左传》在外交辞令方面的语言也十分出色，对后代文学和语言的发展有着较大的影响。

郑伯克段于鄢

说明

本文选自《左传·隐公元年》。郑庄公在鄢地打败了弟弟共叔段。该事发生在鲁隐公元年，即公元前722年。本文记事简洁生动，表现了郑庄公的阴险毒辣和贵族内部尔虞我诈的激烈斗争。

初，郑武公娶于申[1]，曰武姜[2]。生庄公及共叔段[3]。庄公寤生[4]，惊姜氏[5]，故名曰"寤生"，遂恶[6]之。爱共叔段，欲立之。亟请于武公[7]，公弗许。及庄公即位，为之请制[8]。公曰："制，岩邑也[9]，虢叔死焉[10]，佗邑唯命[11]。"请京[12]，使居之，谓之京城大叔[13]。

[1] 郑武公：郑国国君，名掘突，武公是其死后的谥号。郑，国名，在今河南省新郑市一带，姬姓。申：国名，姜姓，在今河南省南阳市。

[2] 武姜：武公之妻姜氏，庄公、共（gōng）叔段之母。武，表明其夫为武公；姜，表明其母家姓姜。

[3] 庄公：郑伯，武公长子。共叔段：太叔段，武公次子，名段。共，国名，在今河南省辉县市。

[4] 寤生：逆生，即难产。寤通"牾"。

[5] 惊姜氏：使姜氏受到惊吓。惊，使动用法。

[6] 恶（wù）：厌恶，讨厌。

[7] 亟：屡次。

[8] 制：地名，又名虎牢，在今河南省荥阳市西。

[9] 岩邑：险邑。邑，城邑。

扫一扫 学一学

[10] 虢叔：东虢国君，为郑所灭。虢，国名，在今河南省荥阳市。

[11] 佗：同"他"。指示代词，别的，其他的。唯命：是"唯命是听"的省略。"唯……是……"，是宾语前置的固定格式。

[12] 京：地名，郑国城邑，在今河南省荥阳市东南。

[13] 大叔：太叔，叔段的尊称，大同"太"。叔段被称为太叔，是因为他是郑庄公的第一个弟弟。

祭仲曰[1]："都，城过百雉[2]，国之害也。先王之制[3]：大都，不过参国之一[4]，中，五之一；小，九之一。今京不度[5]，非制[6]也，君将不堪。"公曰："姜氏欲之，焉辟害[7]？"对曰："姜氏何厌之有[8]？不如早为之所[9]，无使滋蔓！蔓，难图也。蔓草犹不可除，况君之宠弟乎？"公曰："多行不义，必自毙[10]，子姑待之。"

[1] 祭（zhài）仲：祭足，郑国大夫。祭，地名，祭仲的食邑，在今河南省中牟县境内。

[2] 都：都，都邑。城：城墙。雉（zhì）：古时度量名称，长三丈，高一丈。

[3] 制：制度、规度。

[4] 参国之一：国都（城墙）的三分之一。参同"叁"。

[5] 度：法度，制度。这里用如动词，合法度。

[6] 非制：不符合先王的制度。

[7] 辟：同"避"，逃避。

[8] 何厌之有：有何厌。"何……之有"是宾语前置的固定格式。厌，满足。之，宾语提前的标志，无义。

[9] 为：安排。所：处所。

[10] 毙：跌跤，倒下。

既而大叔命西鄙、北鄙贰于己[1]。公子吕曰[2]："国不堪贰[3]，君将若之何？欲与[4]大叔，臣请事[5]之；若弗与，则请除之，无生民心[6]。"公曰："无庸，将自及[7]。"大叔又收贰以[8]为己邑，至于廪延[9]。子封曰："可矣，厚将得众[10]。"公曰："不义不暱[11]，厚将崩。"

[1] 既而：不久。西鄙、北鄙：边境二邑。鄙，边境的城邑。贰：两属，即从属二主。

[2] 公子吕：人名，郑国大夫，字子封。

[3] 堪：忍受，容忍。

[4] 与：给予。

[5] 事：侍奉。

[6] 生民心：使民生心，这里指使百姓产生二心。

[7] 庸：用。自及：自己赶上（灾祸）。及，赶上。

[8] 贰：用作名词，两属的地方。以：介词，后面省略代词"之（代指'贰'）"。

[9] 廪（lǐn）延：郑国邑名，在今河南省延津县北。

[10] 厚：势力雄厚。众：百姓，这里指民心。

[11] 暱：同"昵"，亲近，团结。

大叔完、聚[1]，缮甲、兵[2]，具卒、乘[3]，将袭郑。夫人将启之[4]。公闻其期，曰："可矣！"命子封帅车二百乘以伐京[5]。京叛大叔段，段入于鄢[6]，公伐诸鄢。五月辛丑[7]，大叔出奔共[8]。

[1] 完、聚：完，坚固城郭；聚，聚集粮草。

[2] 缮：修整，修缮。

[3] 具：准备。

[4] 启：开启，为他开城门，即做内应。

[5] 乘：车一辆称为一乘。春秋时期每乘甲士十人；战国时期每乘配甲士三人，步卒七十二人。

[6] 入于鄢：逃到鄢地。鄢，地名，在今河南省鄢陵县。于，介词，引进行为的处所。

[7] 五月辛丑：鲁隐公元年五月二十三日。古人以干支纪日。

[8] 出奔：逃到国外避难。

书曰："郑伯克段于鄢。"段不弟[1]，故不言弟；如二君，故曰克；称郑伯，讥失教也；谓之郑志[2]，不言出奔，难之也。

[1] 不弟：不像兄弟。弟或通"悌"。

[2] 郑志：郑庄公的意志。

遂寘姜氏于城颍[1]，而誓之曰："不及黄泉，无相见也。"既而悔之。颍考叔为颍谷封人[2]，闻之，有献于公[3]，公赐之食，食舍肉[4]。公问之，对曰："小人[5]有母，皆尝小人之食矣，未尝君之羹[6]，请以遗之[7]。"公曰："尔有母遗，繄我独无[8]！"颍考叔曰："敢问何谓也[9]？"公语之故，且告之悔[10]。对曰："君何患焉？若阙地及泉[11]，隧[12]而相见，其谁曰不然[13]？"公从之。公入而赋[14]："大隧之中，其乐也融融[15]！"姜出而赋："大隧之外，其乐也洩洩[16]！"遂为母子如初。

[1] 寘：安置，这里作"放逐"解。城颍：郑国地名，在今河南省临颍县西北。

[2] 封人：镇守边疆的地方官。封，疆界。

[3] 献：送物于人。

[4] 舍肉：将肉放置一边。舍，放置。

[5] 小人：谦称。

[6] 羹：带汁的肉食。

[7] 遗（wèi）：馈，给予，送给。

[8] 繄（yī）：语气助词。表示仅限于某一范围，可以译为"只有""唯有"等。

[9] 敢：谦词，有冒昧的意思。何谓：疑问句中，代词做宾语，宾语要前置，即"谓何"，这话怎么讲？

[10] 语之故，告之悔：双宾句。语，告诉。悔，后悔。

[11] 阙：通"掘"，挖。

[12] 隧：用作动词，即挖隧道。

[13] 其：语气副词，此处表示反问语气。

[14] 赋：赋诗。

[15] 融融：和乐的样子。

[16] 洩洩（yì）：舒畅的样子。

君子曰[1]："颍考叔，纯[2]孝也，爱其母，施及庄公[3]。《诗》曰[4]：'孝子不匮[5]，永锡[6]尔类。'其是之谓乎[7]。"

[1] 君子曰：《左传》作者用以发表评论的方式。

[2] 纯：《尔雅·释诂》中为"纯，大也"。

[3] 施（yì）：延及，这里指影响。

[4]《诗》：《诗经》。下面两句引自《诗经·大雅·既醉》。

[5] 匮：缺乏，尽。

[6] 锡：通"赐"。

[7] 其是之谓乎：大概说的就是这种情况吧。其，语气词，表示推测。是，代词，做宾语。

蹇叔哭师

📖 说明

　　本文选自《左传·僖公三十二年》。当时晋文公刚死，秦穆公急于争霸，不听老臣蹇叔的劝谏，意欲派兵偷袭郑国。蹇叔为此一哭再哭，力陈"劳师以袭远"必然失败的道理。本文是秦晋殽之战的一部分，后来事情的发展证明了蹇叔的远见。文章在叙事上井井有条，渲染了一个悲壮的场景，留下悬念引导人们去探求战争的结果。蹇叔的深忧远虑，秦穆公的骄怒无状，都声口毕肖，令人有身临其境之感。

　　冬，晋文公卒。庚辰[1]，将殡于曲沃[2]，出绛[3]，柩有声如牛。卜偃使大夫拜[4]，曰："君命大事[5]：将有西师过轶[6]我，击之，必大捷焉。"

[1] 庚辰：古代以干支相配纪日，这天是鲁僖公三十二年（前628年）的十二月初十日。

[2] 殡：停棺待葬。曲沃：晋国宗庙所在之地，今山西省闻喜县东。

[3] 绛：晋国国都，今山西省翼城县东南。

[4] 卜偃：晋国掌管卜筮的官员，名偃。拜：古代的一种跪拜礼。跪下双手合抱在胸前，头低到手上。

[5] 君：指晋文公。大事：《左传·成公十三年》中有"国之大事，在祀与戎"，这里是指戎（军事）。

[6] 西师：西方的军队，指秦师。过轶：越过。晋在秦之间，秦侵郑，必定要路过晋。卜偃闻秦密谋，所以说这话来引起警惕。轶，后车超过前车。

　　杞子自郑使告于秦[1]，曰："郑人使我掌其北门之管[2]，若潜师以来[3]，国可得也。"穆公访诸蹇叔[4]，蹇叔曰："劳师以袭远[5]，非所闻也。师劳力竭，远主备之[6]，无乃[7]不可乎？师之所为，郑必知之。勤而无所[8]，必有悖心[9]。且行千里，其[10]谁不知？"公辞焉[11]。召孟明、西乞、白乙[12]，使出师于东门之外。蹇叔哭之，曰："孟子[13]，吾见师之出，而不见其入也。"公使谓之曰："尔何知？中寿[14]，尔墓之木拱矣[15]。"

[1] 杞子：秦国留在郑国帮助戍守的将领。

[2] 管：钥匙。

[3] 潜师：秘密派兵。

[4] 访：咨询，征求意见。诸："之于"的合音字。蹇（jiǎn）叔：秦老臣，曾为上大夫。

[5] 劳师：使军队劳苦跋涉。以：连词，表目的。袭远：偷袭远方的国家。

[6] 远主：指郑君。

[7] 无乃：表示委婉语气的副词，恐怕，大概。

[8] 勤而无所：劳苦而无所得。所，着落。

[9] 悖心：背离之心，即怨恨情绪。

[10] 其：语气词，表反问。

[11] 辞：不接受，不听从。焉：兼词，即代指蹇叔的话，也表示句末语气。

[12] 孟明、西乞、白乙：即秦国将领百里孟明视、西乞术、白乙丙。

[13] 孟子：指孟明。

[14] 中寿：中等的寿命，这里指一般老年人的寿命。蹇叔对着即将出征的军队痛哭，并说"吾见师之出而不见其入"，在秦穆公看来是很不吉利的，所以派人骂他。

[15] 拱：拱手合围，即合抱。洪诚先生认为，"尔墓之木拱矣"句上面，承前文省略了"及师之入"一句。

　　蹇叔之子与师[1]，哭而送之，曰："晋人御师必于殽[2]。殽有二陵[3]焉：其南陵，夏后皋[4]之墓也；其北陵，文王之所辟风雨[5]也。必死是间[6]，余收尔骨焉。"秦师遂东[7]。

[1] 与师：在军队之中。

[2] 殽（xiáo）：或作"崤"，即殽山，在今河南省洛宁县西北。

[3] 二陵：指殽之二峰，即东崤山和西崤山。二陵之间，山高路窄，下临深涧，为绝险之地。

[4] 夏后皋：夏代君主，名皋，为夏桀之祖父。后，君主。

[5] 文王：周文王。所辟风雨：避风雨的地方。辟，同"避"。

[6] 是间：指二陵之间。

[7] 遂：副词，接着就。东：用如动词，向东（进发）。

宫之奇谏假道

📖 **说明**

    本文选自《左传·僖公五年》。公元前655年晋国向虞国借道攻打虢国，是要趁虞国不备而一举两得，即先吃掉虢国，再消灭虞国。具有远见卓识的虞国大夫宫之奇，早就看清了晋国的野心。他力谏虞公，有力地驳斥了虞公对宗族关系和神权的迷信，指出存亡在人不在神，应该实行德政，民不和则神不享。可是虞公不听，最终落得了被活捉的可悲下场。

    晋侯复假道于虞以伐虢[1]。宫之奇谏曰："虢，虞之表也[2]。虢亡，虞必从之。晋不可启[3]，寇不可玩[4]，一之谓甚，其可再乎？谚所谓'辅车相依[5]，唇亡齿寒'者，其虞、虢之谓也。"

    公曰："晋，吾宗也[6]，岂害我哉？"对曰："大伯、虞仲[7]，大王之昭也[8]。大伯不从[9]，是以不嗣[10]。虢仲、虢叔[11]，王季之穆也[12]，为文王卿士，勋在王室，藏于盟府[13]。将虢是灭，何爱于虞？且虞能亲于桓、庄乎[14]，其爱之也？桓、庄之族何罪，而以为戮，不唯偪乎[15]？亲以宠偪，犹尚害之，况以国乎？"

[1]晋侯：晋献公。虞：姬姓国，在今山西省平陆县东。虢：国名，在今山西省平陆县南。

[2]表：外围，屏障。

[3]启：启发，开端。

[4]玩：玩忽，轻侮。

[5]辅：车厢两边的夹板。

[6]宗：同宗。晋与虞为同姓国。

[7]大（tài）伯：泰伯，周太王长子。虞仲：泰伯之弟，太王次子。

[8]大王：太王，周文王的祖父。昭：古代庙次及墓次。始祖居中，其后第一、三、五代逢奇数者位在左，为昭；第二、四、六代逢偶数者位在右，为穆。

[9]不从：不跟随身边，避位出逃。

[10]不嗣：太伯为太王长子，与其弟虞仲远去吴国，未能继承父位，由其幼弟王季继位。

[11]虢仲、虢叔：王季（季历）之子。

[12]穆：见昭注。周代以后稷为始祖，太王为后稷第十二代孙，为穆，其子太伯、虞仲、季历皆为昭，而虢仲、虢叔为季历之子，故为穆。

[13]盟府：掌功勋盟约的官府。

[14]桓、庄：桓叔和庄伯，为晋献公的曾祖父和祖父。

[15]偪：逼近，威胁，同"逼"。

    公曰："吾享祀丰洁[1]，神必据我[2]。"

    对曰："臣闻之，鬼神非人实亲[3]，惟德是依[4]。故《周书》曰[5]：'皇天无亲，惟德是辅。'又曰：'黍稷非馨[6]，明德惟馨[7]。'又曰：'民不易物[8]，惟德緊物[9]。'如是，则非德，民不和，神不享矣。神所冯依^[10]，将在德矣。若晋取虞，而明德以荐馨香^[11]，神其吐之乎？"

[1] 享祀：祭品。丰洁：丰盛而洁净。

[2] 据：依靠，依从。

[3] 非人实亲：宾语前置，即非亲人。实，语助词，无实义。

[4] 惟德是依：宾语前置。是，提宾，无实义。

[5] 《周书》：《周书》秦以后失传，即所谓《逸书》。

[6] 黍稷：古代祭祀常用的谷物。馨：芳香。

[7] 明德：光明之德。

[8] 易物：改变祭物。

[9] 緊（yì）：语气词。

[10] 冯：同"凭"，依凭。

[11] 荐：进献。

弗听，许晋使。宫之奇以其族行^[1]，曰："虞不腊矣^[2]，在此行也，晋不更举矣^[3]。"

八月甲午，晋侯围上阳^[4]。问于卜偃曰："吾其济乎^[5]？"对曰："克之。"公曰："何时？"对曰："童谣云：'丙之晨^[6]，龙尾伏辰^[7]，均服振振^[8]，取虢之旂。鹑之贲贲^[9]，天策焞焞^[10]，火中成军^[11]，虢公其奔。'其九月、十月之交乎。丙子旦，日在尾^[12]，月在策^[13]，鹑火中，必是时也。"

冬十二月丙子朔^[14]，晋灭虢，虢公丑奔京师。师还，馆于虞，遂袭虞，灭之，执虞公，及其大夫井伯，从媵秦穆姬。而修虞祀，且归其职贡于王，故书曰："晋人执虞公。"罪虞公，言易也。

[1] 以：介词，引出动作行为连带的人。可译为"率领"。

[2] 腊：腊祭，古代年终时的祭祀。

[3] 更举：再次用兵。举，举兵。

[4] 上阳：虢国都，在今河南省陕县南。

[5] 济：成功。

[6] 丙之晨：丙子日的早晨。

[7] 龙尾：星名，即尾宿，为苍龙七宿的第六宿。伏辰：伏于辰，日月相会为"辰"。此时龙尾星为日光所蔽，伏而不见。

[8] 均服：戎服，军装。振振：盛美。

[9] 鹑：鹑火星，又名柳宿星，为朱鸟七宿的第三宿，属长蛇星座。贲贲：飞行的样子。

[10] 天策：传说星。焞焞：无光的样子。

[11] 火中：鹑火星出现于正南方。

[12] 尾：龙尾星。

[13] 策：天策星。

[14] 丙子朔：按夏历为十月初一日。

晋灵公不君

📖 **说明**

　　本文选自《左传·宣公二年》。本文写晋灵公搜刮民财，残酷暴虐，最终被臣下杀死的故事，赞扬了赵盾的敢于直谏、忠于国事和董狐的不畏权贵、秉笔直书的精神。同时把儒家"君君（晋灵公不君），臣臣（赵盾良臣），父父，子子（灵辄孝子）"的道理（强调赵盾的名分与职责）做了形象化的说明。

　　晋灵公[1]不君：厚敛以彫墙[2]，从台上弹人，而观其辟丸也[3]。宰夫胹熊蹯不孰[4]，杀之，寘诸畚[5]，使妇人载以过朝[6]。赵盾、士季见其手[7]，问其故，而患之[8]。将谏，士季曰："谏而不入[9]，则莫之继也[10]。会请先[11]，不入，则子继之[12]。"三进及溜，而后视之[13]。曰："吾知所过矣[14]，将改之。"稽首而对曰[15]："人谁无过？过而能改[16]，善莫大焉[17]。《诗》曰：'靡不有初，鲜克有终[18]。'夫如是[19]，则能补过者鲜矣。君能有终，则社稷之固也[20]，岂惟群臣赖之[21]？又曰：'衮职有阙，惟仲山甫补之[22]。'能补过也。君能补过，衮不废矣[23]。"

　　[1]晋灵公：名夷皋，晋襄公之子，文公之孙，是历史上有名的暴君。君，用如动词。不君，不行君道。

　　[2]厚敛：加重征收赋税。厚，重。敛，赋税。雕墙：修筑豪华宫室，过着奢侈的生活。彫，画，一本作"雕"。

　　[3]辟（bì）：躲避，后来写作"避"。丸：弹子。

　　[4]宰夫：厨子。胹（ér）：煮，炖。熊蹯（fán）：熊掌。孰：熟，后来写作"熟"。

　　[5]畚（běn）：草绳编成的筐篓一类的器物。

　　[6]载：用车装。过朝：经过朝廷。灵公是以杀人为儿戏，并想借此让众人怕自己（依孔颖达说）。

　　[7]赵盾：晋正卿（相当于首相），赵衰之子，谥号宣子。士季：名会，晋大夫。其手：宰夫的手。

　　[8]问其故，而患之：问宰夫被杀的原因，并为这件事忧虑。

　　[9]不入：不纳，这里指不接受谏言。

　　[10]莫：否定性的无定代词，等于说"没有谁"。之：代词，指赵盾，等于说"您"，在这里做"继"的宾语。

　　[11]先：动词，这里是说先谏。

　　[12]之：等于说"我"。

　　[13]三进：往前走了三次，始进入为入门，再进为由门入庭，三进为升阶当霤。及：到。溜：通"霤"，房檐下滴水处；指屋檐下。

　　[14]吾知所过矣：我知道我所犯的错误了。灵公想把士会的话挡回去，所以抢先说话。

　　[15]稽首：古人最恭敬的礼节，动作近似于磕头，但要先拜，然后双手合抱按地，头伏在手前边的地上并停留一会，整个动作都较缓慢。

　　[16]过：动词，指犯了错误。

　　[17]善莫大焉：没有任何善事能比这个更大的了。

　　[18]"靡不有初"二句：引自《诗经·大雅·荡》。大意是没有谁向善没一个开始，但很少能坚持到

底。靡，没有什么，没有谁，作用同"莫"。初，开始。鲜（xiǎn），少。克，能够。终，结束。

[19] 夫：句首语气词，表示下面要发表议论。

[20] 则社稷之固也：社稷就巩固了。之，介词。

[21] 赖：依靠。之：指"君能有终"。

[22]"衮职有阙"二句：引自《诗经·大雅·烝民》。大意是周宣王有没尽职的地方，只有仲山甫来弥补。衮，天子之服，这里指天子。职，职责。阙，通缺，过失。仲山甫，周宣王的大臣。

[23]"君能补过"二句：这话有双关的意思。您能补救您的过失，您的衮袍就可以不被废掉了。意思是您的君位就丢不了了。

犹不改[1]。宣子骤谏[2]。公患之，使钽麑贼之[3]。晨往，寝门辟矣[4]。盛服将朝[5]，尚早，坐而假寐[6]。麑退，叹而言曰："不忘恭敬，民之主也[7]。贼民之主，不忠；弃君之命，不信[8]。有一于此[9]，不如死也！"触槐而死。

[1] 犹：还（hái），仍。

[2] 骤：多次。

[3] 钽麑（chú ní）：晋力士。贼：杀。上"之"字指骤谏，下"之"字指赵盾。

[4] 寝门：卧室的门。辟：开。

[5] 盛服：正其衣冠，也就是"穿戴好上朝的礼服"的意思。

[6] 假寐（mèi）：不脱衣冠瞌睡，闭目养神。

[7] 主：春秋时期称卿大夫为主。

[8] 信：守信用。

[9] 有一于此：在不忠不信中有一样。

秋九月，晋侯饮赵盾酒[1]，伏甲，将攻之[2]。其右提弥明知之[3]，趋登，曰[4]："臣侍君宴，过三爵[5]，非礼也。"遂扶以下[6]。公嗾夫獒焉[7]，明搏而杀之[8]。盾曰："弃人用犬，虽猛何为[9]？"斗且出[10]。提弥明死之[11]。

[1] 晋侯饮赵盾酒：晋侯赐给赵盾酒喝。饮（yìn），使……喝，也就是给……喝。

[2] 伏：埋伏。甲：铠甲，这里指披甲的武士。

[3] 右：车右，又称骖乘。古制，一车乘三人，尊者在左，御者在中，骖乘居右；但君王或战争时的主帅居中，御者在左。车右都是有勇力之士，任务是执干戈以御敌，并负责战争中的力役之事。提弥明：人名，晋国勇士，赵盾的车右。

[4] 趋登：快步走上堂去。

[5] 三爵：三巡。爵，古代饮酒器。

[6] 遂扶以下：紧接着就扶着（赵盾）走下堂去。

[7] 夫（fú）：指示代词，那个。嗾（sǒu）：唤狗的声音，用如动词，嗾使。獒（áo）：猛犬。

[8] 搏：徒手打。

[9] 何为：做什么？也就是"顶得了什么？"

[10] 斗且出：一边打，一边出去。且，连词，一边……一边。

[11] 死之：为他（赵盾）死了，即殉难的意思。

初，宣子田于首山[1]，舍于翳桑[2]。见灵辄饿[3]，问其病，曰："不食三日矣。"食之[4]，舍其半[5]。问之，曰："宦三年矣[6]，未知母之存否。今近焉，请以遗之[7]。"使尽之[8]，而为之箪食与肉[9]，寘诸橐以与之[10]。既而与为公介[11]，倒戟以御公徒[12]，而免之[13]。问何故，对曰："翳桑之饿人也。"问其名居[14]，不告而退，遂自亡也[15]。

[1] 田：打猎，后来写作"畋"。首山：又名首阳山，在今山西省永济东南。

[2] 舍：住一宿。翳（yì）桑：地名，首山附近。

[3] 灵辄：人名，晋国人。饿：指因挨饿而病倒。

[4] 食（sì）之：给他东西吃。"食"的用法同上文"饮"。

[5] 舍其半：灵辄留下食物的一半没吃。

[6] 宦（huàn）：学习做事。

[7] "今近焉"二句：现在离她近了，请允许把（这一半）给她吃。遗（wèi），送给。

[8] 尽：用如动词，这里是吃尽的意思。

[9] 而为之箪食与肉：并且给他预备一筐饭和肉。为，作，这里有"预备"的意思。箪，盛饭用的竹筐。食（sì），饭。

[10] 橐（tuó）：两头有口的口袋，用时以绳扎紧。

[11] 既而：不久。与（yù）：参加。介：甲，指甲士。

[12] 倒戟以御公徒：把兵器倒过头来挡住灵公手下的人。

[13] 免之：使赵盾免于难。

[14] 名：名字。居：住处。

[15] 亡：逃走，指赵盾逃亡。

扫一扫 学一学

乙丑[1]，赵穿攻灵公于桃园[2]。宣子未出山而复[3]。大史书曰[4]："赵盾弑其君[5]。"以示于朝[6]。宣子曰："不然[7]。"对曰："子为正卿，亡不越竟[8]，反不讨贼[9]，非子而谁？"宣子曰："乌呼[10]！《诗》曰：'我之怀矣，自诒伊慼[11]。'其我之谓矣！"

[1] 乙丑：宣公二年九月二十六日。

[2] 赵穿：晋国大夫，赵盾的堂兄弟。攻：当为"杀"字之误。桃园：晋灵公的园囿名。

[3] 山：晋国国界处的山。复：回来。

[4] 大（tài）史：后来写成"太史"，官名，专管记载国家大事，这里是指晋太史董狐。书：写，指记事。

[5] 弑（shì）：古代下杀上叫弑。太史这样记载是为了维护宗法社会的正统思想和等级观念。无论国君如何无道，也只可谏，不可杀，杀君就是大逆不道。史官以此为记事的准则，当然不会写出真正的历史。

[6] 以示于朝：把上面的话拿到朝廷上公布。

[7] 不然：不是这样。然，代词。

[8] 竟：国境，边境，后来写作"境"。

[9] 反：返回，后来写作"返"。讨：讨伐。贼：大逆不道的人。

[10] 乌呼："呜呼"，感叹词。

[11] "我之怀矣"二句：杜预说这两句是逸诗。可能是引自《诗经·邶风·雄雉》，今本《诗经》"伊慼"作"伊阻"。赵盾引这两句的意思是：由于我怀念祖国，反而自己找来了忧患。之，助词。怀，眷恋。

诒，通贻，给。伊，指示代词，那个。慼，忧。

孔子曰："董狐，古之良史[1]也，书法不隐[2]。赵宣子，古之良大夫也，为法受恶[3]。惜也，越竟乃免。"

[1] 良史：好史官。

[2] 书法：记事的原则。隐：隐讳，不直写。

[3] 为（wèi）：为了。法：指书法。恶：指弑君恶名。

子产不毁乡校[1]

📖 说明

本文选自《左传·襄公三十一年》。故事包含典型的公共关系思想，子产把乡校作为获取群众议论政事的反馈信息的场所，而且注意根据来自公众的意见，调整自己的政策和行为。子产执政后，重视听取百姓的议论，还把刑书铸在鼎上公告于世，努力疏通统治者与被统治者之间的关系，颇得百姓的爱戴，从而使郑国变得强盛起来。

郑人游于乡校，以论执政[2]。然明谓子产曰[3]："毁乡校何如[4]？"子产曰："何为[5]？夫人朝夕退而游焉[6]，以议执政之善否[7]。其所善者，吾则行之；其所恶者，吾则改之。是吾师也，若之何毁之？我闻忠善以损怨[8]，不闻作威以防怨[9]。岂不遽止[10]？然犹防川[11]。大决所犯[12]，伤人必多，吾不克救也。不如小决使道[13]，不如吾闻而药之也[14]。"然明曰："蔑也今而后知吾子之信可事也[15]，小人实不才[16]。若果行此，其郑国实赖之[17]，岂唯二三臣[18]？"

仲尼闻是语也[19]，曰："以是观之，人谓子产不仁，吾不信也。"

[1] 子产：郑大夫，名公孙侨，子产是字，春秋时有名的政治家。执政二十余年，使处在晋楚双重压迫之下的弱小郑国获得安定，并受到各国尊重。乡校：乡间的公共场所。既是学校，又是乡人聚会议事的地方。

[2] 执政：掌握政权的人。

[3] 然明：郑大夫，姓鬷（zōng），名蔑，字然明。

[4] 何如：如何，等于说怎么样。

[5] 何为：干什么？

[6] 退：指工作完毕回来。

[7] 议：谈论。善否（pǐ）：好和不好。

[8] 忠善：为忠善，尽力做善事。损怨，减少怨恨。

[9] 防：堵住。

[10] 岂不遽止：难道不能很快地制止？遽（jù），急，迅速。

[11] 然犹防川：但是就像堵大川一样。川，河流。

[12]大决所犯：大决所造成的灾害。决，堤防溃决。

[13]不如小决使道：不如开个小口子让（川）畅通。道，疏通，引导，后来写作"导"。

[14]不如吾闻而药之也：不如我听取（他们的议论）并且把它当作苦口良药。药，用如动词，以……为药。之，指郑人的议论。

[15]今而后：从今以后。信：诚然，的确。可事：可以成事。

[16]小人：然明自谦之称。不才：没有才能。

[17]其：语气词。

[18]二三：这些，这几位。

[19]仲尼：孔子的字。

通论

汉字发展简况

汉字是怎样产生的？什么时候产生的？文献资料记载不一，历史上对此曾经有过种种传说，其中影响较大的主要有结绳说、八卦说和仓颉造字说。

一、汉字的起源

（一）结绳说

据《周易·系辞下》记载："上古结绳而治，后世圣人易之以书契，百官以治，万民以察。""书契"即文字。可见在文字产生之前，"上古"经历过"结绳而治"的时代。然而这"上古"究竟是指何时，《周易》没有明言。

所谓结绳，就是在绳上打结。那么先民们是怎样"结绳而用之"的呢？唐代孔颖达撰《周易正义》援引东汉郑玄的注："事大，大结其绳；事小，小结其绳。"唐代李鼎祚撰《周易集解》援引《九家易》的注："古者无文字，其有约誓之事，事大，大其绳；事小，小其绳。结之多少，随物众寡，各执以相考，亦足以相治。"过去在我国某些少数民族中也曾使用过这种"结绳而用之"的方法。例如，哈尼族老人用结绳的办法来记载村寨里所发生的大小事情，哈尼族人还把结绳当作契约凭证，据说他们在买卖土地时，先准备好同样长的两根麻绳，田价多少就在麻绳上打多少结，然后双方各执一根为凭证。

其实，结绳只能用来帮助记忆，只能充当备忘的记号，它还不能用来直接记录语言，所以结绳不是文字。汉字也不是从结绳发展而来的，这是因为：第一，简单而有限的大大小小的绳结是无法产生数量众多而形体各异的汉字的；第二，从"上古结绳而治"，到"后世圣人易之以书契"，中间还存在着重要的过渡环节，即由契刻到记号再到指事文字，由图画到图腾族徽再到象形文字。

当然，我们也应该看到，既然先民们在创造汉字之前曾经长期使用结绳的方法来记事，那么我们的祖先在后来造字时，不可能完全不借鉴结绳的方法。在甲骨文里，有一些符号，如图1-1所示。

$$\text{丨（十）、丩（廿）、丰（卅）}$$

图1-1

学者们认为这三个符号分别为"丨"（十）、"廿"（二十）、"卅"（三十）。这三个符号，竖线中间的圆点像绳结，所以，大多数学者认为是取象于上古的结绳。

（二）八卦说

传说八卦为伏牺氏所造。牺或作羲，伏牺或作包牺、庖牺。例如，《周易·系辞下》："古者包牺氏（伏牺氏）之王天下也，仰则观象于天，俯则观法于地，观鸟兽之文与地之宜，近取诸身，远取诸物，于是始作八卦，以通神明之德，以类万物之情。"把八卦与汉字的起源联系在一起，肇始于晋代。宋代则普遍把八卦与汉字的起源联系在一起。后来有人把八卦的卦形分别说成是天、地、水、火、雷、山、风、泽八个汉字的古文。清代段玉裁在注释《说文解字》时说："庖牺作八卦，虽即文字之肇端，但八卦尚非文字也。"近代刘师培在《小学发微补》中说："大约《易经》六十四卦，为文字之祖矣。"

其实，八卦是原始社会中从事占卜活动的巫师根据算筹制作的一种代表卦爻的符号，用来象征各种事物。无论是八卦还是六十四卦，卦爻符号是单纯而有限的，它不可能演化出数量众多而形体各异的汉字。当然，我们也不排除个别汉字来源于爻象的可能性。现在已经证实，甲骨文、金文中确实有这类八卦符号。

（三）仓颉造字说

仓颉或作苍颉。在有关汉字起源的传说中，仓颉造字说影响力最大，古书中记载也特别多。如《吕氏春秋·审分览·君守》："奚仲作车，苍颉作书，后稷作稼，皋陶作刑，昆吾作陶，夏鲧作城。此六人者，所作当矣，然而非主道者。"《韩非子·五蠹》："古者苍颉之作书也，自环者谓之'厶（私）'，背'厶'谓之'公'，公厶之相背也，乃苍颉固以知之矣。"秦朝李斯《仓颉篇》："仓颉作书，以教后诣。"东汉许慎《说文解字·叙》："黄帝之史仓颉，见鸟兽蹄迒之迹，知分理之可相别异也，初造书契，百工以乂，万品以察"。《淮南子·本经训》："昔者苍颉作书，而天雨粟，鬼夜哭。"

汉字是记录汉语的书写符号系统，数量众多，它不可能由一个人所创造。我们仅仅根据汉字中所存在着的大量异体字的现象，就完全可以说明汉字不是一时一地一人所创。它是先民们集体智慧的结晶。近代，郭沫若在《古代文字之辩证的发展》中说："文字是语言的表象。任何民族的文字，都和语言一样，是劳动人民在劳动生活中，从无到有，从少到多，从多头尝试到约定俗成，所逐步孕育、选练、发展出来的。它绝不是一人一时的产物，它随着社会的发展而发展，有着长远的历程。"鲁迅在《门外文谈》中也阐述了类似的看法："在社会里，仓颉也不止一个，有的在刀柄上刻一点图，有的在门户上画一些画，心心相印，口口相传，文字就多起来，史官一采集，便可以敷衍记事了。中国文字的由来，恐怕也逃不出这例子。"

历史上是否确有仓颉之人，仓颉是否为黄帝时期的史官，这的确难以稽考，然而当汉字达到一定数量和发展到一定程度的时候，完全需要由专门精通造字并且具有一定身份地位的人来整理，这样才能使汉字系统化。作为史官而专心致力于"作书"的仓颉也许就是这样一种人。

二、汉字产生的途径

尽管结绳说、八卦说、仓颉造字说都和汉字起源有一定的关系，但它们都不是汉字产生的主要途径。从考古发现的原始汉字资料来看，汉字产生的途径主要有两个：图画和契刻。这正如郭沫若在《古代文字之辩证的发展》一文中所说："中国文字的起源应当归纳为指事与象形两个系统。"指事系统，又叫刻画系统，契刻当是其主要渊源。

（一）汉字起源于图画

很早以前，古人就有了"书画同源"的观念。如《说文解字》载："书，如也。"清代段玉裁云："谓如其事物之状也。"宋代郑樵在《通志·六书略》中说："书与画同出……六书也者皆象形之变也。"甲骨文、金文中的一些象形文字，书写逼真，在形体上与图画几乎没有多大差别。这显然是在图画的基础上简化而成的，这也是汉字起源于图画的有力证据。然而图画毕竟不是汉字，图画与汉字有着本质的区别。第一，图画属于艺术形象，先民们描绘图画，是为了表现美、装饰美观，或者是为了表达某种宗教观念等目的；而文字属于书写符号，是为了记录语言。第二，某些图画虽然也能够表示意义，然而其意义并不固定，并且没有读音。这种图画充其量只能叫作"文字画"；而作为文字，它必须与语言中的词结合，而词是声音和意义的结合体，因此必须具有固定的声音和意义的符号才能成为文字。由此可见，由图画到汉字，有一个质变的过程。第三，随着文字的发展和日益成熟，象形字与图画的区别越来越明显：象形字主要是抓住事物的主要特征或大体轮廓来"据义绘形"，而不是像图画那样具体地描绘事物形象。

那么图画是怎样演变成汉字的呢？裘锡圭在《汉字形成问题的初步探索》一文中说："用象形符号表示族名，很可能是原始表意文字产生的一个重要途径。在商代文字里写法特别古老的族名金文大量存在的事实，对我们的这个推测是有力的支持。"我们知道，原始社会中有一种"图腾崇拜"的习俗，即把某种动物、植物或非生物，如武器、工具、自然现象等当作是自己氏族的祖先，把它们当作本氏族的象征和保护神来崇拜。他们把这种图腾当作本氏族的名称和徽号，用来维护本氏族的团结，并借此与其他氏族区别开来。例如，西安半坡村出土的仰韶文化陶器上，有"鸟""羊""鱼""黾"等族徽标志；山东莒县出土的大汶口文化陶器上，有"旦""戈""斤"等族徽文字；在甲骨文、金文中，这类族徽文字是相当多的。如果画一个动物的图形，譬如"虎"的图形，一般说来它就只能是一幅图画；如果一个以"虎"为名号的氏族，用一只虎的图形来作为本氏族的族徽标志，那么属于这个虎氏族的人和熟悉虎氏族的人，就会常常指图呼名。这样，"虎"这幅图画就通过氏族名这个环节与语言中"虎"这个词固定地联系到一起了，于是图画虎就约定俗成地变成了文字。在原始社会，氏族林立，这样就可以有几百个不同的族名族徽标志转化为文字。这是文字的自发产生阶段。然后，先民们总结运用族名族徽标志转化为文字的经验，就可以使更多的非族名族徽标志图形转化为文字，从而进入文字的自觉创造阶段。

（二）汉字起源于契刻

《释名·释书契》："契，刻也。刻识其数也。"契刻就是在竹木等物体上刻画记号，主要用来记数，或用来提示事件。发展到后来，契刻之物还可以作为人们经济生活中的凭证。例如，《老子》："是以圣人执左契而不责于人。"《列子·说符》："宋人有游于道得人遗契者，归而藏之，密数其齿，告邻人曰：'吾富可待矣！'"《战国策·冯谖客孟尝君》："于是约车治装，载券契而行。""驱而之薛，使吏召诸民当偿者悉来合券。券遍合，起，矫命以责赐诸民。因烧其券，民称万岁。"

汉字起源于契刻，这并不是说契刻就是汉字。同图画与汉字的关系一样，契刻与汉字也有着本质的区别：契刻虽然也能够表示意义，例如"契"上所刻的"齿"就是代表钱财的数目，然而契刻所表示的意义一般只有契约的双方才明白；契刻没有读音。而作为文字，它必须与语言中的词结合，而词是声音和意义的结合体，因此必须具有固定的声音和意义的符号才能成为文字。由此可见，由契刻到汉字，也有一个质变的过程。

三、汉字产生的时代和汉字体系的形成

汉字产生在什么时代？一般认为，汉字起源于原始社会晚期的新石器时代。原始社会晚期形成了部落联盟。部落联盟对内需要加强管理，对外需要交际联络，单用有声语言已经不能满足需要，于是就萌发了书面语言文字。我国在新石器时代中晚期遗址中，普遍发现了陶器刻画符号。如在西安半坡村和临潼姜寨等地出土的陶器上发现了许多刻画符号，如图1-2所示。

$$\text{| || X + 1 T ↑ ↓ E ∃ ≢ ⊁ ⊉ ⊗ ⊯}$$

图1-2　陶器刻画符号

这些符号属于仰韶文化，距今已经有六千年历史。它们绝大多数刻在陶钵外口沿的黑色宽带纹上，只有极少数刻在陶盆外壁，多数是烧后刻上去的。可知不是随意的刻画。估计这类符号是器物所有者或制造者的记号。对于这些刻画符号，有些学者认为是我国较早的原始汉字，例如，郭沫若在《古代文字之辩证的发展》中说："半坡遗址的年代，距今有六千年左右。我认为，这也就是汉字发展的历史。""在我看来，彩陶和黑陶上的刻画应该就是汉字的原始阶段。"有些学者不赞同这种观点。因为这类符号只是在半坡文化中被广泛发现，而自此之后至甲骨文之前，约有三千五百年被中断使用，因此很难将它们推断为文字，或者是甲骨文的前身。这类符号的含义还有待研究。

在山东莒县陵阳河遗址出土的陶器上发现了四个象形符号，如图1-3所示。

图1-3　四个象形符号

这些符号属于大汶口文化，距今约有五千年历史。它们一般刻在陶尊上腹部近口处，个别刻在近底部。大多数是一器一字，个别刻有两个字。对于这些刻画符号，有些学者认为已是文字，例如上面的四个符号第一个是"戉"，或释为"钺"；第二个是"斤"；第三个是"炅"，或释为"旦"；第四个或认为是"炅"的繁体，或认为是"旦"的繁体，或释为合体字"炅山"等，并且它们的形状和造字方法与甲骨文、金文都很相近。有些学者认为这还不是文字，或认为只是原始记事范畴的符号或图形体系，或认为与后来汉字形成有很大关系，是一种原始文字，或者说是原始的象形文字、图画文字或象形符号。

据1986年5月1日《光明日报》载：在陕西西安西郊出土了一批甲骨文，"它的笔画细若蚊足，刚劲有力，字形清晰，字体结构布局严谨，与殷代甲骨文字体接近……有关专家分析认为这里出土的甲骨文比过去发现的认为最早的甲骨文——河南安阳殷墟出土的甲骨文，时代要早一千二百年以上"。

又据1987年12月17日《光明日报》载："在河南舞阳贾湖新石器遗址出土的甲骨所显示的契刻符号，早于安阳殷墟的甲骨卜辞四千多年，领先于素称世界最早文字的古埃及纸草文书……这批契刻符号的形成年代比近年来发现的西安半坡仰韶文化陶器上的刻画符号和山东大汶口文化陶器上的文字早二千年；从部分契刻符号的形体来看，个别与安阳殷墟甲骨卜辞的字形近似。"

另据1994年7月31日《南方日报》载：湖北省考古工作者在宜昌市杨家湾遗址出土了大量器物。杨家湾遗址是长江三峡地区重要的新石器时代遗址，遗址面积近五万平方米。根据对出土的器物进行分析，其时代距今六千年左右。考古人员从该遗址中发掘出大量石器、玉器，还发现一百七十余种刻画在陶器上的符号，有的像水波、闪电、太阳升起等自然景观，有的像谷穗、垂叶、花瓣、大树等植物，有的像长蛇、贝壳等动物，有的像鱼钩、渔网、弓箭、叉具等生产工具，还有的反映了房屋建筑与人类劳动的场景。这些象形文字比较系统地记录了当时人们生产、生活状况。殷墟甲骨文中有许多符号与之十分接近。有专家认为，这些符号是迄今为止我国发现的最早的象形文字。如果此说成立，则将汉字的起源又推到六千年前。

综上所述，汉字起源与原始记事方法有关，特别是图画和契刻。其时期，当为原始社会晚期。其证据为仰韶文化，特别是大汶口文化陶器上的刻画符号，距今有五六千年历史。汉字体系的形成，在夏初，至迟在夏代中期，距今已有四千年历史。

四、汉字形体的演变

汉字形体的演变主要体现在两个方面：字体的演变和字形的变化。

（一）汉字字体的演变

所谓字体的演变，是就汉字的总体系和发展总趋势而言，主要体现在书写风格和笔势的发展变化上。我们现在能够看到的成体系的最古老的文字，是距今三千三百多年前的商代文字——甲骨文。另外，商代还有陶文、金文等，不过其数量远不及甲骨文。从甲骨文到我们现在所使用的楷书，汉字的字体经历了一个漫长的演变过程。这种演变过程，与社会的发展、书写材料和书写工具的改良或替换密切相关。从总体来说，汉字字体的演变可以分为古文字和今文字两个阶段。古文字阶段的代表字体是商代的甲骨文、西周的金文、战国文字（包括六国古文和秦国的大篆）、秦代的小篆；今文字的代表字体是汉代的隶书、魏晋至今的楷书（包括行书与今草），如图1-4所示。其中隶书又分为秦隶和汉隶，秦隶（又叫古隶）是古文字与今文字之间的过渡字体，或叫古今汉字的分水岭。

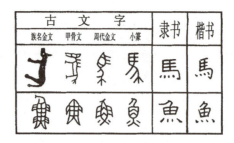

图1-4　汉字字体的演变

1. 甲骨文

商代的文字资料，主要有陶文、玉石文、甲骨文和金文，而以甲骨文为最多，所以商代的文字以甲骨文为代表。甲骨文是商代契刻在龟甲或兽骨上的文字。这种龟甲和兽骨是在河南省安阳县西五里的小屯村出土的，而小屯村一带原本是盘庚迁都后商朝国都"殷"的所在，所以甲骨文又叫"殷虚（墟）文字"。又因其是契刻在龟甲或兽骨上的，所以又叫"契文"，或称"殷契"。由于甲骨上所刻的内容主要是殷商王朝统治者有关祭祀、征伐、王事、天时、年成、狩猎等方面的占卜记录，所以又叫"贞卜文字""甲骨卜辞""殷墟卜辞"或"卜辞"。

甲骨文是我国目前发现的自成体系的最古老的文字，它主要具有以下特点。

（1）线条纤细，笔势大多方折，字形瘦长。这是它所使用的书写材料和所使用的书写工具造成的。

（2）沿用图画的写实手法，较多地保留了图画文字的特点。甲骨文中绝大多数是不带表音成分的象形和象意字，并且不少字形象逼真。只有少量的形声字。

（3）字的结构还没有完全定型化。比如：字的方向可以变换，可以正写、反写、倒写、斜写。如"人"字可写作ᑉ，也可写作ᒃ。字的笔画可多可少，如"示"字可写作Ⴖ，也可写作ᅮ。

（4）有相当多的"合文"（把两个或两个以上的字合写在一块，形式像是一个字，实际读两个或两个以上的音节，代表两个或两个以上的字）。如ᐱ是"大甲"的合文，ᄜ是"四祖丁"的合文。

（5）假借字的数量极多，也有一些同形字。如"又"本像手之形，假借为又、有、佑、侑。又如前期甲骨文中的"火"与"山"、"甲"与"七"、"月"与"夕"为同一字形。

2. 金文

金文是古代铸（少数为刻）在青铜器上的文字。铸或刻在青铜器上的文辞称为铭文，文字叫作金文。又因为古人以钟鼎为青铜器的代表（古代青铜器一般分为乐器和礼器两大类，乐器以钟为代表，礼器以鼎为代表），所以金文又叫钟鼎文。又因为古代祭祀为吉礼，所以称青铜器为吉金，同时称青铜器上的文辞为吉金文字。

与甲骨文相比，金文主要具有以下特点。

（1）笔画比甲骨文粗壮，笔道用肥笔，屈曲圆转。

（2）字体发生显著变化，象形和表意的意味减弱，而逐渐趋于符号化。只是有极少数字，尤其是表示族名族徽性质的字，依然保留着图画文字性质。

（3）形声字大量增加。据统计，甲骨文中的形声字占20%左右，而金文中的形声字则达50%以上。

（4）字的结构趋向定型化。一是字的方向很少变换，如"人"字只写作 ⟨ 。二是偏旁部首的位置比较固定，如甲骨文中的"彳"旁可左可右，而金文中则基本固定在左边。三是意义相同或相通的形符一般不再混用，如甲骨文中的"牢"字的形符可以是"牛"，也可以是"羊"，而金文中只用"牛"做偏旁。四是同形字与合文现象大为减少。

3. 战国文字

战国时代的"文字异形"可以分为两大类：一类是六国文字，也有人称作六国古文。另一类是秦国文字，即大篆。

六国文字并不像甲骨文和金文那样是一种固定的字体，这是因为六国文字的文字资料种类较多，主要有简帛文、金文、货币文、古玺文、陶文，以及《说文解字》和《三体石经》中的古文等，然而没有一种字体可以作为这一时期文字的代表。

况且六国之间也同样是"言语异声，文字异形"。不过，如果综合六国文字来看，我们还是可以发现出它们之间所具有的共同特点，即异体繁多，简体盛行。一个字，不仅不同的诸侯国或不同的地区常常有不同的写法，而且同一诸侯国或同一地区，甚至出于同一个人之手笔，也可能出现不同的写法。

另一方面在书写汉字时表现出极大的随意性，使得汉字字体出现了大量的无规律可循的省变与讹变，从而破坏了汉字的规范性。

我们再来看秦国文字，即大篆。大篆的文字资料，主要有《史籀篇》和"石鼓文"，以及《说文解字》中所收的二百二十三个籀文。另外宋代发现的三种刻石《诅楚文》，也是属于大篆一类的文字。

石鼓文是战国初期秦国刻在十个鼓形石块上的文字。十个鼓形石块上一共刻了十首歌颂田猎宫囿的四言诗，共六百多字。两千年以来，历经搬迁与磨损，现仅存三百多字。

大篆主要具有以下特点。

（1）笔画工整匀称，文字大致左右均衡，字形竖长而略呈椭圆。

（2）字体更加趋向于线条化，并且线条长而圆转。大篆基本上用圆笔，较少用方笔，线条粗细一致。

（3）形体结构繁复。

4. 小篆

关于小篆产生的时代，现在普遍认为小篆是由春秋战国时代的秦国文字逐渐演变而成的，而不是秦朝时对籀文"省改"而成。

小篆是汉字第一次规范化的字体，它主要具有以下特点。

（1）线条圆转匀称，笔画粗细一致，形体整齐。

（2）图画性进一步减弱，线条化、符号化进一步增强。

（3）字的结构基本定型规范。这主要体现在偏旁统一，并且每个偏旁在汉字形体中位置固定，不能任意颠倒。

（4）一部分字形经过了简化，废除了许多繁复的异体字。

5. 隶书

隶书又叫左书（佐书），一般认为隶书产生于秦初，实际上隶书是源于战国末期秦国文字中的俗体。隶书是由小篆简化演变而成的一种字体，一般分为"秦隶"和"汉隶"两个发展阶段。秦隶也叫古隶，可以说是一种尚未完全成熟的隶书，因为它只是把小篆长而圆转的曲线分化为方正平直的笔道，显得比小篆方正一些。汉隶也叫今隶，它从根本上改变了小篆的构形和笔道形态，它的字形结构一般是扁方而规整的，用笔具有一定的陈规，形成了"挑法""波势"和"波折"等笔法。人们一般所说的隶书即是指这种汉隶。它是汉代通行的标准字体。

秦隶可附入古文字部分，汉隶可附入现代汉字。秦隶是古汉字演变为现代汉字的一种过渡字体，或叫古今汉字的分水岭。

6. 楷书

楷书又叫真书、正书，它产生于东汉末魏晋初，是由隶书演变而成的一种字体。因其形体方正，笔画平直，堪为楷模，因而名之为楷书。汉字形体发展到楷书之后，一直沿用至今而无变化。

（二）汉字字形的变化

所谓字形的变化，主要是就字形中笔画的增减、部件的变异、结构方式的改变等因素而言。当然，字体的演变也牵涉到某些字的形体结构的改变，字体与字形的变化往往是交织在一起而难以截然分开的，例如，汉字从繁到简的变化，既表现在字体方面也表现在字形方面。

字形的变化主要是隶变与讹变、简化与繁化。

1. 隶变

隶变是汉字由篆书到隶书的演变，是汉字由古文字到今文字的质的演变。这个演变始于战国后期而止于汉隶形成时期，其中以秦代的小篆演变为汉代的隶书最为突出。这是因为隶书的产生，使汉字形体发生了巨大变化，它从根本上改变了古汉字象形和象意的特点，而进一步声化和符号化，从而使得原本"可得而说"的汉字造字之意变得不可说解，它结束了汉字史上的古文字时代，并开创了今文字时代。隶变使汉字字形结构发生的重大变化，主要表现在如下几个方面。

（1）同化，本来不同的字形或不同的偏旁经过隶变之后而混合成同一字形或同一偏旁。例如，小篆"春"作𦱤、"秦"作𥠵、"奉"作𡘧。春、秦、奉三字的上半部本不相同，隶变之后皆已混同。小篆"然""马""燕""鱼"等字的下部分别像火、马足、燕尾、鱼尾之形，隶变之后皆已混同为四点水。

（2）分化，同一个字或同一个构件经过隶变之后而分化成不同的字或不同的构件，例如：吏与史，句与勾，茶与荼等，本为同一个字，后来分化为两个字。鸦与雅，喻与谕等，本为同一个字（异体字），后来因异体字产生分工而分化为两个字。这些是本来为同一个字经过隶变之后而分化成不同的字。小篆里的"心"字，无论处在什么位置上都写作心，隶变之后或作心，如思、恩。或作忄，如性、情。或作⺗，如恭、慕。这些本来是同一个构件经过隶变之后而分化成不同的构件。

2. 讹变

讹变是指由于人们误解字形或为了书写的方便而产生的字形变化。这种字形变化丧失了原本"厥意可得而说"的汉字造字理据。如"射"，甲骨文作🏹，金文作🏹，小篆作🏹。"年"，甲骨文从禾从人，小篆从禾千声，隶变之后写作年，整个字形都改变了。

3. 简化

字形的简化主要表现在以下几个方面。

（1）图形线条化、符号化。汉字起源于图画，因此早期的象形字几乎就是一幅图画，书写起来极不便利，后来就用简易的线条去勾勒轮廓或特征。"牛"的变化如图1-5所示。

图1-5　"牛"的变化

（2）简省部分构件。如"灋"，简省了一个构件而作"法"。又如"系"字简省了两个多余或重复的构件如图1-6所示。

图1-6　"系"的变化

（3）以较少的笔画改写部分构件或改写整个字形，如"討""論"隶变之后简化为"讨""论"；"尘"，小篆🦌从土从三鹿，隶变之后楷书写作"塵"，《汉字简化方案》另造"尘"代替，强调埃土颗粒极小，改写了整个字形，使得古文字的字形变得面目全非。

（四）繁化

字形的繁化主要表现在以下几方面。

（1）增加笔画。如丁、亍、示。

（2）增加构件。如"自"，隶变之后写作"鼻"，增加了声符构件"畀"；"莫"，隶变之后写作"暮"，增加了形符构件"日"。

思考与练习

一、填空题

1. 从考古发现的原始汉字资料来看，汉字产生的途径主要有两个：＿＿＿＿和契刻。

2. 从总体来说，汉字字体的演变可以分为＿＿＿＿和＿＿＿＿两个阶段。

3. 古文字阶段的代表字体是商代的＿＿＿＿、西周的金文、战国文字（包括六国古文和秦国的大篆）、秦代的_____。

4._____是古文字与今文字之间的过渡字体，或叫古今汉字的分水岭。

二、论述题

1. 简述汉字产生的途径。

2. 简述汉字形体的演变过程。

汉字的构造

一、什么是汉字

文字是人类在发展到相当高级的阶段后发明的用来记录语言的书面符号系统。文字的产生使得各种信息实现了跨时空的传递。人类由于文字的发明，结束了漫长的、野蛮的、混沌的境况，开始踏上文明之路。汉字是记录汉语的书面符号系统。最初不叫"字"而叫"文"，即"纹"的本字，花纹之意。许慎在《说文解字·叙》里谈到"仓颉之初作文书，盖依类象形，故谓之文，其后形声相益，即谓之字"。

人类造字记录语言，可以只从语义入手，也可以只从语音入手。从记录语义入手，用符号（字形）直接表示语义，造出义符，以义符带音，即间接表音，这种用义符直接表示语义的文字，叫义符文字，即表意文字。汉字就是这样的表意文字。从记录语音入手，用符号直接表示语音（音素或音节），造出音符，凭音符得义，即间接表示语义，这种用音符直接表示语音的文字叫音符文字，即表音文字。其中由音符直接表示音素的称音素文字，如英文；由音符直接表示音节的称音节文字，如日文假名。

汉字是为汉语中的词而造的，词是造字构形思维过程中的基本着眼点。在汉字初创之时，造字构形的重点放在了词所指称的意义和内容上，未曾把语音作为构形的要素考虑进来，字形单纯直接的显现词义，但作为构形方式局限性很大。于是先民们就开始注意到构形的另一方面，词的语音形式，于是在汉字中出现了少数对已有文字加注读音标志的情况。后来，几经曲折，汉字构形的重点既放在词的意义内容，也放在语音形式上，最终实现语音和语义的结合。

上古汉语的词以单音节形式为主，书写时用一个汉字来表示，一个汉字就是一个语音和语义的结合体，具有语音和语义两个要素。在现行汉字中"约有90%对应汉语的一个语素"，所以有人说汉字是语素文字。从汉字的象形、指事、会意等造字法可以证明汉字是从意义入手创造出来的。从甲骨文到楷书，一脉相承，字体改变了，但文字性质并没有改变。

二、汉字的形体构造

关于汉字形体的构造，传统有六书的说法。《周礼·地官·保氏》中说，保氏（官名，掌教育）以六艺教国子（公卿大夫的子弟），六书是六艺之一，但是没有说明六书的内容。班固在《汉书·艺文志》中说："古者八岁入小学。故周官保氏掌养国子，教之六书，谓象形、象事、象意、象声、转注、假借。"郑众注《周礼》，以为六书是指形、会意、转注、处事、假借、谐声。《说文解字·叙》以为六书是指事、象形、形声、会意、转注、假借。由此看来，三家对于六书的解说基本上是相同的。清代以后，一般人于六书的名称大致采用许慎的说法（只有形声有时也称谐声），次序则采用班固的。这样，六书的名称和次序：象形、指事、会意、形声、转注、假借。

许慎在《说文解字·叙》中对六书分别作了比较具体的解说，建立起六书理论体系。今天我们对于汉字的构造可以作更科学的分析。首先应该认为转注、假借和汉字的构造无关；《汉书·艺文志》载，六书是造字之本，这是不够全面的说法。六书中只有象形、指事、会意、形声是造字之法；至于转注和假借，则是用字之法，因为根据转注和假借的原则并不能产生新字。其次，对于象形、指事、会意、形声还可以作更合理的分类：一类是没有表音成分的纯粹表意字（包括象形、指事、会意）；另一类是有表音成分的形声字。现在从这个论点的基础上再加以阐述。

（一）象形

《说文解字·叙》中云："象形者，画成其物，随体诘诎，'日''月'是也。"物：物体。体：物体的形状。诘诎：弯曲。整句话的意思是象形就是随着物体的轮廓，用相应的线条，把事物的轮廓或具体特征的部分描画出来的造字法。用这种方法造的字就是象形字，如图1-7所示。

扫一扫 学一学

月　雨　口　牛　羊　车　舟　泉　瓜

图1-7　象形字

古象形字有的像事物的整体轮廓，如"车、舟"等；有的像事物的特征部分，如"牛"像牛角上弯，"羊"像羊角下弯；有的除具体的事物外还有必要的附带部分，如"瓜"的瓜蔓。大部分的古代象形字从现行汉字已经看不出原物的样子了，如"牛、马、豕、鱼"等。象形这种造字法接近画图，但复杂的事物、抽象的概念无法象形，所以单靠这种方法造的字较少，但它是构成汉字的基础。根据结构特点，象形字可分为独体象形字和合体象形字两种。

1. 独体象形字

独体象形字指描画事物的轮廓或特征而形成，形体不能再分析。这类字形象某种器物、实物或动物。它们所代表的词就是所象之物的名称。

马（𦥞）："馬"要先画眼睛，即马眼，再画马腿、马鬃、马尾。

车（𨊥）："車"两边的部分为车轮子。其中还有车轴、车盖等，将这多么构件组装成完整的一部"車"。

人（𠂊）：象侧身之形。《说文解字》："天地之性最贵者也。此籀文，象臂胫之形。"

子（𭝂）：象小儿在襁褓中，有头、身、臂膀，两足像并起来的样子。

木（𣎵）：象树木形。上为枝叶，下为树根。

皿（𠙴）：象碗、盆之类的食器。

门（）：甲骨文字形，象门形，双扇门。一扇曰户，两扇曰门。

2. 合体象形字

合体象形字除去像事物的轮廓或特征而成字体外，还需要其他有关事物的衬托。

瓜（）：两边象瓜蔓，中间是果实，是藤上结瓜的形象。

胃（）：金文字形上象口袋形的消化器官，下为肉。

眉（）：金文小篆字形象目上毛形。

果（）：金文字形木上之"田"实为树上结的果实形，在木之上。

（二）指事

《说文解字·叙》："指事者，视而可识，察而见意，'上''下'是也。"整句话的意思是：见到这个字就能认识它的大体，但是需要仔细观察，才能发现它所表示的意思，指事就是指用象征性符号或在象形字上加提示符号来表示字义的造字法。用这种方法造的字就是指事字。指事字从形体结构特点来看，可分两种。

1. 纯象征性符号的指事字

用弧向上和向下的两条长弧线（或长横线）为基准，上边和下边各加一短线表示"上"（ ）和"下"（ ）。用三条线表示"三"（ ）。

2. 象形字加提示符号的指事字

本（）：本义是树根，在"木"下部加一个点，表示树根的所在。

末（）：本义是树梢，在"木"上部加一个点，表示树梢的所在；现行的指事字，基本上是从古代的指事字演变来的。

刃（）：本义是刀口，刀锋。小篆字形，在刀上加一点，表示刀锋所在。

亦（）：本义是指人腋窝。甲骨文字形，在"大"（人）旁加两点，指示两腋所在。"腋"的本字。

血（）：本义是祭神杀牲时滴注在器皿里的、代表生命的温热鲜红的体液。在器皿 中加一圆圈指事符号 ，表示液滴。表示器皿中盛的是血。

有些古代的指事字，在现行汉字中还可以看成指事字，如"一、二、三、刃"等。有些古代的指事字现在已不能看出其指事的意图，如"甘、朱、末"等；又如"寸"，古文字原义为手的"又"字加一短横，表示寸口的所在，本是指事字，现在也很难看成指事字了。后起字中的指事字极少。"乒""乓"是近音字"兵"减去一画，"刁"是近音字"刀"的"丿"变 ，都可看成特殊指事字。"卡""甩"也可以看成指事字。

（三）会意

《说文解字·叙》："会意者，比类合谊，以见指撝，'武''信'是也。"比，并合；谊，义；见，显现；撝同"挥"，指撝，意即指向。意思是说，会意字合并两个或两个以上的字的意义，以显示所指向的某个新字的意义，"武""信"就是这样的字。

会意是以象形字和指事字为基础的造字法，用两个或两个以上部件合成一个字，把这些部件的意义合成新字的意义，这种造字法叫会意。用会意方法造的字，就是会意字，如图1-8所示。会意字有异体会意字、同体会意字两类。

武　休　取　明　涉　益　从　森

图1-8　会意字

1. 异体会意字

异体会意字由两个或两个以上不同形体的部件组合而成。

武（　）：从戈从止，止是趾的本字，戈下有脚，表示人拿着武器走，有征伐或显示武力的意思。

休（　）：从人在木（指树）下，表示休息。

取（　）：从耳从又，"又"是"右"的本字，作部件用当手讲。"取"是手拿一只耳朵，古代战争中对敌方的战死者割左耳，用以记功。

明（　）：甲骨文以"日、月"发光表示明亮。小篆从月囧（jiǒng），从月，取月之光；从囧，取窗牖之明亮。本义是明亮，清晰明亮。

2. 同体会意字

同体会意字由两个或两个以上相同部件的字组成。

从（　）：两人一前一后，有随从的意思。

森（　）：从三木，表示森林。

步（　）：由两只脚的象形符号重叠而成，表示两脚一前一后走路。

比（　）：象两人步调一致，比肩而行。它与"从"字同形，只是方向相反。

羴（　）：羊臭也，羊多则气羴。故从三羊。

后来也有一些会意字是用意符的意义会合成义，可以称之为合义会意。如"少力"为劣，"不正"为歪，"不用"为甭，"不好"为孬，现行的会意字多数是从古代会意字演变来的。会意字突破了象形、指事造字的某些局限，是造字法的一大进步。在形声造字法的广泛使用之前，会意是辅助象形的一种最主要的方式。

（四）形声

《说文解字·叙》："形声者，以事为名，取譬相成，'江''河'是也。"意思是说，根据事物的类属确定字的形符，再找声音相同的字作为声符，从而合成形声字，"江""河"就是这样的字。用形声法造的字叫形声字。如"洋（yáng）"，形旁（也称形符、意符或义符）氵（水）表示海洋有水，声旁（也称声符、音符）羊（yáng）表示读音，组成从氵（水）羊声的形声字。形声字都是合体字。

（1）形声字的结构形式按照形符和声符的位置，通常有以下六种类型。

左形右声：梅、球、理、绕、娘。

右形左声：攻、郡、和、鸠、胡。

上形下声：草、宇、雾、竿、茵。

下形上声：恐、婆、想、剪、盂。

外形内声：府、园、阔、裹、衷。

内形外声：闽、瓣、哀、闷、庄。

（2）形符与声符不在正常位置。

形占一角：颖（从禾，顷声）、腾（从马，朕声）、修（从彡，攸声）。

声占一角：旗（从㫃，其声）、徒（从辵，土声）、碧（从玉石，白声）。

（3）省形和省声。有少数形声字，形符或声符已经简省，必须补全才能起表意或表音功能。

省形：晨（从晶省，辰声）、釜（从金省，父声）、星（从晶省，生声）。

省声：雪（从雨，彗省声）、豪（从豕，高省声）、珊（从玉，删省声）。

形声字的形旁大都是象形字，如"芬、吩、氛、纷、份、盆"的形旁"艹、口、气、纟、亻、皿"。象形字、指事字、会意字、形声字都可以作形声字的声旁，如"沐、沫、沽、湖"的"木、末、古、胡"。

现行汉字大部分是形声字。古代传下来的形声字，有些简化后声旁表音比过去准确了，如"偿（償）、担（擔）、递（遞）、钟（鐘、鍾）"等。有些因用特定符号代替声旁，写起来简单，但表音不清楚了，如"鸡（鷄）、欢（歡）、叹（嘆）、邓（鄧）"等。后起字绝大多数是形声字，如科学术语用字"氙、氨、钙"，疾病用字"痧、瘩、疹"，口语用字"叼、啥、瞅、犟"，方言、地名用字"猹、埔、㳇、峎"，等等。氢的同位素用字"氕、氘、氚"，可以看成特殊亦声字。

汉字虽然至今仍属于表意文字体系，却产生了大量形声字。殷商时代，形声字只占当时汉字的20%左右，东汉的《说文解字》中，形声字占所收9 353个字的80%以上，清代的《康熙字典》中，形声字占90%。形声字大量增加，成为汉字新造字的主流。

（五）转注

《说文解字·叙》："建类一首，同意相受，'考''老'是也。"对于许慎的这个定义，解释并不明确，历来学术界在理解上分歧很大，从古至今没有统一过。在这里，我们也不作深入讨论，现在较为流行的解释是："建类一首"指的是部首相同，声音又相近；"同意相受"指的是意义相同，可以互相注释。如考、老，同属"老"部，声音相近，意义相同，因此可以互相转注，"考"可以解释为"老"，"老"也可以解释为"考"。可见，转注只是在汉字的一种用字现象，用这种方法并不能造出新字。

（六）假借

《说文解字·叙》："本无其字，依声托事，'令''长'是也。""假、借"二字都是"借用"的意思，就是说，有些词原先并没有为它造过专用字，只是从现成的字中借了一个与它读音相同或相近的字来寄托那个词的意义，后来用习惯了，这个字就归它使用了。因为这个同音字是借来的，所以称为假借字。

来：象形字，本义是周代的一种"瑞麦"，后被借用表示"行来"之"来"。

之：象形字，本义是"出也"，被借用表虚词，也可作代词、助词等。

莫：会意字，本义是"日落䒠中"，被借用为否定性无定代词。

可见，假借只是借用已有的字作为纯粹表音的符号使用，并没有产生新字。假借字用以表示的意义同其本义毫无联系。

三、六书的区别及局限

（一）象形与指事

象形字与指事字大多数都是独体字，但象形字多是对具体物象的描写；指事字则包含了抽象的指事符号，甚至完全由抽象符号构成。

（二）象形与会意

象形字以独体字居多，通常是对有一定形体的物体进行描写，对意义抽象或没有具体形象的概念很难表现出来；会意字则是合体字，这种造字法可以通过把若干个象形字或指事字进行组合，构成一种联系，来表达一个新的比较抽象的意义。

（三）会意与形声

会意字通过把若干个象形字或指事字进行组合，构成一种联系，来表达一个新的比较抽象的意义。构成会意字的每个部件都是表意的形符；形声字则由形符和声符两部分组成，形符表意，声符表音。

六书的理论在我国传统文字学的研究和教学中起过重大的作用，在今天仍不失为认识和掌握汉字的重要方法。但六书理论的局限也是显而易见的。

首先，六书不都是造字之法。六书中只有象形、指事、会意、形声是造字之法，转注和假借是用字法，因为根据转注和假借的原则并不能造出新字，它们是从历史的角度揭示出的汉字孳衍发展的两种方式。因而人们归结"六书"的区别为"四体二用"。其次，六书以小篆形体为分析对象，它既不能解释全部古文字，也不能解释全部今文字。此外，六书的定义过于简单，而对转注、假借定义的理解，历来分歧很大。

思考与练习

一、填空题

1. 用义符直接表示语义的文字，叫义符文字，又称＿＿＿＿。
2. 用象征性符号或在象形字上加提示符号来表示字义的造字法称为＿＿＿＿。
3. 由两个或两个以上的字的意义合并，以显示所指向的某个新字的意义的字称为＿＿＿＿。

二、选择题

1. 下列各组字中，没有指事字的是（　　　）。

A. 大、人　　　　　B. 要、亦　　　　　C. 本、来　　　　　D. 山、上

2. "以事为名，取譬相成，'江''河'是也"（许慎《说文解字》）一语中所解释的造字法是（　　　）。

A. 象形　　　　　　B. 会意　　　　　　C. 形声　　　　　　D. 指事

3. 下面一组是形声字的是（　　　）。

A. 案明楷　　　　　B. 休旗闷　　　　　C. 荆惊清　　　　　D. 体娘甘

4. 从汉字的造字方法来看，属于指事字的一组汉字是（　　　）。

A. 本刃甘　　　　　B. 下门禾　　　　　C. 衣看磊　　　　　D. 亦末林

5. 从汉字的造字方法来看，属于会意字的一组汉字是（　　　）。

A. 雨贝月　　　　　B. 戒聂赏　　　　　C. 教恭问　　　　　D. 尘休比

三、指出下列各字属于六书中的哪一类（不考虑转注和假借）

燕　朝　受　息　鼎　伐　囷　行　高　趾　问

星　干　兵　女　字　向　寇　突　析　辩　和

四、分析下列形声字的结构

哀　赴　锦　锡　翠　鸿　膏　到　站　街　理　盆　竽　蓝　载　徒　雷　旌

五、论述题

1. 简述汉字的特点。

2. 什么是象形？什么是指事？它们有什么区别？

3. 什么是会意？它同象形、指事有什么区别？

4. 什么是形声？它同象形、指事、会意有什么区别？

古今字、异体字、繁简字

　　一个字原则上只应有一种字形，但汉字是一种具有几千年历史的文字，使用的人又非常多，有些字出现两种以上的写法是很自然的，无论是传世文献还是出土文献，用字的情况都纷繁复杂，所以给阅读古书带来了极大的不便。要想真正读懂古书，就必须了解文献的用字。而了解文献用字，是以沟通字际关系为前提的。这里着重介绍古今字、异体字、繁简字等几种主要的字际关系。

一、古今字

　　同一个词在不同的历史阶段用不同的字来表示，就形成了古今字，在前的叫"古字"，在后的叫"今字"。古今是相对而言的，段玉裁说："凡读经传，不可不知古今字。古今无定时，周为古则汉为今，汉为古则晋、宋为今，随时异用者谓之古今字。"

　　古今字的形成主要有两条途径：词义引申分化和同音假借分化。

　　当一个词的意义有了引申，记录它的字就会身兼数职，为了使词的表达清晰准确，并且方便阅读，人们便会有意识地从书写形式上对它们进行分化。分化字与原字之间便形成古今字的关系。

　　（1）本义分化出来，再造新字。

　　要，像人两手叉腰之形，《说文解字》解释为"身中"——身体的中部，正是要的本义。

《墨子·兼爱》："昔者楚灵王好细要。"《史记·扁鹊仓公列传》中的"君要胁痛，不可俯仰。"《汉书·霍光传》中的"敢泄言，要斩。"都用本义。"要"由"身中"引申出"半路拦截""要挟""求取""关键"等意思，为了减轻要在表达上的负担，后来造了腰字把本义分化出来。《史记·商君列传》："不告奸者腰斩。"即用腰字。这类字又如：

　　益——溢　原——源　责——债　丞——拯　州——洲

（2）词的引申义分化出来，再造新字。

　　取，《说文解字》："捕取也。从又从耳。"《周礼》："获者取左耳。"本义是"割取左耳"。古人征战，割取敌人左耳作为计功邀赏的凭证。取由"割取左耳"引申为"获取、取得"，引申为"攻取、占领"、引申为"选择、采用"、引申为"娶妻"等意思。《诗·齐风·南山》："取妻如之何？必告父母。"《国语·越语下》："令壮者无取老妇，令老者无取壮妻。"用的都是"取妻"这一引申义。后来在取下加女旁，把该引申义分化出来，以区别于取的其他意义。《左传·隐公元年》："初，郑武公娶于申，曰武姜。"就是证明。同类例子又如：

　　昏——婚　竟——境　颠——巅　解——懈　见——现　大——太
　　景——影

（3）当一个字有了假借义以后，同样造成一字多义，对这类字进行分化，也是形成古今字的重要途径。

①为本义造专字。

　　其，像簸箕之形，本义就是簸箕。早在甲骨文时代，其就被借用来作代词、语气词或连词。为了把其的本义区别出来，后来就造了箕字。这类字又如：

　　莫——暮　采——採　须——鬚　云——雲　求——裘　然——燃

②为假借义造专字。

　　耆，《说文解字》："老也。"《庄子·寓言》："以期年耆者。"《礼记·曲礼上》："六十曰耆。"可知老是耆的本义。文献中往往借来表示"喜好"的意思。如《礼记·月令·仲夏之月》："节耆欲，定心气。"《左传·昭公十年》："齐惠栾、高氏皆耆酒信内，多怨。"《孟子·告子上》："耆秦人之炙，无以异于耆吾炙。"其中耆都表示"喜好"。后来在原字上加注"口"，造了嗜字，把假借义"喜好"从耆中分化出来。《管子·入国》："问所欲，求所嗜。"即用嗜。

　　从对应关系上看，大多数古今字是一对一的关系，但也有少数古字有几个今字和它相对。如：

　　辟——避——僻——譬——壁

　　古字和今字在形体上大多有一定联系。请看下面这些例子。

　　第一组：暴——曝　队——坠　反——返　奉——捧　昏——婚　臭——嗅
　　　　　　文——纹　员——圆

　　第二组：被——披　错——措　敛——殓　说——悦　赴——讣　没——殁
　　　　　　张——胀　振——赈

　　第三组：大——太　陈——阵　句——勾　气——乞　不——丕

　　第一组是在古字上加注形符成为今字，第二组是改变古字的形符为今字，第三组是在古字基础上增减笔画成为今字。

　　也有一些形体上没有联系的古今字。

第一组：匮——柜

第二组：衡——横　　余——予　　伯——霸　　罢——疲　　蚤——早　　泉——钱

第一组是另造新字来替换古字，第二组是由通假字来替代古字。

古今字与假借字及通假字看问题的角度明显不同。古今字，是就字的出现先后说的，古人使用的字叫古字，后来变化了的字叫今字。假借字与通假字则着眼于文献中字所表达的意义与它的本义之间的关系，无关又无本字的叫假借字，无关而有本字的叫通假字。

但是，古今字与假借字、古今字与通假字都有交叉现象。如戚，从戊、尗声，本指古代的一种兵器。文献中用它表示"忧愁、悲伤"的意思。这个意思与戚的本义没有关系。戚是本无其字的假借字。至少从汉代开始，在戚的基础上加"忄"旁，另造慽来表示"忧愁、悲伤"的意思，这样戚成为古字，慽成为今字，构成一对古今字。当慽字通行以后，文献中仍有用戚表示"忧愁、悲伤"的意思的，这时候，戚便是本有其字的通假字了。

二、异体字

异体字是指同音同义不同形的字，即有几个不同写法的字。习惯上，异体字不包括一个字的不同书体，而是着眼于一个字的不同写法在结构上的差异。如"视"字，甲骨文作🀄，金文作🀄，战国盟书作🀄，它们结构相同，只是书体不同，一般不看作异体字。

异体字是长期以来人民群众在创造和使用汉字的过程中形成的。它的形成原因非常复杂。如用字者的差异可以导致异体字的产生，用字者的地域差异也可以导致异体字的产生。春秋战国时代，各诸侯国之间出现的大量异体字就属于这一类。另外，历史上几乎每个朝代都有带时代特色的异体字，表明时间变迁也可以导致异体字产生。

异体字包括以下四种类型。

（1）造字法相同，偏旁不同。如：

塺——尘　　钵——体（属会意）

捶——槌　　裤——袴　　柝——柜　　迹——跡　　韻——韵　　敕——勅（属形声）

（2）造字法相同，而偏旁的位置不同。如：

秋——秌　　晳——晰　　胸——胷　　群——羣　　鹅——鵞

（3）造字法不同。如：

涙——泪（涙为形声，泪为会意）　　　兒——貌（兒为象形，貌为形声）

笔——筆（笔为会意，筆为形声）

（4）一字省减变形而来。如：

灋——法　　雧——集　　呪——咒　　弔——吊

异体字必须是在任何情况下都可以替代的，因此下面两种情况不能叫作异体字。

一是有些字只是在某些情况下相通，而在其他的情况下又不相通，则不能叫作异体字。如：遊和游，都可以表示有关陆地上的活动，如《庄子·秋水》："庄子与惠子遊于濠梁之上。"晁错《言守边备塞疏》："幼则同游。"遊、游都是"游玩、游览"的意思。又，王夫之《船山记》："古之人，其遊也有选。"《汉书·枚乘传》："与英俊并游。"遊、游都是"交际、交往"的意思。而当指有关水中的活动时，只能用游，不能用遊，则遊和游不能算异体字。

二是有些字曾经是异体字，后来发生了分化，不能视为异体字。如：

般和盘，在金文里是一对异体字，用法完全相同。后来它们才分化为两个字，"承盘、盘子"的意思只作盘，而"类、种、样"等意思只作般。分化以后的般和盘不能视为异体字。

三、繁简字

繁简字是繁体字和简化字的合称。它们都是特定的概念。

1956年1月，国务院公布了《汉字简化方案》。1964年3月，文化部、教育部、文改会发布《关于简化字的联合通知》，对该方案又做了若干补充规定和局部调整。1986年10月，国家语委重新发表《简化字总表》，做了进一步修订。简化字就是由国家统一颁布的简化字，繁体字是指与之相对的繁写楷体。

简化字与繁体字的关系比较复杂，其中绝大多数简化字与繁体字之间有形体联系。

（1）有的简化字由替换繁体字的部分形体而来。如：

航——肮（替换形符）

補——补　　襖——袄　　燦——灿（替换声符）

鷄——鸡　　僅——仅　　漢——汉　　趙——赵（用符号替换繁体字的部分形体）

（2）有的简化字由繁体字省减部分形体而来。如

飛——飞　　奮——奋　　兒——儿　　業——业　　爺——爷　　滅——灭　　奪——夺

婦——妇　　處——处　　厭——厌　　雖——虽　　觸——触　　點——点　　鄉——乡

（3）有的简化字由繁体字的草书楷化而来。如

樂——乐　　為——为　　書——书　　楊——杨　　東——东　　頭——头　　陳——陈

孫——孙

当然也有些简化字与繁体字之间没有形体联系。其中一部分是从不同角度或用新的偏旁重新构形的。如：

體——体　　叢——丛　　驚——惊

另一部分是同音替代的结果。如：

幾——几　　乾——干　　鬭——斗　　醜——丑　　後——后　　瞭——了　　裏——里

榖——谷

简化字中的相当一部分是在汉字长期使用的过程中不断涌现出来的。在汉魏南北朝隋唐的碑刻、写卷及宋元以后的刻本中都有大量的简化字。也有一部分简化字是在制定简化方案时由专家学者加工改造而成的。要想真正读懂古书，不仅要认识繁体字，还要认识简化字。这不仅因为现行的部分古籍是用简化字排印的，而且因为部分简化字在古代已相当流行。

简化字与繁体字如果是单一对应关系，一般不会给阅读造成太大障碍。问题往往出在对应关系复杂的字上。因此对下列情况必须特别注意。如：

获——獲、穫

獲穫都简化为获。在古代猎取禽兽，俘获敌人，只说獲。《左传·襄公三十一年》："谋于野则獲。"《子虚赋》："今日畋乐乎？獲多乎？"《谏逐客书》："獲楚魏之师。"前两例指猎取禽兽，后一例指俘获敌人。收割庄稼一般只说穫，《诗经·豳风·七月》："八月其穫。"《诗经·大

雅·生民》："是穧是亩。"《国语·吴语》："以岁之不穫也。"这一意思偶尔也用穫。《荀子·富国》："今是土之生五谷也，人善治之，……一岁而再穫之。"穫穧本不同字，归并为一个字。

丑——丑、醜

古代丑、醜是两个不同的字。丑用来表示地支的第二位和十二时辰之一。"难看""类"等意思写作醜。后来归并为一个字。

斗——斗、鬬

在古代，斗是一种盛酒器，还可用为"容量单位""星宿名"。"打架""战鬬"之类的意思用鬬来表示。它们是两个不同的字，后归并为一个字。

范——范、範

在指"铸造器物的模子"和"规范"这一点上，二字的用法相同。但作为姓氏，只能作范。说明它们原不同字，后简化为一字。

干——干、乾、幹

干的本义是盾牌，乾的本义与湿相对，幹本指树幹，榦本指筑土墙时两边所用的木板。古代干、乾、幹是完全不同的三个字，各不相通。乾湿的"乾"，树幹的"幹"，都不作"干"。"榦"和"幹"在树幹的意义上通用，但才幹的"幹"一般不作"榦"。后来，乾、幹、榦都简化为干。

同类的还有：蒙、矇、濛、懞归并为"蒙"。台、臺、檯、颱归并为"台"。系、係、繫归并为"系"。腊、臘归并为"腊"。蜡、蠟归并为"蜡"。宁、寧归并为"宁"。後、后归并为"后"。药、藥归并为"药"。

思考与练习

一、选择题

1. 下列各组字不属于古今字的一组是（　　　）。

A. 反——返　　　　　B. 知——智　　　　　C. 涂——途　　　　　D. 芸——耘

2. 下列为古今字的一组是（　　　）。

A. 泪——淚　　　　　B. 早——蚤　　　　　C. 后——後　　　　　D. 责——债

3. "夫寒之于衣，不待轻煖"中"煖"是"暖"的异体字，其结构上的差别是（　　　）。

A. 一为会意字，一为形声字　　　　　B. 同是会意字，成分不同

C. 同是形声字，形符不同　　　　　　D. 同是形声字，声符不同

4. 下列为繁简字的一组是（　　　）。

A. 宝——寶　　　　　B. 村——邨　　　　　C. 无——毋　　　　　D. 竟——境

5. "肯与邻翁相对饮，隔篱呼取尽餘杯"一句中，"餘"今作"余"，它们是一对（　　　）。

A. 古今字　　　　　B. 繁简字　　　　　C. 异体字　　　　　D. 通假字

二、论述题

1. 试分析古今字形成的主要途径。

2. 什么是异体字？异体字包括哪几种类型？

文史知识拓展

寒食节的由来

春秋时代，晋国宫廷发生内乱。为了逃避同父异母兄弟和后母骊姬的迫害，晋国公子重耳曾在外逃亡达十九年之久，介子推就是在这漫长的逃亡生涯中，一直紧随重耳左右并辅佐他的忠臣之一。在艰苦的逃亡路上，重耳常常衣不蔽体，食不果腹。在卫国境内，重耳饿得实在受不了，便向正在田间吃饭的农夫讨饭吃，可农夫们不但没有施舍食物，反而递上土块让他吃。最后，重耳饿得几乎晕死过去，介子推割下自己大腿上的肉熬成汤给他喝，才保住了重耳的性命。

公元前636年，重耳回到晋国即位，史称晋文公。晋文公为君后，将那些逃亡期间一直追随他的那些忠臣良将，曾给予过帮助的人及帮他复国的有功之人都按功劳大小行赏，连那些归降的前朝大臣也都做了妥善安排。但偏偏就有人被遗漏了。被遗漏的人当中甚至还有壶叔、介子推这些当年随君流亡的重臣。壶叔不服，主动去要求封赏，而介子推却不愿这样，他说："天未绝晋，必将有主。主晋祀者，非君而谁？天实置之，而二三子以为己力，不亦诬乎？"那些跟随文公逃亡的人个个都以为自己功劳很大，其实文公能登上君位根本就是天意。主动请赏的行为，跟小偷窃物之举毫无区别。此后，介子推产生了功成身退的念头，便称病在家，留在家中照顾年迈的母亲，最后干脆背上了母亲躲到阳县绵山山谷里去居住。

介子推的邻居解张一直为介子推深感不平，于是他将一封信贴在城门上，信上写道："龙失其所，周游天下，众蛇从之。龙饥乏食，一蛇割股。龙返于渊，安其壤土。数蛇入穴，一蛇于野。"信被呈送到了晋文公的手中，文公看完信后记起来那个"割股食君"的介子推，于是十分自责，连忙命人去寻。可介子推家中已是人去房空，解张便告诉来使，介子推可能躲进绵山了。晋文公得到消息后，便亲自去绵山寻找介子推，可寻了几天也不见他的踪影。

找不到人，有人便提议放火烧山，逼迫孝顺的介子推带着母亲逃出来。晋文公觉得此计可行，便派人放火。大火烧了三天三夜，仍不见他们母子二人出来。

晋文公又命人搜山，发现他们母子二人已被烧死在枯柳下。文公见后悲痛不已，痛哭之后派人将介子推母子的尸首就地埋在了绵山中，并把绵山更名为介山，阳县更名为介休县，将绵山上的田地封给介子推，以此来表示自己对他的怀念。

后人赞颂介子推为中国历史上"忠孝清烈第一人"。他不离不弃地随君流亡，割股食君的牺牲精神是为"忠"；舍弃功名利禄，侍奉母亲隐居山中是为"孝"；他明白时势造英雄，不自恃功高是为"清"；他以自己的死告诫君王不用过于依赖有功之臣，应遵照天道为君是为"烈"。介子推"忠孝清烈"的伟大人格，功不言禄的高尚情操，为后人所颂扬。

因介子推去世的日子是清明节的前一天，晋文公下令每年的这一天禁止用火，所以人们只能吃冷饭，这一天也被称为寒食节。后来，每到寒食节，家家户户就以门上插柳枝、焚烧冥币、户外祭祀、吃冷饭等方式来怀念介子推。寒食节和清明节，本来属于两个节日，由于日子相近，唐朝之后寒食节和清明节逐渐被人们合而为一，人们常常会在这天祭奠过世的亲人，于是就出现清明扫墓的习俗。

据古籍记载，秦汉时已经出现扫墓的礼俗活动，表达对亲人的悼念之情。当时扫墓仪式非常隆重，清理坟头，摆贡品，焚香火，烧明纸，有的还在墓边栽松柏，扫墓那天，每家除了年长的长者以外，举家出城扫墓，身处异乡的游子们也会望乡摇拜，对祖先进行追思。另外，插柳也是清明节一项重要的习俗，许多人都会在屋檐插柳。据说屋外插柳便于祖先魂灵归来，也有人认为柳枝有神性能辟邪。

（资料来源：编者根据相关资料整理。）

先秦散文

（二）

文选

导读

　　《战国策》，西汉刘向编订的国别体史书，原作者不明，一般认为非一人之作。刘向，字子政（初名更生），汉高祖同父少弟楚元王刘交的玄孙。

　　《战国策》既称战国"杂史"，又号"纵横家言"，不仅是重要的历史著作，而且是一部优秀的散文集，标志着史家之文的发展攀上一个新高峰。此书汇集了战国时代一些重要史实和游说谈资，虽有不少"增饰非实"之辞，不可尽信，仍是研究战国历史的基本史料。《战国策》最初有《国策》《国事》《事语》《长书》《修书》《短长》等名称和本子。西汉后期，刘向校理群书，对"错乱相糅莒"的上述资料加以整理，去其重复，得三十三篇，按国别分为东周、西周、秦、齐、楚、赵、魏、韩、燕、宋、卫、中山十二国策，定其名为《战国策》。记事上继春秋以后，下至秦统一，共约二百四五十年。

　　《战国策》主要反映纵横家的思想。所谓"纵横家"，成分比较复杂。其中不少是有才能、有见识的政治家、外交家，他们知识渊博，十分注意了解和分析研究当时各国形势及国与国之间的利害关系，然后根据不同情况和特点，提出不同对策。《战国策》反映了游士说客的活动，当然也反映了游士说客的谈风，其中剥肤及髓的辩驳，推而衍之的铺陈，奔放畅达的语势，委婉而辛辣的嘲讽，耐人寻味的幽默，雄肆奇特的夸张等，共同构成了《战国策》语言敷张扬厉的独特风格。

冯谖客孟尝君 [1]

说明

　　本文选自《战国策·齐策》，战国时期，齐国的孟尝君好士，门下食客数千，本文记叙了他门下一位普通门客冯谖的故事。冯谖为巩固孟尝君的政治地位而进行的种种政治外交活动（焚券市义，谋复相位，立庙于薛），表现了他的政治识见和卓越才能——善于利用矛盾以解决矛盾。也反映出齐国统治集团内部和齐、魏等诸侯国之间的矛盾。

扫一扫 学一学

　　齐人有冯谖者 [2]，贫乏不能自存 [3]，使人属孟尝君 [4]，愿寄食门下 [5]。孟尝君曰："客何好 [6]？"曰："客无好也。"曰："客何能?"曰："客无能也。"孟尝君笑而受之曰："诺 [7]。"

　　左右以君贱之也 [8]，食以草具 [9]。居有顷 [10]，倚柱弹其剑，歌曰："长铗归来乎 [11]，食无鱼!"左右以告 [12]。孟尝君曰："食之，比门下之客 [13]。"居有顷，复弹其铗，歌曰："长铗归来乎，出无车！"左右皆笑之，以告。孟尝君曰："为之驾，比门下之车客[14]。"于是乘其车，揭其剑[15]，过其友曰[16]："孟尝君客我[17]。"后有顷，复弹其剑铗，歌曰："长铗归来乎，无以为家[18]！"左右皆恶之，以为贪而不知足。孟尝君问："冯公有亲乎？"对曰："有老母。"孟尝君使人给其食用[19]，无使乏。于是冯谖不复歌。

[1] 冯谖（xuān）：孟尝君的食客。客：用如动词，这里当"作客"讲。孟尝君：姓田，名文，齐国的贵族，封于薛（故城在今山东省滕县东南），孟尝君是他的封号。他是战国四公子之一。

[2] 者：语气词，表停顿。

[3] 存：存在，这里指生活。

[4] 属：同"嘱"，嘱托。

[5] 寄食：依靠别人吃饭。这里指到孟尝君门下作食客。

[6] 何好：爱好什么。

[7] 诺：表示同意的答应声。

[8] 左右：指在孟尝君左右办事的人。以：因为。贱之：以之为贱，犹看不起他。

[9] 食（sì）：给……吃。草具：装盛粗劣饮食的食具。

[10] 居有顷：呆了不久。

[11] 长铗（jiá）：指长剑。铗：指剑铗，即剑把。

[12] 以告：把（冯谖唱歌的事）告诉（孟尝君）。

[13] 比：比照。这句话意思是说比照门下中等门客，给他鱼吃。

[14] 为之驾：给他准备马车。车客：有车坐的门客。

[15] 揭：高举。

[16] 过：拜访，探望。

[17] 客我：以我为客，即把我当客人。

[18] 无以为家：犹无法养家。

[19] 给（jǐ）：供应。

后孟尝君出记[1]，问门下诸客："谁习计会，能为文收责于薛者乎[2]？"冯谖署曰[3]："能。"孟尝君怪之，曰："此谁也？"左右曰："乃歌夫'长铗归来'者也[4]。"孟尝君笑曰："客果有能也！吾负之[5]，未尝见也。"请而见之，谢曰："文倦于是，愦于忧[6]，而性懧愚，沉于国家之事，开罪于先生[7]。先生不羞，乃有意欲为收责于薛乎[8]？"冯谖曰："愿之[9]。"于是约车治装，载券契而行[10]，辞曰："责毕收，以何市而反[11]？"孟尝君曰："视吾家所寡有者。"

[1] 出：拿出。记：记账的簿子。

[2] 习：熟习。计会（kuài）：会计。责：同"债"。

[3] 署：签名。

[4] 乃：就是。夫：指示代词，那。

[5] 负之：亏待了他。

[6] 倦于是：为国事累坏了。是，指国事，国家大事。愦（kuì）于忧：被忧虑搞得心烦意乱。愦，心乱。

[7] 懧（nuó）：同"懦"，懦弱。沉：沉溺。开罪：得罪。

[8] 不羞：不以为耻辱。乃：却，竟。

[9] 之：代词，指"为收责于薛"。

[10] 约车：套车。约，束。治装：整理行装。券契：犹今之合同。关于债务的契约。

[11] 毕：完全。以：用。市：买。反：同"返"。此句意为用收回的债款买什么东西回来。

驱而之薛[1]，使吏召诸民当偿者，悉来合券[2]。券遍合，起，矫命[3]以责赐诸民，因烧其券[4]，民称万岁。

长驱到齐[5]，晨而求见。孟尝君怪其疾也，衣冠而见之[6]，曰："责毕收乎？来何疾也？"曰："收毕矣。""以何市而反？"冯谖曰："君云'视吾家所寡有者'。臣窃计[7]，君宫中积珍宝，狗马实外厩，美人充下陈[8]，君家所寡有者以义耳[9]。窃以为君市义[10]。"孟尝君曰："市义奈何[11]？"曰："今君有区区之薛，不拊爱子其民，因而贾利之[12]。臣窃矫君命，以责赐诸民，因烧其券，民称万岁，乃臣所以为君市义也[13]。"孟尝君不说[14]，曰："诺。先生休矣[15]！"

[1] 驱：赶车，这里指乘车。之：往。

[2] 当偿者：应当还债的人。悉：都。

[3] 遍合：普遍合过了。起：站起来。原本为"赴"字，今据上海古籍出版社《战国策》汇校本改。矫命：假托孟尝君的命令。

[4] 因：于是。

[5] 长驱：一直赶车前进，中间不停留。

[6] 疾：快。衣冠：用如动词，穿好衣服戴好帽子，以示恭敬。

[7] 窃：私自，谦词。计：考虑。

[8] 实：充满。厩：马房。下陈：犹后列。

[9] 以义耳：犹言只有义啊。

[10] 以为君：以债款替您。

[11] 奈何：怎么样。

[12] 区区：小小的。拊：同"抚"。子其民：意为把薛地的老百姓看成自己的子女。贾利之：用商贾手段向人民图利。

[13] 乃：这就是。这句话是说这就是我用以替您买义的方式。

[14] 说（yuè）：同"悦"，高兴。

[15] 休矣：算了。

后期年[1]，齐王谓孟尝君曰[2]："寡人不敢以先王之臣为臣[3]。"孟尝君就国于薛[4]。未至百里，民扶老携幼，迎君道中[5]。孟尝君顾谓冯谖曰："先生所为文市义者，乃今日见之[6]。"

[1] 期：一周年。

[2] 齐王：指齐闵王。

[3] 寡人不敢以先王之臣为臣：我不敢把先王的大臣作为我的大臣。这是委婉语，实际上是撤他的职。先王：齐宣王。

[4] 就国：回到自己的封邑。

[5] 未至百里：意即距薛地尚有百里。君：指孟尝君。

[6] 乃：副词，才。

冯谖曰："狡兔有三窟，仅得免其死耳[1]。今君有一窟，未得高枕而卧也[2]。请为君复凿二窟！"

孟尝君予车五十乘，金五百斤[3]，西游于梁[4]，谓梁王曰[5]："齐放其大臣孟尝君于诸侯[6]，诸侯先迎之者富而兵强。"于是梁王虚上位[7]，以故相为上将军[8]，遣使者，黄金千斤，车百乘，往聘孟尝君。冯谖先驱，诫孟尝君曰[9]："千金，重币也；百乘，显使也[10]。齐其闻之矣！"梁使三反，孟尝君固辞不往也[11]。

[1] 仅：只。

[2] 高枕而卧：把枕头垫得高高的躺着，意为没什么可忧虑的了。

[3] 予：给。金：战国时铜质货币的通称。斤：同"釿"，先秦的一种货币单位，重一两多。

[4] 梁：指魏国都，时魏已迁都大梁（今河南省开封市）。

[5] 梁王：梁惠王。

[6] 放：放逐。

[7] 虚上位：把最高的职位（相位）空出来。虚，使……虚。

[8] 故：原来。

[9] 先驱：先赶车回去。诫：告诫。

[10] 显使：显贵的使臣。

[11] 三反：往返三次。固辞：坚决推辞。

齐王闻之，君臣恐惧，遣太傅赍黄金千斤[1]，文车二驷，服剑一[2]。封书谢孟尝君曰[3]："寡人不祥[4]，被于宗庙之祟，沉于谄谀之臣[5]，开罪于君。寡人不足为也；愿君顾先王之宗庙，姑反国统万人乎[6]！"冯谖诫孟尝君曰："愿请先王之祭器，立宗庙于薛[7]。"庙成，还报孟尝君曰："三窟已就[8]，君姑高枕为乐矣！"

孟尝君为相数十年，无纤介之祸者[9]，冯谖之计也。

[1] 太傅：官名，辅佐国君的最高官员之一。赍（jī）：携带。

[2] 文车二驷：绘有文彩的四马拉的车两辆。驷，四匹马拉的车。服剑：指齐王自佩之剑。

[3] 封书：封好了的书信。谢：道歉。

[4] 不祥：不善。

[5] 被：遭受。宗庙：这里借指祖宗。祟：神祸。沉：沉迷。谄谀：阿谀逢迎。

[6] 顾：顾念。姑：暂且。统：治理。万人：指全国百姓。

[7] 立宗庙于薛：在薛邑建立齐国先王的宗庙。目的是使齐王重视薛，又能巩固孟尝君的政治地位。

[8] 就：完成。

[9] 纤（xiān）介：细小。介，通"芥"，小草。

触龙说赵太后[1]

> 📖 **说明**
>
> 　　本文选自《战国策·赵策》。在强敌压境，赵太后又严厉拒谏的危急形势下，触龙因势利导，以柔克刚，用"爱子则为之计深远"的道理，说服赵太后，让她的爱子出质于齐，换取救兵，解除国家危难。本文歌颂了触龙以国家利益为重的品质和善于做思想工作的才能。

　　赵太后新用事[2]，秦急攻之。赵氏求救于齐[3]。齐曰："必以长安君为质，兵乃出[4]。"太后不肯，大臣强谏[5]。太后明谓左右："有复言令长安君为质者[6]，老妇必唾其面[7]。"

　　左师触龙言愿见太后[8]。太后盛气而揖之[9]。入而徐趋，至而自谢[10]，曰："老臣病足，曾不能疾走[11]，不得见久矣。窃自恕[12]，而恐太后玉体之有所郄也[13]，故愿望见太后。"太后曰："老妇恃辇而行[14]。"曰："日食饮得无衰乎[15]？"曰："恃鬻耳[16]。"曰："老臣今者殊不欲食，乃自强步，日三四里，少益嗜食，和于身也[17]。"太后曰："老妇不能。"太后之色少解[18]。

[1]事出于赵孝成王元年（前265年）。触龙：原作触詟。赵国的左师（官名）。太后：赵威后。

[2]新用事：刚开始执政。此时，赵惠文王死，孝成王年幼，所以由赵太后执政。

[3]赵氏：指赵国，先秦时对朝代、国名常用"氏"字，构成一个名字。

[4]长安君：赵太后宠爱的小儿子的封号。质：人质，以人作抵押。当时各国之间结盟，常要国君的儿子或兄弟留住在盟国，作为执行盟约的人质。兵：军队。

[5]强谏：极力规劝。

[6]者：代词，这里代人，相当于"……的人"。

[7]唾：动词，吐唾沫。

[8]左师：官名，属闲散之官，所封之人大多为贵族，俸禄优厚。

[9]盛气：怒气冲冲。揖：《史记·赵世家》作"胥"。"揖"当是"胥"字传写之误。胥，通"须"，等待的意思。

[10]徐趋：慢慢地跑。古代臣见到君应快步走，以示恭敬。触龙托言足疾，不能急行，故做出"趋"的姿态，以表对太后的恭敬。谢：告罪。

[11]曾（zēng）：放在"不"的前面，加强否定语气。

[12]窃自恕：私下原谅自己。

[13]玉体：贵体。有所郄：有所欠缺，意为有些不舒服。郄（xì），通"隙"。

[14]恃：凭借。辇：古代帝、后所坐的车，由两人共挽。

[15]衰：减少。

[16]鬻：同"粥"。

[17]和于身：使身体舒畅和适。

[18]色少解：怒气稍微消了些。

　　左师公曰："老臣贱息舒祺，最少，不肖[1]，而臣衰，窃爱怜之，愿令补黑衣之数，以卫王宫，没死以闻[2]。"太后曰："敬诺[3]。年几何矣？"对曰："十五岁矣。虽少，愿及未填沟壑而托之[4]。"太后曰："丈夫亦爱怜其少子乎[5]？"对曰："甚于妇人。"太后笑曰："妇人异甚[6]。"对曰："老臣窃以为媪之爱燕后贤于长安君[7]。"曰："君过矣[8]，不若长安君之甚。"左师公曰："父母之爱子，则为之计深远[9]。媪之送燕后也，持其踵为之泣[10]，念悲其远也，亦哀之矣。已行，非弗思也，祭祀必祝之，祝曰：'必勿使反[11]'。岂非计久长，有子孙相继为王也哉？"太后曰："然。"

[1]贱息：对人谦称自己的儿子。息，子。不肖：原指不像父亲那样好，引申为不贤、不成材。

[2]愿令补黑衣之数：希望能让他补进黑衣侍卫的数目里。黑衣，指王宫卫士，当时王宫卫士都穿黑色军服。没死以闻：冒着死罪把这个请求说给太后听。

[3]敬诺：遵命。

[4]及：趁着。填沟壑：这是古代谦称自己死的说法，意即死后无人埋葬，被扔在山沟里。

[5]怜：爱。

[6]异甚：特别厉害。

[7]媪：对年老妇人的敬称。燕后：赵太后的女儿，嫁给燕王为后，故称燕后。贤于：胜过，超过。

[8]过：错。

[9]计：打算，考虑。做长远的打算。

[10]持其踵为之泣：握住她的脚后跟为她哭泣，因燕后登车后，赵太后在车下，所以只能摸着女儿的脚后跟为之哭泣，表示舍不得女儿远嫁。

[11]必勿使反：一定别让她回来。古代诸侯的女儿嫁到别国后，只有亡国或被废弃才回到本国。这句意为赵太后祈祷女儿不要遭到不幸。

左师公曰："今三世以前，至于赵之为赵，赵主之子孙侯者[1]，其继有在者乎？"曰："无有。"曰："微独赵[2]，诸侯有在者乎？"曰："老妇不闻也。""此其近者祸及身，远者及其子孙。岂人主之子侯则必不善哉？位尊而无功，奉厚而无劳[3]，而挟重器多也[4]。今媪尊长安君之位，而封之以膏腴之地，多予之重器，而不及今令有功于国。一旦山陵崩[5]，长安君何以自托于赵？老臣以媪为长安君计短也，故以为其爱不若燕后。"太后曰："诺。恣君之所使之[6]。"于是为长安君约车百乘质于齐[7]，齐兵乃出。

[1]三世：三代，指赵武灵王，赵惠文王，赵孝成王。赵之为赵：言赵氏由一个大夫之家而建立赵国的时候。赵烈侯原是晋国大夫，后与韩、魏共分晋国，于公元前403年，才开始建为赵国。赵主之子孙侯者：赵王的子孙封侯的人。之，助词。侯，用如动词，封侯。

[2]微独：不单。

[3]奉：同"俸"，指俸禄。

[4]重器：古代把宗庙朝廷中的钟、鼎等礼器，当作国家权力的象征，叫重器。

[5]山陵崩：古时对国君、王后死去的避讳说法。

[6]恣：任凭。使之：派遣他，支使他。

[7]约：装束。

子义闻之曰[1]："人主之子也，骨肉之亲也，犹不能恃无功之尊，无劳之奉，而守金玉之重也^[2]，而况人臣乎？"

[1]子义：赵国的贤士。

[2]守金玉之重：拥有大量的金玉财宝。

赵威后问齐使

📖 **说明**

本文选自《战国策·齐策》，赵威后即赵太后，惠文王之妻。她虽然年事已高，但对国家政治的清明有着最朴素的理解，她仅仅从国家对个别人才的褒贬任用上就指出了齐王治国政策弊端，虽然简单但却很有道理。

齐王使使者问赵威后^[1]。书未发^[2]，威后问使者曰："岁亦无恙耶^[3]？民亦无恙耶？王亦无恙耶？"使者不说，曰："臣奉使使威后^[4]，今不问王而先问岁与民，岂先贱而后尊贵者乎^[5]？"威后曰："不然^[6]。苟无岁^[7]，何以有民？苟无民，何以有君？故有问^[8]，舍本而问末者耶？"

[1]齐王：战国时齐王建，齐襄王之子。赵威后：战国时赵惠文王的王后。惠文王死，其子孝成王立，因年幼由威后执政。问：聘问，是当时诸侯之间的一种礼节。

[2]发：启封。

[3]岁亦无恙耶：年成还好吧？岁，年成。亦，语助词，无义。无恙，无忧，犹言"平安无事"。

[4]奉使使威后：奉使命出使到威后这里来。

[5]先、后：都用如动词，使动用法。贱：指百姓。

[6]不然：不是这样的。然，……的样子。

[7]苟：假如。

[8]故：哪有，难道。

乃进而问之曰："齐有处士曰钟离子^[1]，无恙耶？是其为人也，有粮者亦食^[2]，无粮者亦食；有衣者亦衣^[3]，无衣者亦衣。是助王养民者也，何以至今不业也^[4]？叶阳子无恙乎^[5]？是其为人，哀鳏寡，恤孤独，振困穷，补不足^[6]。是助王息其民者也^[7]，何以至今不业也？北宫之女婴儿子无恙耶^[8]？彻其环瑱^[9]，至老不嫁，以养父母。是皆率民而出于孝情者也^[10]，胡为至今不朝也^[11]？此二士弗业，一女不朝，何以王齐国，子万民乎^[12]？於陵子仲尚存乎^[13]？是其为人也，上不臣于王^[14]，下不治其家，中不索交诸侯^[15]。此率民而出于无用者^[16]，何为至今不杀乎？"

[1]处士：有才能、有道德而隐居不仕的人。钟离子：人名，齐国处士。钟离，复姓。子，古时对男子的尊称。

[2]食（sì）：拿食物给人吃。

[3]衣：拿衣服给人穿。

[4] 不业：不使他做官以成就功业。

[5] 叶阳子：齐国处士，叶阳，复姓。

[6] 鳏：老而无妻的男子。恤：抚恤。独：老而无子。振：通"赈"，救济。不足：缺少衣食。

[7] 息：安定，繁殖。

[8] 北宫之女婴儿子：北宫氏的女子婴儿子，齐国有名的孝女。北宫，复姓。婴儿子是人名。

[9] 彻：通"撤"，除去。环：指耳环、臂环之类饰物。瑱（tiàn）：作耳饰的玉。

[10] 是皆率民而出于孝情者也：这些都是带领百姓行孝的行为。

[11] 不朝：不使她上朝。古时妇人受封而有封号者为"命妇"，命妇即可入朝。此句意即为什么至今不封婴儿子为命妇，使她上朝见君呢？

[12] 子万民：以万民为子女，犹言"为民父母"。

[13] 於陵子仲：齐国的隐士。於陵，齐邑名，在今山东省长山县西南。

[14] 不臣于王：不向王称臣，不做官。臣，用如动词，称臣。

[15] 索：求。

[16] 无用：没有作用，等于说同统治者不合作。

江乙对荆宣王[1]

📖 **说明**

本文选自《战国策·楚策》。讲的是狐假虎威的故事。主要意义不在于表现狐狸的聪明，而在于揭露它的狡猾，指出：有的坏人为了欺负好人和干坏事，总要找到一种势力作为靠山，打着一块招牌，掩护自己，吓唬别人。善良的人们，要学会识破这种骗术。

荆宣王问群臣曰："吾闻北方之畏昭奚恤也[2]，果诚何如[3]？"群臣莫对[4]。江乙对曰："虎求百兽而食之[5]，得狐。狐曰：'子无敢食我也[6]。天帝使我长百兽[7]，今子食我，是逆天帝命也。子以我为不信[8]，吾为子先行[9]，子随我后，观百兽之见我而敢不走乎[10]？'虎以为然[11]，故遂与之行，兽见之皆走。虎不知兽畏己而走也，以为畏狐也。今王之地方五千里[12]，带甲百万[13]，而专属之昭奚恤[14]。故北方之畏奚恤也，其实畏王之甲兵也[15]，犹百兽之畏虎也[16]。"

扫一扫 学一学

[1] 江乙：又名江一，魏人，有智谋，当时在楚国做官。荆宣王：就是楚宣王，因楚国也称荆。宣王名良夫，楚怀王的祖父。

[2] 之：助词，作用在于取消"北方畏昭奚恤"的独立性，使它作为"闻"的宾语。北方：当时指中原各诸侯之国。昭奚恤（xù）：楚国的贵族，是当时的名将。

[3] 果诚何如：真正怎么样呢？"果"和"诚"是同义词，都是真正的意思。何如，怎么样。

[4] 莫：否定性无定代词，相当于现代汉语的"没有谁""没有人"。

[5] 求：寻找。

[6] 无敢：不敢。

[7] 长百兽：做群兽的首领。长（zhǎng），首领。这里用如动词。

[8] 不信：指说谎。信，言语真实。

[9] 为子先行：我为你在前边走。为（wèi），介词。行，相当于现代汉语的"走"。

[10] 走：相当于现代汉语的"跑"。这里指逃跑。

[11] 虎以为然：老虎以为狐的话说得很对。以为，认为，觉得。然，对，不错。

[12] 地："地"和"方"不是一个词，读到"地"时应略停一下。方五千里：五千里见方，即东至西五千里，南至北五千里。不要误会为五千方里。

[13] 带甲：披铠甲，这里指披铠甲的战士。

[14] 专：专一，单独。属（zhǔ）：同"嘱"，委托。之：指百万军队。这句意思是，把百万军队专托付给昭奚恤。

[15] 其实：这件事（指北方之畏昭奚恤）的实情。"其实"是状语，"北方之畏奚恤"是本句的主语，"畏王之甲兵"是本句的谓语。甲兵：这里指军队。

[16] 犹：好像。

唐雎不辱使命[1]

📖 说明

　　本文选自《战国策·魏策》，这篇文章写唐雎奉安陵君之命出使秦国，与秦王展开面对面的激烈斗争，终于折服秦王，保存国家，完成使命的经过，歌颂了唐雎不畏强权、敢于斗争的爱国精神，揭露了秦王的骄横欺诈、外强中干的本质。

　　秦王使人谓安陵君曰[2]："寡人欲以五百里之地易安陵[3]，安陵君其许寡人[4]？"安陵君曰："大王加惠[5]，以大易小，甚善。虽然[6]，受地于先王[7]，愿终守之[8]，弗敢易。"秦王不说[9]。安陵君因使唐雎使于秦[10]。

[1] 一作《唐雎为安陵君劫秦王》，均是通用篇名。策文篇名为《秦王使人谓安陵君》。

[2] 秦王：即秦始皇嬴政，因当时尚未称帝，故叫秦王。安陵君：战国时魏襄王曾封其弟为安陵君，此为其弟的后裔。安陵，魏的附庸小国名。其地在今河南省鄢陵西北。

[3] 易：换。

[4] 其：表示推测，"大概""将"的意思。

[5] 加惠：施予恩惠。

[6] 虽然：尽管这样。

[7] 先王：称死去的国君，指祖先。

[8] 终：永远。

[9] 说：同"悦"。

[10] 唐雎（jū）：也作唐且。战国时有三人名唐且的，此为安陵君之臣。

秦王谓唐雎曰："寡人以五百里之地易安陵，安陵君不听寡人，何也？且秦灭韩亡魏[1]，而君以五十里地存者，以君为长者[2]，故不错意也[3]。今吾以十倍之地，请广于君[4]，而君逆寡人者[5]，轻寡人与[6]？"唐雎对曰："否，非若是也。安陵君受地于先王而守之，虽千里不敢易也，岂直五百里哉[7]？"秦王怫然怒[8]，谓唐雎曰："公亦尝闻天子之怒乎[9]？"唐雎对曰："臣未尝闻也。"秦王曰："天子之怒，伏尸百万[10]，流血千里。"唐雎曰："大王尝闻布衣之怒乎[11]？"秦王曰："布衣之怒，亦免冠徒跣[12]，以头抢地尔[13]。"唐雎曰："此庸夫之怒也[14]，非士之怒也[15]。夫专诸之刺王僚也[16]，彗星袭月[17]；聂政之刺韩傀也[18]，白虹贯日[19]；要离之刺庆忌也[20]，仓鹰击于殿上[21]。此三子者，皆布衣之士也，怀怒未发，休祲降于天[22]，与臣而将四矣[23]。若士必怒，伏尸二人[24]，流血五步，天下缟素[25]，今日是也！"挺剑而起。

[1] 灭韩亡魏：指秦始皇十七年（前230年）灭韩国；二十二年（前225年）灭魏国。

[2] 长者：谨厚的人。

[3] 错意：放在心上。错，通"措"，置。

[4] 广：扩大。

[5] 逆：违抗、不顺从。

[6] 与：同"欤"，表疑问语气，"吗"的意思。

[7] 岂直：难道只。直，只。

[8] 怫然：愤怒的样子。

[9] 尝：曾经。

[10] 伏尸：尸体倒地。

[11] 布衣：指平民。古代没有官职的平民不能穿丝织品制的衣服，只能穿粗布衣服，故称平民为布衣。

[12] 免冠：摘掉帽子。徒跣：赤脚步行。

[13] 抢：撞、碰。

[14] 庸夫：平庸无能的人。

[15] 士：此指智勇兼备的侠士。

[16] 专诸：春秋时吴国勇士。王僚：春秋时吴王寿梦第三个儿子夷昧之子，名僚。他继位后，公子光想夺取王位，派勇士专诸刺杀王僚。

[17] 彗星：俗名"扫帚星"。有光尾，形似扫帚，故名。袭月：指彗星光尾掩盖了月亮。这是说专诸刺王僚时，感应了上天，使得彗星袭月。

[18] 聂政：战国时勇士，轵（今河南省济源东南）人。韩傀（kuǐ）：韩烈侯的叔父，时为韩相。韩国大夫严遂（字仲子）与韩傀有仇，便结交了聂政，并派聂政刺杀了韩傀。聂政也毁容自杀。

[19] 白虹贯日：白虹贯穿太阳。也是说因人事而引起天变的景象。

[20] 要离：春秋时吴国勇士。

[21] 仓：同"苍"，青黑色。击：扑。

[22] 休：美善，指吉祥的预兆。祲：险的预兆。

[23] 与臣而将四矣：加上我将成四个了。意即唐雎将效法专诸等人的行动，刺杀秦王。

[24] 伏尸二人：指唐雎和秦王。因唐雎刺杀了秦王，自身也难免一死，故言伏尸二人。

[25]天下缟素：全国的人穿上丧服。缟素，未染色的白绢、白绸，借代白色的丧服。此句表示唐雎要刺杀秦王。因古代国君死，全国人要穿丧服。

秦王色挠[1]，长跪而谢之曰[2]："先生坐，何至于此！寡人谕矣[3]。夫韩、魏灭亡，而安陵以五十里之地存者，徒以有先生也[4]。"

[1]色挠：脸色沮丧屈服的样子。挠，屈服。

[2]长跪：古代没有凳椅，人坐在铺有席子的地面上，直身挺腰而跪，即臀部离开脚跟，双膝跪在地上，以示庄重。

[3]谕：明白。

[4]徒：只、仅。以：因。

通论

古今词义的异同

现代汉语是从古代汉语的基础上发展起来的，我们必须承认语言的继承性，看到古今汉语相同的方面；但是更应该重视语言的发展，看到古今汉语相异的方面。继承和发展，是矛盾的统一，忽视任何一方面，都是不对的。语言诸要素中，词汇变化最显著最快，尤其是词义，几乎处于持续变动中。物质生产的发展，科学技术的进步，文化的繁荣，习俗的更替，社会制度的变革，以及随着社会的发展所引起的人们认识的深化，新的概念的产生，词汇对这一切反映最迅速，新义不断产生，旧义不断消亡。汉语的这种新陈代谢，使古今词汇和古今词义产生了差异，这种差异表现在词的形式和内容上。从形式上看，一方面古代汉语词汇以单音词为主，现代汉语以双音词为主，另一方面，旧词不断消亡，新词不断产生。从内容看，词义也不断发展变化，其中有古今词义基本相同的，有古今完全不同的，也有古今有同有异的。

一、古今词义异同的三种情况

（一）古今词义基本相同

有这样的一些词，它们的意义直到今天仍旧是几千年前的意义，几乎没有发生变化。例如，名词有鸡、牛、羊、日、月、水、火、田、风、雨、霜、雪等；动词有进、出、入、坐、起、立、打、笑、跳、叫、钓等；形容词有大、小、多、轻、重、圆、方、平、钝、尖、美、丑、善、恶等，它们所指称的仍旧是几千年前的同一概念。这些是属于基本词汇的词，是词汇的重要组成部分，同时也是语言的继承性、稳固性的重要表现之一。但是，像这种意义几乎没有变化的词，在汉语词汇中只是极少数。

（二）古今词义完全不同

有些词，虽然词形没有变化，但古今词义完全不同，例如：

走，今义为慢慢散步，古义为跑。《战国策·触龙说赵太后》："老臣病足，曾不能疾走。""疾走"就是快跑。《新序·杂事》："叶公见之，弃而还走。"

去，今义为往，古义为离开。《诗经·硕鼠》："逝将去女，适彼乐土。"

慢，今义为动作迟缓，古义为懈怠无礼。《史记·淮阴侯列传》："王素慢无礼，今拜大将如呼小儿耳。"

给，今义给予，古义供应，使之满足。《战国策·冯谖客孟尝君》："孟尝君使人给其食用，无使乏。"

行李，今义为出行时携带的行装物品，古义为外交使节。《左传·僖公三十年》："行李之往来。"

牺牲，今义指为正义事业献出自己的生命，古义为祭神的猪、牛、羊。《周礼·地官·牧人》："凡祭祀，共其牺牲。以授充人系之。"

烈士，今义指为正义事业献出自己生命的人，古义为有理想有抱负的人。《隋书·李文博传》："每读书至治乱得失、忠臣烈士，未尝不反覆吟玩。"

（三）古今词义有同有异

古今词义有同有异的词数量很多，词义古今有相同之处，又有某些差异，其中有些是一种微殊的异。例如：

爱，古今都有喜爱之意。古义还表示吝惜、吝啬。《孟子·梁惠王上》："吾何爱一牛？"

祥，古义除表示吉利外，还笼统地表示吉凶的预兆。《左传·僖公十六年》："是何祥也，吉凶何在？"

少，古义除表示多的反面以外，还表示略微。《战国策·触龙说赵太后》："少益嗜食，和于身。"

文章，古义除表示文辞外，还表示华美的色彩或花纹。《九章·橘颂》："青黄杂糅，文章烂兮。"

勤，今义指勤快，与惰相对。古义指辛苦，与逸相对。《后汉书·班固传》："然内孝谨，居家常执勤苦。"

访，今义指采访、访问，古义指咨询。《左传·秦晋殽之战》："穆公访诸蹇叔。"

二、古今词义差异的主要表现

（一）词义范围的差异

1. 词义扩大

今义所表示的客观事物的范围大于古义所表示的客观事物的范围，称之为词义扩大。例如：

"河"，上古专指"黄河"，《诗经·魏风·伐檀》："坎坎伐檀兮，置之河之干兮。""河之干"就是黄河河岸。《左传·僖公三十三年》："及诸河，则在舟中矣。""及诸河"就是追赶他们到黄河岸边。今义变为一般河流的通称。

"皮"，上古指"自然的、带毛的、兽类的皮"，《左传·僖公十四年》："皮之不存，毛将安傅？"不带毛的皮，特别是经过鞣制的皮，叫"革"，人的皮叫"肤"，今义则不管上述哪一种都叫"皮"，甚至还能指许多物体的表面一层，如"树皮""鱼皮""漆皮""地皮"等。

"醒"，上古为醉解酒醒，屈原《渔夫》："举世皆浊我独清，众人皆醉我独醒。"后引申为一般睡眠状态的结束。

2. 词义缩小

今义所反映的客观事物的范围小于古义所反映的客观事物的范围，叫词义缩小。例如："臭"，上古是一切气味的总称，《左传·僖公四年》："一薰一莸，十年尚犹有臭。""薰"是香草，"莸"是臭草。"有臭"就是"有气味"的意思。今义则专指臭味。

"亲戚"，古义的范围比较广，可以指同姓和异姓的亲属，也可以指父母兄弟等。《孟子·公孙丑下》："寡助之至，亲戚畔之。"这里指同姓和异姓的亲属。《战国策·秦策》："贫穷则父母不子，富贵则亲戚畏惧。"苏秦的感慨系为其父母和妻嫂的势利行为而发，"亲戚"指的就是这些人。今义则限于同姓和异姓的亲属，但不能指父母兄弟和妻嫂。

"宫"，上古泛指一切房屋。《尔雅·释宫》："宫谓之室，室谓之宫。"《说文解字》："宫，室也。"《孟子·滕文公上》："且许子何不为陶冶？舍皆取诸其宫中而用之？"这里的"宫"指的就是许行自己的住所，家里。《墨子·节用中》："古者人之始生，未有宫室之时，因陵丘堀穴而处也。"现代"宫"专指帝后太子等居住的房屋、庙宇名称及人民文化活动娱乐用的房屋。

3. 词义转移

古今词义所反映的客观对象不一样，即词义在发展过程中由表示甲事物转向表示乙事物。

"兵"的本义是兵器，《说文解字》："兵，械也。"《左传·成公二年》："擐甲执兵，固即死也。""执兵"就是"手持兵器"的意思。今义则指"士兵"。

"闻"的古义是"听见"，属于用耳，《说文解字》："闻，知闻也。"今义指用鼻子嗅气味。

"汤"古义是热水。《列子·汤问》："日初出沧沧凉凉及其日中如探汤。"成语"固若金汤""金城汤池"中的"汤"均指热水。今义的"汤"指米汤、菜汤，与"热水"所指有异。

（二）词义感情色彩的差异

有些同义词的基本义相同或差别不大，但附带不同的感情色彩，表示对事物的评价或态度。"爪牙"原来是两个单音词，复合成双音词后，指的是得力助手，褒义，如《诗经·小雅·祈父》："祈父，予王之爪牙。"《三国志·关张马黄赵传》："黄忠赵云强挚壮猛，并作爪牙。"今义指"走狗"，贬义。

"锻炼"原是"冶炼"的意思，用作比喻义时，指酷吏玩弄刑法对人进行诬陷。如《后汉书·韦彪传》："锻炼之吏，持心近薄。"今义则带褒义，如"锻炼身体"。

还有一些词，古义是中性词，后来变为贬义词，如"谤"就是这样。"谤"，《新华字典》注释为"恶意的攻击别人"，这显然是带有贬义色彩的词。然而，在古代，它不带贬义。如《战国策·齐策》中的"能谤讥于市朝，闻寡人之耳者，受下赏"。"谤讥"是背后议论。"谤"在古代都是批评议论的意思，而且这种批评议论多属下级臣民对上级，并且往往不是面对面，而是背后进行的批评或议论。

感情色彩方面的差异是从属于词义范围的差异的。一些词古今词义之所以有感情色彩方面的差异，首先是因为它们的词义范围发生了变化。但是，并不是所有的词在词义范围发生变化以后都同时有这种感情色彩的变化。

思考与练习

一、填空题

1. 古代汉语词汇以_____为主，现代汉语以_____为主。
2. 古今词的异同主要表现在古今词义基本相同、_____、_____三个方面。
3. 今义所反映的客观事物的范围小于古义所反映的客观事物的范围，叫_____。
4. "恨"这个词古义今义上的主要差别是_____。

二、论述题

1. 举例说明古今词义完全不同的情况。
2. 举例说明古今词义差异的主要表现。

词的本义和引申义

词汇和词义是不断发展的，古汉语词汇又以单音词为主，这就不可避免地形成一词多义的现象，例如：亡。

（1）逃亡。今亡亦死，举大义亦死，等死，死国可乎？（《陈涉起义》）

（2）出外不在家。孔子时其亡也，而往拜之。（《论语》）

（3）失去，丢失。醉寐而亡其裘。（《韩非子》）

（4）死亡。兵弱于敌，国贫于内，而不亡者，未之有也。（《韩非子》）

（5）通"无"。生之有时而用之亡度，则物力必屈。（汉代《论积贮疏》）

一个词不管有多少义项，归纳起来不外乎三类，本义、引申义、假借义。本义是纲，其他义项是目，抓住本义，就可纲举目张。

一、词的本义

（一）什么叫本义

本义是指词的本来意义，一般是词在文字产生时的意义，即文字形体结构的反映的并有史料证明的意义。

（二）为什么要探求词的本义

第一，掌握本义可以帮助我们正确理解词古书中词的意义，古书中不少词用的是本义。如《诗经·豳风·七月》"塞向墐户"中的"向"就是朝北的窗户的意思。

第二，掌握本义可以以简驭繁，理清词义的相互关系。对于一个多义词来说，本义在它的所有含义中，居于中心地位，其他词义多数是从本义派生出来的，抓住了本义，其他词义也就容易理解了。如"理"的本义是治玉，即把玉从石头里按纹路切割出来，由治玉引申为纹理，又引申为条理，再引申为道理。

（三）如何探求本义？

主要通过分析汉字的字形结构并结合文献材料来证明汉字是表意文字，造字时义寄于形，形体结构同意义有着密切的关系，特别是字的早期形体，为探求词的本义提供了极为有利的条件。因此，历来的文字学家都把分析字形作为探求词本义最常用、最基本的方法。六书中的象形、指事、会意、形声等都可以作为分析本义的手段。在以形索义的时候，对纯表意字（象形，指事，会意）可以直接看它的形体，对形声字，只能从它的形符中确定词的义类，也可以帮助我们判断词的本义。

利用古代文献资料进行归纳、概括，也可以探求词的本义，而查阅古书注解和字典辞书是推断本义简便可行的办法。有些词从形体上或字典辞书中都能很难准确地把握它的本义时，便可以从古书普遍用法中归纳概括出其本义来。如：

（1）行，象形。甲骨文 兂 像十字路口之形，本义是道路。《诗·小雅·小弁》："行有死人。"

（2）本，指事。金文字形 耑 ，本义是树根。《国语·晋语》："伐木不自其本而复生。"

（3）盥，会意。小篆字形 盥 ，从臼（jiù），舂米用的器具，从水，从皿（表示与器皿有关）。合起来表示以手承水冲洗而下流于盘（皿）。本义是洗手。如《左传·僖公二十三年》："奉匜沃盥。"

（4）造，从辵（chuò），告声。本义是到某地去。如《仪礼·士丧礼》："造于西阶下。"

二、词的引申义

（一）什么叫引申义

由本义派生发展出来的意义叫作引申义。引申义同本义有着内在的联系。例如：

（1）向，象形。甲骨文字形 向 ，本义是朝北开的窗户，引申为朝着、朝向、对着。

（2）道，形声。本义是道路，引申为途径、正当手段、规律、学说。

（二）词义引申的方式

1. 直接引申（辐射式引申）

引申由本义直接派生出来，或者说以本义为中心，辐射或派生出多个义项，而这些义项均与本义有直接联系。例如：

节（節），《说文解字》载："竹约也。约、缠束也。竹节如缠束之状。"从竹即声。本义是竹节。用于树木，引申为木节。用于动物的骨骼，引申为关节。用于纪时，引申为节气、节日、时节。用于音乐，引申为节奏，节拍。用于对人的行为的规范，引申为礼节。用于人的道德，引申为节操、气节。用于行为受到限制，引申为节制、节约。用于朝廷作凭证的信物，引申为符节。"节"的引申是根据"竹节"的特点而来的，"竹节"的特点可以归纳为以下三点。

（1）连接（可引申为事物的连接处）：木节、关节。

（2）分段（引申为事物的分段处）：季节、节拍。

（3）制约（引申为约束等意思）：节操、礼节。

2. 间接引申（连锁式引申）

从本义引申出直接引申义，再由直接引申义引申出新的引申义，各引申义之间像链环一样一环扣一环，类似链条状，间接引申义和本义之间只发生间接关系。如：

过，从辵，咼声。"过"的本义是经过、走过，走过经过了才可以引申出超过，而超过一定的程度或限度就是过分，事情做得过分了就可能造成过错，有了过错就要受到责备，各引申义之间环环相扣。

3. 综合式引申

直接引申和间接引申义交错在一起的引申。例如：任。

（1）挑着、担着。任是负。（《诗经·大雅·生民》）

（2）担子。此任重道远而无牛马，济大川而无舡楫也。（《商君书·弱民》）

（3）责任、任务。以为能胜其任也。（《孟子·梁惠王下》）

（4）任用。秦任商君国以富强。（《盐铁论·非鞅》）

（5）任凭。争及此花檐户下，任人采弄尽人看。（白居易《题山石榴花》）

（6）承担、担当。众怒难任。（《左传·僖公十五年》）

（7）担保。罪非殊死，考未竟者，一切任出，以须立秋。（《后汉书·章帝纪》）

（8）信任。王甚任之。（《史记·屈原贾生列传》）

"任"的引申线索如图2-1所示。

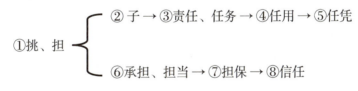

图2-1 "任"的引申线索

从"任"的引申线索可以看出，第二、第六两项意义均为直接引申义，由本义到这两个义项的关系是辐射式的；后面的义项又分别以这两个义项作为依据辗转再引申，体现为连锁式引申。整个引申脉络综合了辐射式和连锁式两种，这种情况称为综合式引申（也叫复合式引申）。

为了充分证明字形和词义的关系，我们再举出下面的几个例子：

"发"，《说文解字》："射发也，从弓，癹（pō）声。"《诗经·召南·驺虞》："壹发五豝。"射发是箭离弦，所以引申为出发、发出等意义。

"解"，《说文解字》："判也，从刀判牛角（按甲骨文从双手解牛角）。"这是本义。《庄子·养生主》载庖丁为文惠君解牛的"解"，就是用的本义。分解、溶解等义都从此引申而出。

解说的"解",意义较远，其实解说就是分析（朱骏声引皇氏说），引申的线索也是清楚的。

"责"，《说文解字》："求也，从贝，朿（cì）声。"清代王筠说："谓索求负家偿物也。""责"就是"债"字，但是它在上古可用作动词，兼有讨债的意义。它之所以从贝，因为贝表示财。《左传·昭公二十年》载："使有司（主管机关）宽政，毁关（去掉关税），去禁（废除各种禁令），薄敛（减少田租），已责（停止讨债）。"这是"责"的本义。不难理解，由此引申，索取已经允许过的钱财也可以叫"责"。《左传·桓公十三年》："宋多责赂（财物）于郑。"由索取的意义引申出要求的意义。《左传·僖公十五年》："西邻责言，不可偿也。"这里用"偿"字和"责"字相照应，显示着"责"字仍有讨债的意思，但是已经变为比喻了。《左传·闵公二年》"修己而不责人"，意思是说修自己的道德而不要求别人修德。由这个意义再引申，就是指摘过失的意思了；《左传·僖公二十七年》："责无礼也。"这些意义的引申过程是非常明显的。

"习"，《说文解字》："数飞也，从羽，白（自）声。""数（shuó）飞"是屡飞的意思。《礼记·月令》："鹰乃学习。"这是本义。引申为温习的"习"，因为温习是反复多次的行为；又为习惯的"习"，因为习惯也是由反复多次的行为所形成的。

抓住一个词的本义，就像抓住了这个词的纲，纷繁的词义都变为简单而有条理了。对本义有了体会，对于某些词义可以推想而知，而且也可以了解得更透彻。词典里某些词共有十几个甚至几十个意义，其实从引申的观点看，许多词义都可以合并。

思考与练习

一、填空题

1.＿＿＿＿是指词的本来意义，一般是词在文字产生时的意义，即文字形体结构的反映的并有史料证明的意义。

2. 多义词的几个意义中，一个意义是词义引申的起点，是其他意义的派生源头，是维系整个词义系统的枢纽，这个意义就是词的＿＿＿＿＿。词的＿＿＿＿＿不一定就是词的原始意义。由＿＿＿＿派生出来的意义叫＿＿＿＿＿＿。

3. 直接由本义派生出来的意义叫＿＿＿＿＿＿，由后者派生出来的意义叫＿＿＿＿＿＿。

4. 以本义为起点向着同一方向递相派生出几个意义的引申脉络，叫＿＿＿＿＿式引申，以本义为中心向不同的方向派生出数个直接引申义的词义引申脉络，叫＿＿＿＿＿＿式引申。

二、说明下列句中加点词用的是本义或引申义中的哪一种？

1. 不及黄泉，无相见也。

2. 责毕收，以何市而反？

3. 王怒，使监谤者。

4. 君子以自强不息。

5. 左右以君贱之也，食以草具。

6. 三十日不还，则请立太子为王，以绝秦望。

三、论述题

1. 简述为什么要探求词的本义？

2. 简要分析引申义是如何派生出来的？

同义词

一、同义词的定义

同义词是指意义相同或相近、语音不相关的两个或两个以上的词。这个定义包含了三个要点。

（一）意义相同或相近

所谓"意义相同或相近"，并不是指两个词或几个词的全部意义都相同，而是指它们有一个义项相同。如果它们除了某个义项相同外，另一个义项也相同，当然它们在那个义项上也是同义词。准确地说，同义词是以词的义项为单位的。说两个或几个词构成同义词，不过是一种习惯的说法，实际上应该表述为两个或几个词的某个义项相同。

（二）意义相同

所谓"意义相同"，并不是说同义词的意义完全相等。完全等义的词在古代汉语中并不存在，也就是说，词的同义都是有条件的、相对的。

（三）语音不相关

同义词的语音是不相关的。如果两个或几个词的语音相关、意义相同，它们很可能属于音近义通的同源词，即由一个根词直接或间接派生出来的词。同义词只是词义的偶然相同，同源词的词义必然是相关联的。这两种现象存在着本质差异。如，"府"和"库"，《说文解字》："府，文书藏也。""库，兵车藏也。"这两个词都表示储藏财物之地，构成了一组同义词。"腑"表示胆、胃、大肠、小肠等器官所藏之处，与"府"的意义有相同之处。但是，由于"府"和"腑"语音相近，它们并不是同义词，而是同源词。

讨论同义词，首先必须限制在同一历史平面上。脱离了这个条件也就脱离了同义词研究的基础。如，"贼""盗"在现代汉语中都可以指"偷东西的人"，是一组同义词；但是，在古汉语中，"贼"的名词用法一般是指"残害国家或百姓的人"或"犯上作乱的人"，"盗"的名词用法是指"偷窃、抢掠财物的人"，二者不能看作同义词。只有那些在各个时期都一直使用的同义词，才可以不受时代条件的限制。讨论同义词，还需要限制在同一意义层面上，也就是说，属概念只能和属概念构成同义词，种概念只能和种概念构成同义词，不能把一个属概念和一个种概念看作同义词。

《诗经·豳风·七月》："九月筑场圃，十月纳禾稼。黍稷重穋，禾麻菽麦。""禾稼"的"禾"泛指粮食作物，是一个属概念，它的同义词是"谷"；"禾麻"的"禾"特指谷子，是一个种概念，它的同义词是"粟"。又，《三国志·华佗传》："吾有一术，名五禽之戏：一曰虎，二曰鹿，三曰熊，四曰猿，五曰鸟。"其中的"禽"，包含了虎鹿熊猿鸟，和"鸟"处在不同的意义层面，因此，两者之间并不存在同义关系。只有在"禽"专指鸟类时，才能与"鸟"构成同义关系。

讨论同义词，也需要限制在同一词性的范围内。如果两个或几个词的词性不同，其词义最多是相关的而不可能是相同的，因此，它们不能看作同义词。如，"道"的本义是路，名词，《说文解字》："道，所行道也。""导"的本义是引路，动词。《说文解字》："导，导引也。"这两个词的意义密切相关而词性不同，不能构成同义关系。

同义词的本质特性是"有同有异"，"同"和"异"主要表现在词的概念意义、附加意义、语法特点等方面。从更好地理解古代文献的角度来看，同义词的相异之处比相同之处更值得重视。

二、同义词的确定

古代文献中的义训材料及词在某些具体语境中的特殊用法，是确定同义词的客观依据。

（一）义训材料

在古代文献中，尤其是注释类文献中，经常会用一个词去解释其他词，这部分材料是确定同义词的主要根据。例如：

（1）增，益也。（《尔雅·释言》）

（2）硕鼠硕鼠，无食我黍。郑玄笺："硕，大也。"（《诗经·魏风·硕鼠》）

（3）嫁、逝、徂、适，往也。（《方言》）

（4）宫谓之室，室谓之宫。（《尔雅·释宫》）

（5）垣，墙也；墙，垣也。（《说文解字》）

（6）咙，喉也；喉，咽也；咽，嗌也。（《说文解字》）

例（1）、例（2）中，用一个词解释另一个同义词，训诂学上把这种现象称为"单训"，也叫"直训"；例（3）中，用一个词解释多个同义词，称为"同训"；例（4）、例（5）中，用两个同义词相互解释，称为"互训"；例（6）中，用几个同义词递相训释，称为"递训"。这四种现象都是以"单训"为基础的，"同训"是一些"直训"的集合，"互训"是"单训"的次序顺倒，"递训"是几个相互衔接的"单训"。严格地说，这些材料中所涉及的词语，并非全部都是同义词，但是，它们为研究古代汉语词汇的同义体系提供了极为丰富的材料，是确定同义词的主要依据。

（二）同义互用

文言文或古代诗词中，为了对仗工整又不出现重复的字，常常会换用一个同义词。例如：

（1）桀听谗而诛良将，纣闻谗而杀其忠臣。（《战国策·秦策》）

（2）信而见疑，忠而被谤，能无怨乎？（《史记·屈原列传》）

（3）追亡逐北，伏尸百万。（贾谊《过秦论》）

（4）内不惭于国家，外不愧于诸侯。（《淮南子·氾论训》）

例（1）中的"诛""杀"，例（2）中的"见""被"，例（3）中的"追"和"逐""亡"和"北"，例（4）中的"惭""愧"，每一组的两个词都出现在结构、意义基本相同的句子或词组中，仅仅是由于修辞方面的需要才做了更换，所以，它们分别构成了同义词。

（三）同义连文

古汉语的许多双音词或联合词组是用两个意义相同、相近的单音词构成的。例如：

（1）乐岁终身苦，凶年不免于死亡。（《孟子·梁惠王上》）

（2）今有一人，入人园圃，窃其桃李。（《墨子·非攻》）

（3）今媪尊长安君之位，而封之以膏腴之地，多予之重器，而不及今令其有功于国。（《战国策·赵策》）

（4）项王为人，恭敬爱人，士之廉洁好礼者多归之。（《史记·陈丞相世家》）

例（1）中的"死亡"、例（2）中的"园圃"、例（3）中的"膏腴"、例（4）中的"恭敬"，均为同义连文，其中的单音语素（或词），意义是相同或相近的。

（四）同义异文

同一部书的不同版本往往存在文字差异，古人沿袭旧说时也常常改动原文的部分字词，这两种现象造成的文字差异统称为"异文"，其中的一部分是因为换用了意思相同的词而形成的。例如：

（1）臣不佞，不能奉承王命，以顺左右之心，恐伤先王之明，有害足下之义，故遁逃走赵。（《史记·乐毅列传》）

（2）臣不佞，不能奉承先王之教，以顺左右之心，恐抵斧质之罪，以伤先王之明，又害于足下之义，故遁逃奔赵。（《战国策·燕策》）

（3）西秦百万众，戈甲如云屯。投鞭可填江，一扫不足论。（《登金陵冶城西北谢安墩》）

（4）若天道助顺，誓兹义举，则皇魏宗社与运无穷。倘天不厌乱，胡羯未殄，鸱鸣狼噬，荐食河北，在荣为福，于卿为祸。岂伊异人？（《洛阳伽蓝记·永宁寺》）

例（1）、例（2）中，《史记》的文句显然源于《战国策》，《史记》的"走"和《战国策》的"奔"，意思相同。例（3）中的"鞭"，《全唐书》标注为"一作策"，"鞭""策"的意思相同。例（4）中的"倘"，古今逸史本《洛阳伽蓝记》作"脱"；"脱"和"倘"的词义相同，均为假设连词，是南北朝时期比较常见的用法。

三、同义词的辨析

证明两个或几个词同义，仅仅是同义词研究的开始，更重要的是要辨析同义词之间的差异，以达到准确理解古代文献的最终目的。辨析同义词，一般从以下六个方面入手。

（一）指称对象的差异

商、贾二者都可以兼指做买卖的行为和做买卖的人。具体对象侧重点则有所不同："商"指往来行商，"贾"指设店售货。《周礼·天官·太宰》："六日商贾，阜通货贿。"郑玄注："行曰商，处曰贾。"古代有"行商坐贾"之说。

门、户均指房屋的出口、入口。具体对象有所不同："门"是两扇的，《说文解字》："门，闻也。从二户，象形。""户"是单扇的，《说文解字》："户，护也。半门曰户，象形。"又，《玉篇》："门，人所出入也。在堂房曰户，在区域曰门。""户，所以出入也。一扉曰户，两扉曰门。""在堂房"和"在区域"的差别就是"房门"和"大门"的不同。

书、籍都指"书本"。不同之处在于："书"偏重文字内容，"籍"偏重簿册档案。《说文解字》："着于竹帛谓之书。"《释名》："籍，籍也，所以籍疏人名户口也。"作动词的时候，前者强调"书写"，后者强调"登记"。

府、库均指收藏物品的库房。"府"指收藏文书财物的库房，"库"指收藏兵车武器的库房。《说文解字》："府，文书藏也。""库，兵车藏也。"又，《吕氏春秋·分职》："叶公入，乃发太府之货予众，出高库之兵以赋民"。"太府"中储藏的是"货"，"高库"中藏的是"兵"，即武器。

皮、肤指人或动物身体表面的一层组织。在古汉语中，两者的适用对象有显著的差别。"皮"专指兽皮，《诗经·鄘风·相鼠》："相鼠有皮，人而无仪。""肤"专指人皮，《孟子·告子上》："无尺寸之肤不爱焉，则无尺寸之肤不养也。"

（二）所指行为、方式、状态的差异

哭、泣、号、啼的意思都是"哭"。"哭"指有声的哭，《说文解字》："哭，哀声也。"《论语·先进》："颜渊死，子哭之恸。""泣"指无声有泪的哭，"号"的本义是高声呼叫，引申为带着言词诉说的哭号，"啼"指放声大哭，可见，"啼"的程度比"哭"重一些。

观、察、看、望均指用眼睛看。但方式各有不同。"观"指有目的地细看，《左传·僖公二十三年》："曹共公闻其骈胁，欲观其裸。浴，薄而观之。""察"指仔细地查看，反复查看，着重点在于看明白。《孟子·梁惠王上》："明足以察秋毫之末，而不见舆薪。""看"的本义是以手加额遮目而望，"望"指向高处、远处看。

执、秉、持、握均表示用手拿东西。"执"的本义是拘捕罪人，泛指抓住，强调握紧不放。"秉"的本义是"禾束"，引申为用手拿，不强调是否拿得紧，"持"强调托扶、保持不变，"握"强调把较小的东西握在手掌之中。

（三）词义褒贬色彩的差异

周、比都表示亲近之义。"周"是褒义词，"比"是贬义词。《论语·为政》："君子周而不比，小人比而不周。"何晏引孔安国注："忠信为周，阿党为比。"

杀、弑都表示杀死之义。"杀"重在陈述客观事实，属于中性词。"弑"用于下对上，如，臣杀君、子杀父，是一个贬义词。

征、伐、侵、袭都指发动进攻。"征"是褒义词，一般用于上对下或合乎道义的进攻。"伐"本是中性词，指公开宣战，强调进攻方、被进攻方的级别相当，"伐""征"经常连用，逐渐染上了褒扬意味。"侵"指不宣而战，带有贬义。《左传·僖公四年》："四年春，齐侯以诸侯之师侵蔡。蔡溃，遂伐楚。""侵蔡"是不宣而战，"伐楚"是公开征讨。"袭"强调秘密进攻，带有贬义。

（四）词义轻重程度的差异

疾、病都表示病或生病。"疾"一般指轻病，"病"则指重病、重伤。《左传·成公二年》："郤克伤于矢，流血及屦，未绝鼓音。曰：'余病矣。'"此处叙述晋国主将郤克中箭负伤的情形，鲜血一直流到了鞋子上，可见其伤情非常严重。

抑、按都表示用手向下压，不同之处在于，"抑"的程度较重，词义重心是"压"，用力较大。"按"的程度较轻，词义重心是"向下"，仅仅强调把事物压低，在一般情况下，用力较小。

知、识都表示知道、懂得之义。"识"的程度重于"知"。"知"是一般性的知道、晓得，"识"强调"认得"，表示较深刻的"认识"。《史记·刺客列传》："居顷之，豫让又漆身为厉，吞炭为哑，使形状不可知，行乞于市，其妻不识也。"

（五）词义适用范围的差异

官、吏都指官吏。"吏"的词义范围较小，指官员，汉代以后，专指小官和差役，"官"的词义范围较广，可以指职级较高的官员，也可以表示官府，还可以表示官职。

人、民两词所指都是属于人类的社会成员，但是两者的范围广狭有不同。"人"是人类社会成员的统称，可以用于指称不同阶级、不同职业及各类社会成员，"民"的外延比"人"小，它的词义范围仅指"人"当中被认为愚昧无知的部分，即被奴役者，被统治者。《荀子·非相》："人之所以为人者，非特以二足而无毛也，以其有辨也"。《说文解字》："民，众萌也。"

（六）语法功能的差异

畏、惧都表示害怕之义。"畏"一般用作及物动词，可带受事宾语，"惧"多用作不及物动词，《论语·子罕》："仁者不忧，勇者不惧。""惧"活用为使动，可带宾语，《老子》："民不畏死，奈何以死惧之？""畏死"的意思是"害怕死"，"畏"属于及物动词；"惧之"的意思是"使之惧"，属于不及物动词的使动用法。

适、往都有到、去之义。"适"一般用作及物动词，后面通常都带有宾语。《庄子·逍遥游》："适莽苍者，三餐而反，腹犹果然。""往"属于不及物动词，后面不能带宾语。《周易·系辞下》："寒往则暑来，暑往则寒来。"《史记·项羽本纪》："张良曰：'请往谓项伯，言沛公不敢背项王也。'"

谁、孰均为疑问代词，"谁"专指人，不能用在选择问句中。"孰"可以指人，也可以指事物，既可以用于选择问句，也可以用于非选择问句。《论语·微子》："四体不勤，五谷不分，孰为夫子？"

思考与练习

一、将下列各组同义词分别填入括号中，并简单说明理由。

1. 贫、穷

（1）家（　　），货赂不足以自赎。

（2）田假为与国之王，（　　）来从我，不忍杀之。

（3）（　　）且益坚，不坠青云之志。

（4）然而不得富而得（　　）。

2. 观、见、视

（1）从台上弹人，而（　　）其辟丸也。

（2）寡人得（　　　）此人与之游，死不恨也。

（3）目不能两（　　　）而明。

3. 完、备、全

（1）有孙母未去，出入无（　　　）裙。

（2）今城郭不（　　　），兵甲不（　　　），不可以待不虞。

（3）天地无（　　　）功，圣人无（　　　）能。

二、填空题

1. 追、逐的差别在于_____不具有赶跑、驱逐的意义，而_____则有此意。

2. 锐、利的差别在于_____指锋芒尖锐，_____指刀口快。

3. 诚、实、信的差别在于：_____侧重于言语的真实，强调言行一致，_____与_____都侧重于内心的真实，强调表里如一。

4. 治、理两词中_____主要用于对纷乱凌杂事物的治理，使用范围较窄。

5. 通、达的差别在于_____重在过程，强调通往、通向的意思；_____重在结果，强调到达、达到的意思。

6. 败、坏两词中偏重于指宫室建筑的毁坏的是_____。

7. 疾、病两词中病得较重的是_____。文、字两词中合体字指_____，_____指独体字。

8. 坐、跽都指坐姿，都要两膝着地，但臀部挨着脚后跟为_____，臀部离开脚后跟为_____。

9. 恭、敬的两词中_____侧重外貌，_____侧重内心；_____侧重对人，_____侧重对事。

10. 耻、辱用作动词时，_____经常用作使动用法，其宾语是指称人的，_____往往用作意动用法，其宾语是表示事情的。

三、论述题

1. 简要论述如何进行同义词的确定？

2. 简要论述从哪些方面进行同义词的辨析？

文史知识拓展

先秦时代的饮食

提起先秦时期的饭菜，很多人对它的印象是"很丰盛"，尤其是其"健康无公害食材"，令今人无比憧憬。许多火热的"穿越剧""穿越小说"，写"穿越"到先秦时期的饭局时，也都将其形容得"香喷喷"。但倘若真有人"穿越"到先秦，他的第一反应是吃不惯先秦的饭菜。

关于先秦的"健康无公害"伙食，可以先看一看食材。以吃货们感兴趣的肉食来说，《礼记》有句话："诸侯无故不杀牛，大夫无故不杀羊，士无故不杀犬豕，庶人无故不食珍。"即使"士"这个阶层，肉都不能随便吃，牛羊肉更是贵族们都难得享用的奢侈品。至于普通百姓，春秋年间的越国百姓就能现身说法：当时卧薪尝胆的越王勾践，拼命奖励生育，奖品是若有百姓家生了男孩奖励一只小狗，生了女孩奖励一头小猪。这都已经是特殊年代的重赏了。搁在其他年月，就算是风调雨顺，普通百姓也难得闻一次肉味。

与肉食相关的，还有先秦年间的蔬菜，其中最常见的是葵、藿，一直到汉代乐府诗里都常出现。《十五从军征》里的老兵回家，就看到空荡荡的宅院里"井上生旅葵"，吃饭时"采葵持作羹"，说明它们属于普通百姓家常见的配菜，饥荒时还可以充当粮食。类似的还有蔓菁，汉代时闹饥荒，就常"种芜菁以助人食"。以《齐民要术》的形容"一顷乃活百人耳"，这属于"度荒"的宝贝。

汉朝尚且如此，放在先秦年间，这类菜食基本就是百姓的家常饭了。战国纵横家张仪有原话为证，"民之所食，大抵豆饭藿羹"。正常年景里有"藿羹"这样的菜汤，就算是好日子，至于味道，基本可以想象。

然后看主食，战国时北方的主食是粟米，南方主要是稻米。另外还有小麦，虽然春秋战国时期也在北方种植，但以《吕氏春秋》等记载，那都是诸侯贵族享用的。

值得一提的是，现在常见的韭菜，汉代才普及种植，春秋战国年间基本找不到。另外作为副食品的豆腐、豆酱、豆芽，也同样是汉代才有，先秦时期同样是没有的。芹菜、菠菜、胡萝卜这些熟悉的蔬菜，也得等着汉使们从西域带回来。对比汉朝就知道，先秦的食材有多单调。

扫一扫　学一学

而以炊具说，战国时煮肉主要用"镬"，大一些的用"鼎"，还有蒸饭用的"甑"，烧水及蒸干食用的"甗（yǎn）"。基本上除了煮就是蒸，今人熟悉的"煎炒烹炸"是没有的。而且就算能煎炒烹炸，调料也少得可怜，大致就是葱和蒜。就这样一顿饭，往往也只有贵族宴席上才有。先秦说的"列鼎而食"，就是指把做好的食物放入鼎内。以《礼记》的说法，战国的"高峰宴会"，有烤肉（炙）、细肉（脍）、肉酱、葱等各种美食。孟子曾感慨这些宴会"食前方丈"，简直奢侈到极点。

细细对比就会发现，这类"奢侈"食品，倘若一位现代人"穿越"过去，列席在其中，恐怕就是食欲再强，也咽不下几口。两千年来文明进步的脉络，古代普通百姓的寒苦，一个简单的"吃什么"问题，就会有多少切身体会。

（资料来源：张嵚.先秦时代的饮食[J].传奇故事：百家讲坛，2020（9），有改动）

第三单元

先秦散文

（三）

文选

导读

　　诸子百家，是对春秋战国时期学术派别的总称。据《汉书·艺文志》的记载，数得上名字的学术派别一共有189家，4 324篇著作。其后的《隋书·经籍志》《四库全书总目》等书则记载"诸子百家"实有上千家。但流传较广、影响较大、最为著名的不过几十家而已。诸子百家中流传最为广泛的是法家、道家、墨家、儒家、阴阳家、名家、杂家、农家、小说家、纵横家、兵家、医家。而以孔子、老子、墨子为代表的三大哲学体系，代表了诸子百家争鸣的繁荣局面。

　　老子，姓李名耳，字聃，春秋末期人，出生于楚（原为陈）国苦县。生卒年不详，籍贯也多有争议。曾任周王朝的守藏室史。中国古代思想家、哲学家、文学家和史学家，道家学派创始人和主要代表人物，与庄子并称"老庄"。老子传世作品为《老子》。

　　孔子（前551—前479年），子姓，孔氏，名丘，字仲尼，春秋时期鲁国陬邑（今山东省曲阜市）人，祖籍宋国粟邑（今河南省夏邑县），中国古代伟大的思想家、政治家、教育家，儒家学派创始人、"大成至圣先师"。孔子开创私人讲学之风，倡导仁义礼智信。有弟子三千，其中贤人七十二。曾带领部分弟子周游列国十四年，晚年修订六经（《诗》《书》《礼》《乐》《易》《春秋》）。去世后，其弟子及再传弟子把孔子及其弟子的言行语录和思想记录下来，整理编成《论语》。该书被奉为儒家经典。

　　戴圣，字次君，生卒年不详，祖籍梁国甾县（今河南省兰考县、民权县），生于梁国睢阳县（今河南省商丘市睢阳区）。西汉时期官员、学者、礼学家、汉代今文经学的开创者。戴圣对秦汉以前各种礼仪论著加以辑录、编纂而成《礼运》，共四十九篇。《礼运》全篇主要记载了古代社会政治风俗的演变，社会历史的进化，礼的起源、内容及社会生活的关系等内容，表达了儒家社会历史观及对礼的看法。

　　庄子（约前369—前286年），名周，战国时期宋国蒙（主流说法为今河南商丘东北）人。战国中期思想家、哲学家、文学家，道家学派代表人物，与老子并称"老庄"。庄子生活的战国时代是一个大动荡大变革的时代，庄子对当时的兼并战争、剥削压迫乃至"人为物役"等现象极为不满，但又无可奈何。于是，他以"道"为师，企图通过"心斋""坐忘"等方式与"道"融为一体，追求"无己、无功、无名"的无差别境界，而获得"逍遥游"，获得精神的绝对自由，其著作收录于《庄子》一书。

　　孟子（约前372—前289年），名轲，字子舆，邹国（今山东邹城东南）人。战国时期哲学家、思想家、政治家、教育家，是孔子之后、荀子之前的儒家学派的代表人物，与孔子并称"孔孟"。孟子宣扬"仁政"，最早提出"民贵君轻"思想，被韩愈列为先秦儒家继承孔子"道统"的人物，元朝追封其为"亚圣"。在对人性的论述上，他认为人性本善，提出"性善论"。孟子的著作收录于《孟子》一书。《孟子》是记录孟子言行的著作，共七篇，一般认为孟子及其弟子万章、公孙丑等人共同编著的，属先秦语录体散文集。

荀子（约前313—前238年），名况，字卿，战国末期赵国人。著名思想家、文学家、政治家，世人尊称"荀卿"。西汉时因避汉宣帝刘询讳，且因"荀"与"孙"二字古音相通，故又称孙卿。曾三次出任齐国稷下学宫的祭酒，后为楚兰陵令。荀子对儒家思想有所发展，在人性问题上，提倡性恶论，主张人性有恶，否认天赋的道德观念，强调后天环境和教育对人的影响。其学说常被后人拿来跟孟子的"性善论"比较。其思想集中反映在《荀子》一书中。

墨子（前476—前390年），名翟，春秋末期战国初期宋国人，一说鲁阳人，一说滕国人。曾担任宋国大夫。中国古代思想家、教育家、科学家、军事家。墨家是战国时期重要学派之一，墨翟为创始人。这一学派以"兼相爱，交相利"作为学说的基础：兼，视人如己；兼爱，即爱人如己。"天下兼相爱"，就可达到"交相利"的目的。政治上主张尚贤、尚同和非攻；经济上主张强本节用；思想上提出尊天事鬼。同时，又提出"非命"的主张，强调靠自身的强力从事。墨家在先秦时期影响很大，与儒家并称"显学"，提出了"兼爱""非攻""尚贤""尚同""天志""明鬼""非命""非乐""节葬""节用"等观点，以兼爱为核心，以节用、尚贤为支点。

天下皆知美之为美

扫一扫 学一学

📖 说明

本文选自《老子·第二章》，老子在本章里指出，事物都有自身的对立面，都是以对立的方面为自己存在的前提，没有"有"也就没有"无"，没有"长"也就没有"短"；反之亦然。这就是中国古典哲学中所谓的"相反相成"。

天下皆知美之为美，斯恶已[1]；皆知善之为善，斯不善已。故有无相生[2]，难易相成[3]，长短相形[4]，高下相倾[5]；音声相和[6]，前后相随[7]，恒也。是以圣人处无为之事[8]，行不言之教[9]，万物作而弗始，生而弗有，为而弗恃，功成而弗居。夫唯弗居，是以不去[10]。

[1]如果天下的人都知道美好的东西是美的，就显露出丑来了。斯，则。恶，丑。已，通"矣"。

[2]生：存。相生，等于说互相依存。

[3]成：成就，即"相反相成"的"成"。

[4]形：表现，显现。一本作"较"。长短是相对的，有了长才显出短来。今人还有"相形见绌"的说法。

[5]倾：倾斜，等于说依靠。

[6]音：单音。声：和声。和：和谐。

[7]这几句是说正反两方面都是互相依存的，不能分割开，即相反相成的意思。这种相对观念是合乎辩证法的。

[8]处……事，等于说"行……事"。处无为之事，就是顺其自然，无为而治的意思。

[9]施行不用言词说教的教化，实际上是采取放任主义。

[10]正因为不自居〔功〕，所以也离不开〔功〕。去与居是反义词，有居然后有去，没有居哪里还有去？老子是说，不居功的人正是有功的人。

小国寡民

📖 说明

本文选自《老子·第八十章》，这是老子理想中的"国家"的一幅美好蓝图，也是一幅充满田园气息的农村欢乐图。老子用理想的笔墨，着力描绘了"小国寡民"的农村社会生活情景，表达了他的社会政治理想。

小国寡民[1]。使有什伯之器而不用[2]，使民重死而不远徙[3]。虽有舟舆，无所乘之[4]。虽有甲兵，无所陈之[5]。使民复结绳而用之[6]。甘其食，美其服，安其居，乐其俗[7]。邻国相望，鸡犬之声相闻，民至老死，不相往来。

[1]小国寡民：使国家变小，使人民稀少。小、寡，都用如动词，使动用法。本章反映了老子"小国寡民"的思想，他主张毁掉一切文明，回到原始共产社会中去。

[2]什伯之器：效用十倍百倍的工具。什，十倍；伯，通"佰"，百倍。

[3]重死：以死为重，即爱惜生命。"重"是意动用法。

[4]虽有舟舆，无所乘之：这是说虽然有船有车，也没有乘坐的必要。

[5]陈：陈列。

[6]复：重新。结绳：相传在文字出现以前人们记事的方法。"民"一本作"人"。

[7]甘，美：意动用法，以……为美。"美""安""乐"同此。

季氏将伐颛臾

扫一扫 学一学

📖 说明

本文选自《论语·季氏》篇，批评了季氏兼并颛臾的企图，又反映出孔子的反战思想。他不主张通过军事手段解决国际、国内的问题，而希望采用礼、义、仁、乐的方式解决问题，这是孔子的一贯思想。

季氏将伐颛臾[1]。冉有、季路见于孔子，曰："季氏将有事于颛臾[2]。"

孔子曰："求！无乃尔是过与[3]？夫颛臾，昔者先王以为东蒙主[4]，且在邦域之中矣，是社稷之臣也^[5]。何以伐为^[6]？"

冉有曰："夫子欲之^[7]，吾二臣者皆不欲也。"

孔子曰："求！周任有言曰：'陈力就列，不能者止^[8]。'危而不持^[9]，颠而不扶^[10]，则将焉用彼相矣^[11]？且尔言过矣，虎兕出于柙^[12]，龟玉毁于椟中^[13]，是谁之过与？"

[1] 季氏：又称季孙氏，鲁国贵族季友之后，这里指季康子，春秋鲁国大夫，名肥，把持朝政。颛臾（zhuān yú），小国：是鲁国的附庸国，故城在今山东省费县西北（今属临沂市柏林镇）。旧说季氏贪颛臾土地而攻之。依文意乃季氏与鲁君矛盾极深，历代鲁君欲除季氏，季氏恐颛臾再为患，这就助了鲁君，故欲攻之。

[2] 冉有：名求，字子有。季路：姓仲，名由，字子路。两人都为孔子弟子。见：谒见，拜见。于：引出对象，无意。有事：这里指用兵。古代把祭祀和战争称为国家大事。当时季氏专制国政，与鲁哀公的矛盾很大。他担忧颛臾会帮助鲁哀公削弱自己的实力，所以抢先去打颛臾。

[3] 无乃尔是过与：恐怕该责备你们吧？"无乃……与"相当于现代汉语的"恐怕……吧"。尔是过，责备你，这里的意思是批评对方没尽到责任。是，结构助词，提宾标志。过，责备。

[4] 先王：指周之先王。东蒙主：指受封于东蒙。东蒙，指蒙山，在今山东省临沂市西北。主：主管祭祀的人。

[5] 是：代词，这，指颛臾。社稷：社，指土神，稷，指谷神。社稷是祭祀谷神和土神的祭坛。有国者必立社稷。国亡，社稷被覆盖起来废掉，故社稷为国家的象征，这里指鲁国。

[6] 何以伐为：为什么要攻打它呢？何以，以何，凭什么。为，表反问语气。

[7] 夫子：季康子。春秋时，对长者，老师及贵族卿大夫等都可以尊称为夫子

[8] 周任：上古时期的史官。陈力就列，不能者止：能施展自己才能，就接受职位；如若不能，就应辞去职务。陈，陈列，这里是施展的意思。就，走向，这里是担任的意思。列，位，职位。止，辞职。

[9] 危：名词作动词，遇到危险（摇晃着要倒下）。持：护持。

[10] 颠：跌倒。扶：搀扶。

[11] 相（xiàng）：搀扶盲人走路的人（辅助者）。

[12] 兕（sì）：独角犀牛。柙（xiá）：关猛兽的笼子。

[13] 龟：龟版，用来占卜。椟（dú）：匣子。

冉有曰："今夫颛臾，固而近于费^[1]，今不取，后世必为子孙忧。"

孔子曰："求！君子疾夫舍曰欲之而必为之辞^[2]。丘也闻有国有家者^[3]，不患寡而患不均，不患贫而患不安^[4]。盖均无贫^[5]，和无寡^[6]，安无倾^[7]。夫如是^[8]，故远人不服^[9]，则修文德以来之^[10]。既来之，则安之^[11]。今由与求也，相夫子^[12]，远人不服，而不能来也；邦分崩离析，而不能守也^[13]；而谋动干戈于邦内^[14]。吾恐季孙之忧，不在颛臾，而在萧墙之内也^[15]。"

[1] 固：指城郭坚固。近：靠近。费（古读bì）：季氏的私邑（今山东省费县）。

[2] 君子疾夫舍曰欲之而必为之辞：君子厌恶那些不肯说（自己）想要那样而偏要找借口的人。疾，痛恨。夫，代词，那种。舍，舍弃，撇开。辞，托辞，借口。

[3] 有国有家者：有国土的诸侯和有封地的大夫。国，诸侯统治的政治区域。家，卿大夫统治的政治区域。

[4] 不患寡而患不均，不患贫而患不安：不担心分得少，而是担心分配得不均匀。不担心贫穷而担心不安定。患，忧虑，担心。寡，少。

[5] 盖均无贫：财富分配公平合理，上下各得其分，就没有贫穷。

[6] 和无寡：和平了，人口就不会少了。

[7] 安无倾：国家安定，就没有倾覆的危险。

[8] 夫：句首语气词。如是：如此。

[9] 故：假如，如果。

[10] 修：修明，搞好。文：文教，指礼乐，礼仪教化。来：使……来（归附）。

[11] 安：使……安定。

[12] 相：（xiàng）辅佐。

[13] 分崩离析：国家四分五裂，不能守全。守：守国，保全国家。

[14] 干戈：指军事。干，盾牌。戈，古代用来刺杀的一种长柄兵器。

[15] 萧墙：国君宫门内迎门的小墙，又叫作屏。因古时臣子朝见国君，走到此必肃然起敬，故称"萧墙"。萧，古通"肃"。这里借指宫廷。

子贡问政

📖 说明

　　本文选自《论语·颜渊》，孔子提出了"取信于民"的观点，即从政者要获取人民的信任，这是儒家思想中很重要的一个方面。所谓"信"就是信任，可以理解为出于相信而敢于托付。因为人民的力量是无穷的，只有赢得了人民的信任，人民愿意把统治的权力赋予你，统治才能长久，政权才能稳定，决策才能顺利推行。

　　子贡问政[1]。子曰："足食[2]，足兵[3]，民信之矣[4]。"子贡曰："必不得已而去，于斯三者何先？"曰："去兵。"子贡曰："必不得已而去，于斯二者何先[5]？"曰："去食。自古皆有死[6]，民无信不立[7]。"

　　哀公问于有若曰："年饥，用不足，如之何？"有若对曰[8]："盍彻乎[9]？"曰："二[10]，吾犹不足，如之何其彻也？"对曰："百姓足，君孰与不足？百姓不足，君孰与足？"

[1] 子贡：孔子的弟子。问：请教。政：治理国家的方法。

[2] 足：使……充足。

[3] 兵：军队，战备，兵力。

[4] 信：信任，信仰。

[5] 斯：这。

[6] 皆：都。

[7] 民无信不立：如果老百姓对朝廷缺乏信任，国家政权就立不住。

[8] 有若：孔子的弟子。

[9] 盍彻乎：为什么不用十分抽一的税率呢？盍，何不。彻，西周奴隶主国家的一种田税制度。旧

注曰："什一而税谓之彻。"

[10]二：抽取十分之二的税。

大同[1]

 📖 **说明**

　　本文选自《礼记·礼运》，由于篇首的"大同小康"思想，为后世人描绘了一个民族理想中的世界图案，故后世有"礼运大同"的说法。书中的"大同"思想，对历代政治家、改革家都有深刻的影响。

　　昔者仲尼与于蜡宾[2]，事毕，出游于观之上[3]，喟然而叹。仲尼之叹，盖叹鲁也[4]。言偃在侧，曰[5]："君子何叹[6]？"孔子曰："大道之行也[7]，与三代之英[8]，丘未之逮也[9]，而有志焉[10]。

[1]同：和，平。大同，高度的和平，实际是指原始共产社会的那种局面，是当时知识分子由于对现实不满而产生的复古思想。

[2]与（yù）于蜡宾：参加到蜡祭陪祭者的行列里边。与：参加。蜡（zhà）：古代国君年终祭祀，又称蜡祭。宾：指陪祭者。

[3]观（guàn）：宗庙门外两旁楼。又名阙。

[4]盖：大概。

[5]言偃：孔子的弟子，姓言名偃，字子游。

[6]君子：指孔子。

[7]大道：指古代政治上的最高理想，社会准则。行：施行。

[8]三代：指夏商周。英：英明君主，这里指禹汤文武。

[9]逮（dài）：赶上。

[10]有志焉：指有志于此。孔子这句话是说：大道实行的时代和三代英明之主当政的时代，我都没有赶上，可是我心里向往。

　　"大道之行也，天下为公[1]。选贤与能[2]，讲信修睦[3]，故人不独亲其亲，不独子其子[4]，使老有所终[5]，壮有所用[6]，幼有所长[7]，矜寡孤独废疾者皆有所养[8]。男有分[9]，女有归[10]。货恶其弃于地也，不必藏于己[11]；力恶其不出于身也，不必为己[12]。是故谋闭而不兴[13]，盗窃乱贼而不作[14]，故外户而不闭[15]，是谓大同。

[1]天下为公：天下成为公共的。

[2]与：通"举"推举，选举。能：有才能的人。

[3]讲信：讲求诚信。修睦：调整人与人之间的关系，使它达到和睦。

[4]亲：意动用法，用如动词，"以……为亲"，抚养。和下文"子其子"的第一个"子"一样，"以……为子"。

[5] 有所终：晚年能得到照顾。所，代词。下面三个"所"字同。

[6] 有所用：有用处。

[7] 有所长（zhǎng）：有使他们成长的各种措施。

[8] 矜：通"鳏"（guān）。有所养：有供养。

[9] 分（fèn）：职分，职业、职务。

[10] 女有妇：女子有归属。归，出嫁，这里指夫家。

[11] 货：财物。弃：扔。恶：厌恶、憎恶。藏：私藏。于：在。

[12] 身：自身。

[13] 是故：同"故是"，因此，所以。谋：指奸诈之心。闭：杜绝。兴：发生。

[14] 盗窃乱贼而不作：盗窃、造反和害人的事情不发生。乱：指造反。贼：指害人。作：兴起。

[15] 外户：从外面把门扇合上。外，用如动词。闭，用门闩插门。

"今大道既隐，天下为家[1]，各亲其亲，各子其子，货力为己，大人世及以为礼[2]。城郭沟池以为固[3]，礼义以为纪；[4] 以正君臣[5]，以笃父子[6]，以睦兄弟[7]，以和夫妇[8]，以设制度，以立田里[9]，以贤勇知[10]，以功为己[11]。故谋用是作，而兵由此起[12]。禹、汤、文、武、成王、周公，由此其选也[13]。此六君子者，未有不谨于礼者也。以著其义[14]，以考其信[15]，著有过[16]，刑仁讲让[17]，示民有常[18]。如有不由此者[19]，在埶者去[20]，众以为殃[21]。是谓小康[22]。"

[1] 隐：消逝。天下为家：天下成为私家的。

[2] 大人：指天子诸侯。父亲传位于儿子叫"世"，哥哥传位于弟弟叫"及"。"世及"是介词"以"的宾语，提前。下两句同。

[3] 沟池：指护城河。固：这里指赖以防守的建筑及工事。

[4] 纪：纲纪，准则。

[5] 以：介词，后面省掉宾语（指"礼"）。下七句同。正：使动用法，"使……正常"。

[6] 笃：使动用法，"使……纯厚"。

[7] 睦：使动用法，"使……和睦"。

[8] 和：使动用法，"使……和谐"。

[9] 田里：田地与住处。这里指有关田里的制度。

[10] 贤勇知：把有勇有谋的当作贤人。贤，意动用法。以……为贤，尊重。知（zhì），后来写作"智"。当时盗贼并起，所以需要智勇的人。

[11] 以功为己：立功做事，只是为了自己，不为他人。

[12] 用是：因此。用，由。兵：指战争。

[13] 由此其选：禹汤文武成王周公因此成为三代诸王中的杰出人物。选，指选拔出来的人物，也就是杰出的人物。

[14] 以著其义：用（礼）来表彰他们（民）做对了的事。"以"下省宾语（指"礼"）。著，显露。这里是使动用法。其，指下文"示民有常"的"民"。

[15] 以考其信：用（礼）来成全他们（民）讲信用的事。考，成全，成就。

[16] 著有过："以著其有过"之省。用（礼）来揭露（他们）有过错的事。著，彰明，这里是使动用法，有揭露的意思。

[17] 刑仁：把合于仁的行为定为法则。刑，法则。讲：提倡。让：不争。

[18] 示民有常："以示民有常"之省。用（礼）指示给人民要有常规。

[19] 由：用。此：指礼。

[20] 埶：同"势"，势力、权力。这里指职务。去：斥退，黜（chù）退。这里有被罢免的意思。

[21] 众以为殃：老百姓以此（指统治者不用礼）为祸害。

[22] 小康：小安。小康对大同而言，含有不及"大同"的意思。

秋水（节录）

📖 **说明**

本文选自《庄子·外篇》。《秋水》是以河伯与北海若的对话方式展开，说明任何人对事物的认识都处在主客观条件的制约之中，即讨论价值判断的相对性，我们现在可以视之为相对独立的一篇选文，而给予积极的解释，获得新的启迪。

秋水时至[1]，百川灌河[2]，泾流之大[3]，两涘渚崖之间，不辩牛马[4]。于是焉河伯欣然自喜，以天下之美为尽在己。顺流而东行，至于北海，东面而视，不见水端。于是焉河伯始旋其面目[5]，望洋向若而叹曰[6]："野语有之，曰：'闻道百，以为莫己若'者，我之谓也。且夫我尝闻少仲尼之闻而轻伯夷之义者[7]，始吾弗信；今我睹子之难穷也[8]，吾非至于子之门，则殆矣，吾长见笑于大方之家[9]。"

[1] 时：按时令。

[2] 灌：奔注。河：黄河。

[3] 泾：直流的水波，此指水流。

[4] 不辩：分不清。

[5] 旋：转，改变。

[6] 望洋：茫然抬头的样子。

[7] 伯夷：商孤竹君之子，与弟叔齐争让王位，被认为节义高尚之士。

[8] 子：原指海神若，此指海水。

[9] 长：永远。大方之家：有学问的人。

许行（节录）[1]

📖 **说明**

本文选自《孟子·滕文公上》，在本篇中许行等人出于对当时暴政的厌恶而提出恢复到原始共产社会的主张。孟子着重从社会分工的必然性和事物间的质的差别性批驳了许行之说。

　　有为神农之言者许行[2]，自楚之滕，踵门而告文公曰[3]："远方之人闻君行仁政，愿受一廛而为氓[4]。"文公与之处[5]。其徒数十人，皆衣褐[6]，捆屦织席以为食[7]"。

　　陈良之徒陈相，与其弟辛，负耒耜而自宋之滕[8]，曰："闻君行圣人之政，是亦圣人也，愿为圣人氓。"

　　[1]许行，楚国人，研究神农学说，是农家学派的代表人物。思想核心是反对不劳而食。

　　[2]为：研究。神农：传说中的远古部落首领，相传是他开始教民稼穑，所以叫神农。言：学说。先秦诸子中有一派是"农家"，认为如果世上所有的人都从事耕作，天下就会不治而治，因此假托神农之言主张"君臣并耕"。许行即属这一派。

　　[3]滕（téng）：国名，在今山东省滕县西南。踵门：指走到门上。踵，脚后跟，用如动词。

　　[4]廛（chán）：一般百姓的住宅。氓（méng）：自外地迁来的民。

　　[5]与：给。处：名词，住所，这里即指"廛"。

　　[6]衣（yì）：穿。褐（hè）：粗毛编织的衣服，是当时贫苦人的衣服。

　　[7]捆屦：做鞋。编麻鞋草鞋时要边编边砸，可以使鞋结实。捆，砸。屦，鞋。以为食：以此为生。

　　[8]耒耜（lěi sì）：犁。铧叫耜，犁柄叫耒。

　　陈相见许行而大悦，尽弃其学而学焉[1]。陈相见孟子，道许行之言曰："滕君，则诚贤君也。虽然[2]，未闻道也[3]。贤者与民并耕而食[4]，饔飧而治[5]。今也滕有仓廪府库[6]，则是厉民而以自养也[7]，恶得贤[8]？"

　　[1]学：第一个"学"字用如名词，指所学的。第二个"学"字是动词。

　　[2]虽然：即便如此。虽，连词，即使，即便。然，代词，这样。

　　[3]道：指许行所认为的古圣贤治国之道。

　　[4]贤者：指古代的贤君，并：一起，一齐。

　　[5]饔（yōng）：早餐。飧（sūn）：晚饭。"饔飧"在这里用如动词，指自己做饭。治：指治理天下。

　　[6]仓廪（lǐn）：粮仓。府库：藏财货的地方。

　　[7]则是：那么这是。厉：病。自养：供养自己。

　　[8]恶得贤：哪里能够称为贤君呢？恶（wū），哪里。

　　孟子曰："许子必种粟而后食乎？"曰："然。""许子必织布然后衣乎？"曰："否。许子衣褐[1]。""许子冠乎[2]。"曰："冠。"曰："奚冠[3]？"曰："冠素[4]。"曰："自织之与？"曰："否，以粟易之。"曰："许子奚为不自织[5]？"曰："害于耕[6]。"曰："许子以釜甑爨[7]，以铁耕乎[8]？"曰："然。""自为之与？"曰："否，以粟易之。"

　　[1]许子衣褐：褐是用毛编织的，所以不算是织布。

　　[2]冠：用如动词，戴帽子。

　　[3]奚冠：戴什么帽子。

　　[4]素：生丝织成的绢帛，不染色，生绢做的帽子。

　　[5]奚为：为什么。

[6] 害：妨害。对耕种有妨害。

[7] 釜（fǔ）：锅。甑（zèng）：瓦做的蒸东西的炊具。爨（cuàn）：炊，烧火做饭。

[8] 铁：指铁制的农具。

"以粟易械器者，不为厉陶冶[1]。陶冶亦以械器易粟者，岂为厉农夫哉？且许子何不为陶冶，舍皆取诸其宫中而用之[2]？何为纷纷然与百工交易[3]？何许子之不惮烦[4]？"曰："百工之事，固不可耕且为也。"

"然则治天下独可耕且为与[5]？有大人之事，有小人之事[6]。且一人之身而百工之所为备[7]，如必自为而后用之，是率天下而路也[8]。故曰：或劳心[9]，或劳力。劳心者治人，劳力者治于人[10]。治于人者食人[11]，治人者食于人。天下之通义也[12]。"

[1] 陶：烧制陶器。冶：冶炼铁器。"陶、冶"在这里指制造釜甑和铁制农具的匠人。

[2] 舍：止。宫，室。注意：上古时"宫"还没用来专指帝王的宫室。

[3] 纷纷然：忙碌的样子。百工：从事各种工艺生产的人。

[4] 不惮烦：不怕麻烦。

[5] 独：单单，偏。

[6] 大人、小人：在《孟子》中，"大人"与"君子"同义，指统治者；"小人"与"野人"同义，指被统治者。

[7] 所为：所做的东西。备：具备。这是说，一个人的生活要具备各行各业所生产的东西。

[8] 路：用如动词，奔走，疲于奔命。

[9] 或：代词，有人。

[10] 劳心者、劳力者：指上文"大人""小人"。治于人：被人治。

[11] 食（sì）：供养。

[12] 通义：一般的道理。这段话反映了孟子的政治观点与历史观。他肯定了社会分工的必要性，同时又认为人民群众只能从事体力劳动，养活统治阶级，更把这看成是永恒不变的合理的社会秩序。

"当尧之时，天下犹未平[1]。洪水横流[2]，泛滥于天下。草木畅茂，禽兽繁殖，五谷不登[3]，禽兽偪人[4]。兽蹄鸟迹之道[5]，交于中国[6]。尧独忧之，举舜而敷治焉[7]。舜使益掌火[8]，益烈山泽而焚之[9]，禽兽逃匿。禹疏九河[10]，瀹济、漯[11]，而注诸海[12]；决汝、汉，排淮、泗，而注之江[13]；然后中国可得而食也[14]。当是时也，禹八年于外，三过其门而不入，虽欲耕，得乎[15]？

[1] 平：平定，指治理好。

[2] 洪：大。横流：不顺水道，乱流。

[3] 登：成熟。

[4] 偪：后来写作"逼"，威胁。

[5] 兽蹄鸟迹之道：兽蹄鸟迹形成的道路。

[6] 交：纵横交错。中国：指中原一带。

[7] 敷：治，指治水土。

[8] 益：舜的臣。掌火：掌管火。这是说使益任主火之官。

[9] 益烈山泽而焚之：益在山泽燃起大火来烧它。烈，炎热猛烈的样子，这里用如动词，燃起大火。

[10] 疏：开通。九河：相传是禹在黄河下游为了疏濬黄河而开凿的九条支流，其故道已不可考。

[11] 瀹（yuè）：疏导。济（jǐ）、漯（tà）：都是水名。故道都在今山东省。

[12] 注：使动用法，使……流入。诸：之于。海：指今黄海。

[13] 决：打开缺口，导引水流。汝：汝水，在今河南省，东流入淮河。汉：汉水。排：排除，指排除水道淤塞。淮：淮河。泗：泗水，源出山东省泗水县。江：长江。汝汉淮泗四水，只有汉水流入长江，这里可能是记述的错误。

[14] 然后中国可得而食也：指洪水退了，才可以耕种并收获粮食。

[15] 得乎：能行吗，成吗？

"后稷教民稼穑，树艺五谷[1]，五谷熟而民人育[2]。人之有道也[3]，饱食、暖衣、逸居而无教[4]，则近于禽兽。圣人有忧之[5]，使契为司徒[6]，教以人伦[7]：父子有亲，君臣有义，夫妇有别，长幼有叙，朋友有信[8]。放勋曰：'劳之来之[9]，匡之直之[10]，辅之翼之[11]，使自得之[12]，又从而振德之[13]。'圣人之忧民如此，而暇耕乎？

[1] 后稷：名弃，周的始祖。"稷"本是主管农事的官名，尧任命弃为稷，周人因称弃为后稷（"后"是"君"的意思）。稼穑（sè）：农业上种叫稼，收叫穑，这里泛指农事。树、艺：都是种植的意思。

[2] 育：生养，这里指生存、繁殖。

[3] 人之有道也：等于说"人之为道也"。关于人的道理。

[4] 逸居而无教：等于说吃得饱，穿得暖，住得安逸却没有受到教育。

[5] 有：通"又"。

[6] 契（xiè）：尧的臣子，商的始祖。司徒：官名，掌管教育等事。

[7] 人伦：古代社会所规定的人与人之间的正常关系。

[8] 别：分别。叙：通"序"，等次。

[9] 放勋：尧的号。劳（lào）：慰劳。来（lài）：使……来（归顺）。

[10] 匡：正，使……正直，即纠正。

[11] 翼：保护。

[12] 自得：指自得其善性。

[13] 振：救济。德：用如动词，施恩。

"尧以不得舜为己忧，舜以不得禹、皋陶为己忧[1]。夫以百亩之不易为己忧者，农夫也[2]。分人以财谓之惠，教人以善谓之忠，为天下得人者谓之仁[3]。是故以天下与人易，为天下得人难[4]。孔子曰：'大哉尧之为君[5]！惟天为大，惟尧则之[6]，荡荡乎民无能名焉[7]！君哉，舜也[8]！巍巍乎有天下而不与焉[9]！'尧、舜之治天下，岂无所用其心哉？亦不用于耕耳。

[1] 皋陶（yáo），舜的法官。相传禹和皋陶曾帮助舜治理天下。

[2] 夫以百亩之不易为己忧者，农夫也：以田地种不好为自己的忧虑的人，是农夫。夫（fú），句首语气词。易，治。

[3] 惠、忠、仁：是孟子随文而做的解释，并不能概括这三个词在当时的全部含义。

[4] 故以天下与人易，为天下得人难：把天下让给人容易，但是要为天下找到更贤的人却很难。

[5] 大哉：等于说"伟大啊"，是全句的谓语，谓语前置。下文"君哉"同。

[6] 则：效法。

[7] 荡荡乎：广大辽阔的样子。名：用如动词，指用言语来称赞形容。

[8] 君哉：是个真正的君子啊。

[9] 巍巍乎：高大的样子。与（yù）：参与。不与，不一一参与。

"从许子之道，则市贾不贰，国中无伪[1]。虽使五尺之童适市[2]，莫之或欺[3]。布帛长短同，则贾相若[4]；麻缕丝絮轻重同[5]，则贾相若；五谷多寡同，则贾相若；屦大小同，则贾相若。"

曰："夫物之不齐，物之情也[6]，或相倍蓰，或相什百，或相千万[7]。子比而同之[8]，是乱天下也。巨屦、小屦同贾，人岂为之哉？从许子之道，相率而为伪者也，恶能治国家？"

[1] 贾（jià）：价格，后来写作"价"。贰：同"二"。国中：都城中。

[2] 五尺之童：十五岁以下的儿童，五尺，相当于现在的三尺多。适：往，到……去。

[3] 莫之或欺：没有人骗他。之，代词，前置宾语。或，句中语气词。

[4] 相若：相像，也就是相同。

[5] 缕（lǚ）：线。

[6] 情：指自然之理。

[7] 或：有的。蓰（xǐ）：五倍。什百、千万：都是说的倍数。什，十倍。

[8] 比：平列，等于说同等看待。同：等同起来，等于说划一。

劝学（节录）

说明

《劝学》是战国时期思想家荀子创作的一篇论说文，是荀子的代表作，也是《荀子》一书开宗明义的第一篇。本文围绕"学不可以已"这个中心论点，从学习的意义、作用、态度等方面，有条理、有层次地加以阐述。大量运用比喻来说明道理，层层推进，文章语言具体形象、精练有味。随着用比的连续和手法的变换，形成整齐而又富于变化的句式，产生铿锵起伏的节奏，表现出荀子谆谆劝学的激情。

君子曰：学不可以已[1]。青，取之于蓝而青于蓝；冰，水为之而寒于水[2]。木直[3]中绳，𫐓以为轮[4]，其曲中规[5]，虽有槁暴[6]，不复挺者[7]，𫐓使之然也。故木受绳则直[8]，金就砺则利[9]，君子博学而日参省乎己[10]，则知明而行无过矣[11]。

[1] 君子：指地主阶级中有德才的知识分子及其政治代表。已：终止，停止。

[2] 青：靛（diàn）青。取：提取，提炼。蓝：草名，蓼（liǎo）蓝，其叶可以做蓝色染料。于：比。

[3] 木直：木材很直。中（zhòng）：符合。下同。绳：木工用的墨线，这里做衡量木材曲直的标准讲。

[4] 𫐓（róu）：通煣，使直的东西弯曲。以：把。为：当作。

[5] 规：圆规，量圆的工具。

[6] 有：通"又"。槁暴：晒干。槁（gǎo），枯干。暴（pù），晒。

[7] 挺：直。

[8] 受绳：经过墨绳校正。

[9] 金：这里指金属做的刀剑。砺：磨刀石。

[10] 参：检验。省（xǐng）：考察。一说"省乎"二字为后人误补。

[11] 知：同"智"。

故不登高山，不知天之高也；不临深溪[1]，不知地之厚也；不闻先王之遗言[2]，不知学问之大也。干、越、夷、貉之子，生而同声，长而异俗，教使之然也[3]。《诗》曰："嗟尔君子，无恒安息。靖共尔位，好是正直[4]。神之听之，介尔景福。"神莫大于化道[5]，福莫长于无祸。

[1] 溪：山涧。

[2] 先王：古代的帝王；荀况理想中符合封建政治、道德要求的君主。遗言：犹古训。

[3] 干、越：都是春秋时期的国名，在今江苏、浙江一带。干，本是一个小国，被吴所灭，所以又称吴为干。夷、貉（hè）：这是古代统治阶级对当时东方和北方少数民族的污蔑性称呼。子：这里指人。这句意思是：干国、越国、夷族、貉族的人，刚生下时啼哭的声音都是一样的，而长大后风俗习惯却不相同，这是由于后天所受教育不同的结果。

[4] 靖共尔位两句："你这个君子啊，不要老是想着安逸，安于你的职位吧，爱好正直的德行。这样，神就会了解你，给你极大的幸福。"（见《诗经·小雅·小明》）靖，安。共，通恭，看重。好，爱好。介，助，给予。景：大。

[5] 神：这里指最高的精神境界。《诗》中所谓神，指神灵，荀况引诗对于神作了新的解释。道：指统治阶级政治、思想的总原则。化道：受道的教化，指思想行动符合道。

吾尝终日而思矣，不如须臾之所学也[1]；吾尝跂而望矣，不如登高之博见也[2]。登高而招，臂非加长也，而见者远[3]；顺风而呼，声非加疾也，而闻者彰[4]。假舆马者，非利足也[5]，而致千里[5]；假舟楫者，非能水也，而绝江河[6]。君子生非异也，善假于物也[7]。

[1] 尝：曾经。须臾（yú）：一会儿。

[2] 跂（qǐ）：踮起脚后跟。博见：看得宽广。

[3] 登高而招，臂非加长也，而见者远：站在高山上招手，手臂并没有加长，然而远处的人也能看得见。

[4] 疾：壮，这里指声音洪亮。彰：清楚。

[5] 假：凭借，利用。利足：使他腿跑得很快。

[6] 楫：同"楫"，船桨。能水：能耐水，即水性好。绝：作动词用，这里指渡过。

[7] 君子生非异也，善假于物也：君子的本性（和别人）并没有什么不同，只不过是善于借助和利用客观事物罢了。生通性，天赋，资质。善，擅长。

南方有鸟焉，名曰蒙鸠[1]，以羽为巢而编之以发，系之苇、苕[2]，风至苕折，卵破子死。巢非不完也，所系者然也。西方有木焉，名曰射干[3]，茎长四寸，生于高山之上而临百仞之渊；木茎非能长也，所立者然也。蓬生麻中，不扶而直。白沙在涅，与之俱黑[4]。兰槐之根是为芷[5]。其渐之滫[6]，君子不近，庶人不服[7]。其质非不美也，所渐者然也[8]。故君子居必择乡，游必就士，所以防邪辟而近中正也[9]。

[1] 蒙鸠：鹪鹩，俗称黄胆鸟，又称巧妇鸟，全身灰色，有斑，常取茅苇一毛一毳为巢。

[2] 苕（tiáo）：芦苇的花穗。

[3] 射（yè）干：又名乌扇，一种草本植物，根入药，茎细长，多生于山崖之间，形似树木，所以荀子称它为"木"，其实是一种草。一说"木"为"草"字之误。

[4] "蓬生麻中"四句：草长在麻地里，不用扶持也能挺立住，白沙混进了黑土里，就会变得和土一样黑。比喻生活在好的环境里，也能成为好人。蓬，蓬草。麻，麻丛。涅（niè），可制黑色染料的矾石。

[5] 兰槐：香草名，又叫白芷，开白花，味香。古人称其苗为"兰"，称其根为"芷"。

[6] 渐（jiān）：浸。滫（xiǔ）：泔水，已酸臭的淘米水。此引为脏水、臭水。

[7] 服：穿戴。

[8] 所渐者然也：被熏陶、影响的情况就是这样的。然，这样。

[9] 邪辟：品行不端的人。中正：正直之士。

物类之起，必有所始。荣辱之来，必象其德。肉腐出虫，鱼枯生蠹[1]。怠慢忘身，祸灾乃作。强自取柱[2]，柔自取束[3]。邪秽在身，怨之所构[4]。施薪若一，火就燥也；平地若一，水就湿也。草木畴生[5]，禽兽群焉，物各从其类也。是故质的张而弓矢至焉[6]；林木茂而斧斤至焉[7]，树成荫而众鸟息焉。醯酸而蚋聚焉[8]。故言有招祸也，行有招辱也，君子慎其所立乎！

[1] 蠹（dù）：蛀蚀器物的虫子。

[2] 强自取柱：谓物性过硬则反易折断。柱，通"祝"，折断。《大戴礼记·劝学》作"折"。

[3] 柔自取束：柔弱的东西自己导致约束。

[4] 构：结，造成。

[5] 畴：通"俦"，类。

[6] 质：箭靶。的（dì）：箭靶的中心。

[7] 斤：斧子。

[8] 醯（xī）：本意指醋。蚋（ruì）：飞虫名，属蚊类。

积土成山，风雨兴焉[1]；积水成渊，蛟龙生焉[2]；积善成德，而神明自得，圣心备焉[3]。故不积跬步，无以至千里；不积小流，无以成江海[4]。骐骥一跃，不能十步[5]；驽马十驾，功在不舍[6]。锲而舍之，朽木不折[7]；锲而不舍，金石可镂[8]。蚓无爪牙之利、筋骨之强，上食埃土，下饮黄泉[9]，用心一也。蟹六跪而二螯，非蛇、蟺之穴无可寄托者，用心躁也[10]。是故无冥冥之志者无昭昭之明，无惛惛之事者无赫赫之功[11]。行衢道者不至，事两君者不容[12]。目不能两视而明，耳不能两听而聪。螣蛇无足而飞，鼫鼠五技而穷[13]。《诗》曰："尸鸠在桑，其子七兮。淑人君子，其仪一兮。其仪一兮，心如结兮[14]。"故君子结于一也。

昔者瓠巴鼓瑟而沈鱼出听，伯牙鼓琴而六马仰秣[15]。故声无小而不闻，行无隐而不形[16]。玉在山而草木润，渊生珠而崖不枯[17]。为善不积邪，安有不闻者乎[18]？

[1] "积土成山"二句：土堆积起来成了山，风雨就从这里发生了。古代有山吐云纳雾的说法。因此

认为风雨是从山中形成的。荀况借此说明只要坚持不懈，专心一意，就能有所作为。

[2]"积水成渊"二句：聚集许多流水便成为深渊，蛟龙就从这里产生了。

[3]神明：最高的智慧。自得：自然达到。

[4]跬（kuǐ）：半步。

[5]骐骥（qíjì）：千里马，传说能日行千里。

[6]驽（nú）：劣马。十驾：十天的路程。功：成功。舍：放弃。

[7]锲（qiè）：用刀子刻。

[8]镂（lóu）：雕刻。

[9]螾：同"蚓"，即"蚯蚓"。埃土：尘土。黄泉：地下的泉水。

[10]螯（áo）：螃蟹身上如同钳形的爪子。鳝（shàn）：同"鳝"，即"鳝鱼"。躁：浮躁，不专心。

[11]冥冥（míng）：幽暗，这里比喻埋头苦干。下文"惛惛"（hūn）的意思与此同。昭昭（zhāo）：显著。赫赫：巨大。

[12]"行衢道者不至"二句：在歧途上徘徊不定的人是达不到目的地的，同时事奉两个君主的人，任何一方都不会容纳他。衢（qú），十字路，这里指歧路。

[13]螣（téng）蛇：古时传说一种能飞的蛇。鼫（shí）鼠：原为"梧鼠"，据《大戴礼记》改。一种形状像兔的鼠类。据说它有五种技能，但都不能专心一意做到底。所以，它能飞不能上屋，能爬树不能爬到树顶，能游泳不能渡过山涧，能打洞不能掩身，能走不能走在别的动物前头。穷：穷困，没有办法。

[14]"尸鸠在桑"六句："布谷鸟居住在桑树上，专心一意将七只小鸟哺育；那善良的君子，行动要专一不邪；行动专一不邪啊，意志才能坚定不变。"（见《诗经·曹风·尸鸠》）尸鸠，布谷鸟。据说这种鸟在桑树上哺育七只小鸟，早晨从上而下喂它们，傍晚又从下而上喂它们，天天如此，从不间断。淑人，善人。仪，仪表、举止，这里指行动。一，专一。结，凝结，这里是坚定的意思。

[15]瓠（hù）巴：传说是古代擅长于弹瑟的人。沈：同"沉"，原为"流"，据《礼记》引文改。伯牙：传说古代善于弹琴的人。六马：古代天子用六匹马驾车。秣：饲料。

[16]"故声无小而不闻"二句：所以，声音不管多么小，总会被人听见。行动不管多么隐蔽，也总会显露出来。

[17]不枯：不枯燥，这里指有色彩。

[18]"为善不积邪"二句：大概是没有不断地积聚善行吧，如果积累了，哪里会不为人们所知道的呢？邪，疑问词，"吧"的意思。

兼爱（上）

📖 **说明**

　　本文选自《墨子·兼爱》，墨子的《兼爱》分上、中、下篇。"兼爱"为墨子十大主张的中心与重心。《兼爱》（上）的论旨在于，墨子认定天下之乱起于"不相爱"，因而欲变天下之乱为天下之治，必实行"兼相爱"。

扫一扫 学一学

如若君与臣、父与子、兄与弟、盗与人、大夫与大夫、诸侯与诸侯，都爱人若爱己，就不会有攻伐战乱，天下必然安定。兼爱学说反映了当时小生产者加强团结互助以消弭社会矛盾的良好愿望，虽然是不可能实现的幻想，但仍不失其一定的历史意义。文章逻辑性很强，熟练地运用三段论、归纳法和对比法，自设问答，层层展开，步步紧扣，首尾呼应，显示出较强的说服力。从结构看，浑然一体，一气呵成，似为墨翟本人所作。

圣人以治天下为事者也，必知乱之所自起，焉能治之[1]；不知乱之所自起，则不能治。譬之如医之攻人之疾者然[2]，必知疾之所自起，焉能攻之；不知疾之所自起，则弗能攻。治乱者何独不然？必知乱之所自起，焉能治之；不知乱之所自起，则弗能治。

[1]焉：乃。

[2]攻：治。

圣人以治天下为事者也，不可不察乱之所自起。当察乱何自起[1]？起不相爱。臣子之不孝君父，所谓乱也。子自爱不爱父，故亏父而自利[2]；弟自爱不爱兄，故亏兄而自利；臣自爱不爱君，故亏君而自利，此所谓乱也。虽父之不慈子[3]，兄之不慈弟，君之不慈臣，此亦天下之所谓乱也。父自爱也不爱子，故亏子而自利；兄自爱也，不爱弟，故亏弟而自利；君自爱也不爱臣，故亏臣而自利。是何也？皆起不相爱。

[1]当：读为"尝"。

[2]亏：损害。

[3]慈：慈爱。

虽至天下之为盗贼者亦然[1]，盗爱其室[2]，不爱其异室[3]，故窃异室以利其室；贼爱其身，不爱人身，故贼人身以利其身。此何也？皆起不相爱。虽至大夫之相乱家[4]，诸侯之相攻国者亦然。大夫各爱其家，不爱异家，故乱异家以利其家。诸侯各爱其国，不爱异国，故攻异国以利其国，天下之乱物具此而已矣[5]。察此何自起？皆起不相爱。

[1]盗：小偷。贼：强盗。

[2]室：家。

[3]其异室："其"疑为衍字。

[4]家：指大夫的封地。

[5]具：全部。

若使天下兼相爱[1]，爱人若爱其身，犹有不孝者乎？视父兄与君若其身，恶施不孝？犹有不慈者乎？视弟子与臣若其身，恶施不慈[2]？故不孝不慈亡有。犹有盗贼乎？故视人之室若其室，谁窃？视人身若其身，谁贼？故盗贼亡有[3]。犹有大夫之相乱家、诸侯之相攻国者乎？视人家若其家，谁乱？视人国若其国，谁攻？故大夫之相乱家、诸侯之相攻国者亡有。若使天下兼相爱，国与国不相攻，家与家不相乱，盗贼无有，君臣父子皆能孝慈，若此，则天下治。

故圣人以治天下为事者，恶得不禁恶而劝爱？故天下兼相爱则治，交相恶则乱。故子墨子曰："不可以不劝爱人者，此也。"

[1]兼相爱：全部相亲相爱。

[2] 恶（wū）：疑问代词，怎么。施：实行，施行。

[3] 亡（wú）：无，没有。

通论

词类活用

古代汉语的词类可分为实词和虚词两大类。实词主要有名词、动词、形容词、代词、数词，虚词主要有副词、介词、连词、语气词。

词类活用主要是跟名词、动词、形容词这三种词类有关。主要有：名词活用为动词，名词的使动用法、意动用法；动词的使动用法；形容词活用为动词，形容词的使动用法和意动用法。此外，名词用作状语的现象在古代汉语中也很常见。当然，除此之外，还有为动用法及少量数词活用为动词，数词的使动用法出现。

名词：指表示人或是事物名称的词。经常在句中充当主语、宾语、定语、谓语。

动词：指表示动作、行为和发展变化的词，经常作谓语。

形容词：指表示事物性质和状态的词，经常作定语、状语、谓语。

在古代汉语中，名词可以自由地充当主语、宾语，而动词、形容词一般不充当主语、宾语；动词也不充当定语，而名词、形容词却经常作定语；动词一般充当叙述句的谓语，可以带宾语，而名词、形容词则一般不能充当叙述句的谓语，也不可以带宾语。也就是说，这三类词的基本语法功能是比较固定的，在句中所充当的成分也是有分工的。但是某些词按照一定的语言习惯又可以灵活运用，在句中临时改变它的语法功能当作别的词类来使用，这就是词类活用。

词类活用，必须与"词的兼类"区分开来。

词的兼类是指一个词兼有两种或两种以上的词性，或者说一个词兼有不同词类的语法功能。这些功能的表现，是词本身固有的，是固定的、经常的，不是临时的、偶然的。而词的活用是指一个词在一定的语言环境中临时活用成了别类的词，具有了另一类词的语法功能和语法意义，但这只是临时的偶然的用法，一旦离开这个语言环境，这个词仍然恢复它固有的词性。例如：

（1）时操军众已有疾疫。（《资治通鉴》）

（2）庞涓恐其贤于己，疾之。（《史记·孙膑列传》）

（3）疾雷不及掩耳。（《三国志·魏书·文帝纪》）

例（1）的"疾"是名词，疾病；例（2）的是动词，妒忌；例（3）的是形容词，急速。"疾"同时兼有名、动、形三种词性，不是临时运用的结果，是"疾"本身固有的经常存在的现象，离开了上述语言环境仍然存在，所以不是词类活用而是兼类。

一、名词作动词

古代汉语里当表示同某事物或方位处所等有关的行为变化时，常常使用表示这一事物、方位处所的名词来表示，这就是名词活用为动词。

（一）名词位于代词前要动用

因为代词本不受名词的修饰而常作动词的宾语。例如：

（1）父曰："履我！"。良业为取履，因长跪履之。（《史记·留侯世家》）

两个"履"后均跟的是代词，因此，用作动词，意为"给……穿鞋"或"为……穿鞋"。（"为动"用法。）

（2）驴不胜怒，蹄之。（《黔之驴》）

"蹄"位于代词"之"前用作动词，意为"用蹄子踢"。

（二）名词前面有副词要动用

因为副词本不直接修饰名词而常修饰动词作状语。例如：

（1）晋于是始墨。（《左传·僖公三十三年》）

"墨"用在副词"始"后要动用，意为"穿黑色丧服"。

（2）黎民不饥不寒，然而不王者，未之有也。（《孟子·梁惠王上》）

"王"用在否定副词"不"后要动用，意为"称王"。

（三）名词位于能愿动词后要动用

因为能愿动词本不修饰名词而常修饰动词（所谓"能愿动词"就是表示行为或状况的可能性、必要性和意愿性的动词。如"欲""应""愿""肯""能""敢"等）。例如：

左右欲刃相如。（《史记·廉颇蔺相如列传》）

"刃"用在能愿动词"欲"后用作动词，意为"杀"。

（四）两个名词或三个名词连用

如果不是并列、偏正、同位关系时，其中的一个要动用。因为句子一般需要谓语动词。

（1）后一个名词用作动词，构成主谓关系。例如：

许子冠乎？（《孟子·滕文公上》）

"冠"本义"帽子"，在这里动用作谓语，意为"戴帽子"。

（2）前一个名词用作动词，构成动宾关系。例如：

子元元，臣诸侯，非兵不可！（《战国策·秦策》）（"元元"，指普通百姓。）

"子"名词用作使动，意为"使……成为子女"。"臣"同样用作使动，意为"使……成为臣子"。

（3）三个名词连用，中间的常常动用。例如：

晋军函陵。（《左传·僖公三十年》）

"军"用作动词，意为"驻军"。

（五）名词处于介词短语前后，而又不是主语或宾语时要动用

介词短语或介词结构在古今汉语中语法功能和意义基本相同，都可以放在动词或形容词的前面或后面，用作动词或形容词的状语或补语。如果介词短语的前后出现的是名词，此名词又确定不是句子的主语或者宾语时，名词要动用。例如：

（1）刑于寡妻，至于兄弟，以御家邦。（《诗经·大雅·思齐》）（寡妻，正妻）

"刑"名词通"型"，意为"模型"。这里用作动词，做榜样。

（2）南与楚境，西与韩境。（《战国策·魏策》）

两个"境"均位于介词短语后，意为"接境"或"接壤"。

（六）名词位于连词"而"前或后时有时要动用

"而"后的名词不作主语时动用；"而"前的名词不作主语或宾语时动用。例如：

（1）不耕而食，不蚕而衣。（《盐铁论·相刺》）

"衣"要用作动词，意为"穿衣"。"蚕"也用作动词，意为"养蚕"。

（2）孟尝君怪其疾也，衣冠而见之。（《战国策·齐策》）

"衣冠"用作动词，意为"穿衣戴帽"。

（七）助词"者"前面的名词有时要动用

助词"者"不能单用，必须有前加成分，当译为"……的""……的人""……的东西"等意思的时候，前加成分一般是谓词性的，如果此时出现名词性前加成分，这个名词要动用。

例如：

（1）帝者与师处，王者与友处。（《战国策·燕策》）

"帝"与"王"位于"者"前面都要动用，意为"成就帝业"和"成就王业"。

成就帝业的人与老师相处，成就王业的人与朋友相处。

（2）赵主之子孙侯者，其继有在者乎？（《战国策·赵策》）

"侯"位于"者"的前面，但又不是主语和宾语，这里用作动词，意为"封侯"。

赵王被封侯的子孙，他们的后继人有还在的吗？

（八）助词"所"后的名词要动用

因为"所"后常跟动词，构成名词性结构。例如：

置人所罾鱼腹中。（《史记·陈涉世家》）

"罾"本是名词"渔网"，这里用在"所"之后要动用，意为"（用网）捕捉"。

把（它）放进别人用渔网打来的鱼的肚子里。

二、形容词作动词

形容词作动词是指把表示某种性状的形容词按动词的语法规则使用，并表示与该性状相关的行为变化。或形容词活用作一般动词就是形容词作谓语且带了宾语（又不是使动、意动用法）。

这就是形容词活用为动词。例如：

（1）天下苦秦久矣。（《史记·陈涉世家》）

"苦"因带宾语"秦"，意为"（对秦王朝的残暴统治）感到苦恼"。

（2）方是时也，予之力尚足以入，火尚足以明。（《游褒禅山记》）

"明"本为"明亮"之意，现临时活用为动词，意为"照明"。

（3）老吾老及人之老，幼吾幼及人之幼。（《齐桓晋文之事》）

第一个"老"和第一个"幼"因带宾语，活用为动词，意为"尊敬""爱护"。

三、使动用法

所谓使动用法，其动词和宾语的关系不一定需要用"使宾语怎么样"的语言形式去理解和语译，而指谓语动词具有"使……怎么样"的意思。使动用法中的谓语动词，有的是由名词、形容词活用来的，活用之后，它们所表示的语法意义也有所改变。例如：

（1）焉用亡郑以陪邻？（《左传·僖公三十年》）

（2）项伯杀人，臣活之。（《史记·项羽本纪》）

（3）广故数言欲亡，忿恚尉。（《史记·陈涉世家》）

以上例句中的"亡""活""忿恚"都是不及物动词，都不能带宾语，但因分别跟了"郑""之""尉"，成为使动用法。"亡郑"即"使郑国灭亡"；"活之"即"使之活"，这里可译为"救了他"；"忿恚尉"即"使尉忿恚（发怒）"。

（一）动词的使动用法

动词的使动用法是指动词和它的宾语在一起，使宾语所代表的人或事产生这个动词表示的动作行为。

不及物动词的使动。例如：

（1）劳其筋骨，饿其体肤。（《生于忧患，死于安乐》）

（2）明月别枝惊鹊，清风半夜鸣蝉。（《西江月》）

（3）冻风时作，作则飞沙走砾。（《满井游记》）

"劳其筋骨"的"劳"是不及物动词，因后面带宾语"其筋骨"，就活用为使动，"使筋骨经受劳累"。后面的"惊""鸣""飞""走"同样是不及物动词，分别活用为"使鹊惊、使蝉鸣、使沙飞、使石走"。

及物动词也有活用为使动的，但较少见。例如：

（1）晋侯饮赵盾酒。（《左传·宣公二年》）

（2）序八州而朝同列，百有余年矣。（《过秦论》）

不是晋侯喝赵盾的酒，而是晋侯使赵盾饮酒，让赵盾喝酒；秦国使天下其余八州尊奉于秦，使本与秦国同样地位的诸侯入朝称臣。

（二）形容词的使动用法

形容词带上宾语，假使宾语具有这个形容词的性质和状态，那么形容词活用为使动动词。如"凄神寒骨"（《小石潭记》）中的"寒"，本是形容词"寒冷"，因其后带宾语"骨"，意为

"使骨寒",成为使动。例如:

(1)春风又绿江南岸。(《泊船瓜洲》)

(2)强本而节用,则天不能贫。《荀子·天论》

"绿"是形容词,因后面带上宾语"江南岸",意为使江南岸具有了绿的性质,成为使动。强本:使本(农业)强。贫:"贫之"的省略,使之(国家)贫。

(三)名词的使动用法

名词带宾语,使宾语所代表的人或事物变成这个名词所代表的人或事物,即名词在用作一般动词的同时又具有"使宾语怎么样"的性质。例如:

(1)文王以百里之壤而臣诸侯。(《史记·平原君列传》)

主语"文王"使宾语"诸侯"变成臣。臣:使……称臣。

(2)先破秦入咸阳者王之。(《史记·项羽本纪》)

主语"诸侯"省略,诸侯使宾语"之"即"先破秦入咸阳者"成为王。王:使……为王

名词带宾语还可能表示使宾语发生与该名词相关的动作行为。例如:

君王之于越也,医起死人而肉白骨也。(《国语·吴语》)

"肉白骨"使动用法,意思是使枯骨长肉。后者表示使宾语发生与该名词相关的动作行为。

四、意动用法

意动用法是指谓语动词具有"认为(以为)……怎么样"的意思,或说其动词和宾语的关系,需要用"认为(或以为)宾语怎么样"的语言形式去理解或语译。

(一)名词的意动用法

名词的意动用法,是指把它后面的宾语所代表的人或事物看作这个名词所代表的人或事物。例如:

(1)邑人奇之,稍稍宾客其父。(《伤仲永》)

"宾客",本为名词,"宾客其父"为动宾结构,"宾客"就活用作动词,意思是"以其父为宾客"。

(2)孟尝君客我。(《战国策·齐策》)

"客"为名词用如意动,即把我当成门客。

(二)形容词的意动用法

形容词的意动,是指主观上认为宾语所代表的人或事具有这个形容词所表示的性质或状态。例如:

(1)渔人甚异之。(《桃花源记》)

"异"为形容词,活用作动词,"异之"就是"以之为异""认为这事奇怪"。

(2)其家甚智其子,而疑邻人之父。(《韩非子·说难》)

"智"是形容词智慧之意,这里活用为动词,"以其子为智"就是认为自己的儿子聪明。

(3)上老之。(《汉书·赵充国传》)

"老"是形容词，这里是指汉昭帝认为赵充国年纪大了。

五、名词作状语

古代汉语中普通名词做状语是一种常见的现象。它本不属于活用范畴，只是为了叙述方便，所以放在这里一起说明。普通名词作状语可以分为四种情况。

（一）表示方位或处所

表达行为动作在什么地方发生，或者行为动作向着什么方向发生。可译为"在、到、当……"。例如：

（1）相如视秦王无意偿赵城，乃前曰。（《史记·廉颇蔺相如列传》）

前：上前。

（2）河渭不足，北饮大泽。（《山海经·夸父逐日》）

北：向北面。

（3）顺流而东行，至于北海。东面而望，不见水端。（《庄子·秋水》）

东：向东面。

（二）表示工具或依据

表达使用什么工具从事行为动作，或者依据什么从事某种行为动作。可译为"用、依照……"。例如：

（1）失期，法皆斩。（《史记·陈涉世家》）

法：按照法律，依照法令。误了期限按（秦朝的）法律都应当斩首。

（2）秦惠王车裂商君以徇。（《史记·商君列传》）

车：用马车。秦惠王用马车分裂商鞅的身体来示众。

（三）表示比喻

可以形容行为动作的状态，表达比喻内容。可译为"象……一样"。例如：

（1）天下云集响应，赢粮而景从。（《过秦论》）

云：像云一样。响：像回声一样。景：像影子一样。

（2）射之，豕人立而啼。（《左传·公孙无知之乱》）

豕：像人一样。

（3）治郑二十六年而死，丁壮号哭，老人儿啼。（《史记·循吏列传》）

儿：像孩子一样。

（四）表示对人的态度

可以表达用什么态度从事某种行为动作。可译为"用对待……的态度"。例如：

（1）吾亡之后，汝兄弟父事丞相。（《三国志·先主传》）

父：像对待父亲一样。

（2）齐将田忌善而客待之。（《史记·孙子吴起列传》）

客：像对待宾客一样。

普通名词作状语和一般主谓结构形式完全一致，但意思完全不同。判断一个名词是做状语还是主语，一般来说要看这个名词前是否还另有主语，若另有主语那么这个名词就做状语，否则就是主语。

六、为动用法

（一）动词的为动用法

不及物动词带宾语时，除了使动用法之外，还有为动用法。为动用法是指动词不是直接支配宾语，而是表示为（替）宾语或对宾语施行某一动作。"为动"的"为"读作去声，它在这里包括"为了""因为""给（替）""对（向）"四个意思。例如：

（1）夫人将启之。（《左传·隐公元年》）

夫人为共叔段打开城门。

（2）邴夏御齐侯，逢丑父为右。（《左传·成公二年》）

邴夏为齐侯驾车。

（3）今亡亦死，举大计亦死，等死，死国可乎？（《史记·陈涉世家》）

死国：为国家而死，或为了国家大事而死。宾语"国"不是动词"死"的支配对象，而是主语为了"国"这个目的而施行"死"这一动作行为的。

（二）名词、形容词的为动用法

马病肥死，使群臣丧之，欲以棺椁大夫礼葬之。（《史记·滑稽列传》）

丧之：为（马）治丧。"丧"本是"丧事"之意，活用为动词"治丧"，表示对宾语施行"治丧"这一行动。

膏吾车兮秣吾马。（《送李愿归盘谷序》）

膏吾车：为我的车轴加油。

庐陵文天祥自序其诗，名曰《指南录》。（《指南录后序》）

序其诗：给自己的诗作序。序，这里名词用作动词，为动用法，意思是"给（替）……作序"。

秦人不暇自哀，而后人哀之。（《阿房宫赋》）

哀，形容词用作动词，为动用法。意思是"为……哀叹"。

思考与练习

一、找出下列句中的词类活用现象，并说明活用前后的词性及句中的意义。

1.今媪尊长安君之位。（《战国策·触龙说赵太后》）

2.能富贵将军者，上也。（《史记·魏其武安候列传》）

3.纵江东父兄怜而王我，我何面目见之？（《史记·项羽本纪》）

4. 文王以百里之壤而臣诸侯。（《战国策·毛遂自荐》）

5. 吾不能春风风人，吾不能夏雨雨人，吾必穷也。（《说苑·贵德》）

6. 且夫吾尝闻少仲尼之闻而轻伯夷之义者，始吾弗信。（《庄子·秋水》）

7. 狼速去，将杖杀汝。（《中山狼传》）

8. 若阙地及泉，隧而相见，其谁曰不然。（《左传·郑伯克段于鄢》）

9. 伯夷死名于首阳之下，盗跖死利于东陵之上。（《庄子·骈拇》）

二、指出下列各句中作状语的名词，并说明其用法及意义。

1. 夫以秦王之威，而相如廷叱之。（《史记·廉颇蔺相如列传》）

2. 项羽召见诸侯将，入辕门，无不膝行而前。（《史记·项羽本纪》）

3. 群臣有后应者，臣请剑斩之。（《汉书·霍光传》）

4. 北救赵而西却秦，此王霸之伐也。（《史记·信陵君列传》）

5. 童子隅坐而执烛。（《礼记·檀弓》）

6. 狐偃曰："日吾来此也，非以夷为荣，可以成事也。"（《国语·晋语》）

代词

代词是指代替名词、动词、形容词、数量词或词组和句子的词。它们的主要语法功能是在句中作主、谓、宾、定、状等，类似实词。古代汉语里的代词可分为人称代词、指示代词、疑问代词、无定代词四类。

一、人称代词

人称代词有"吾""我""予"（余）、"女"（汝）"尔""若""而""乃""其""之"等。

（一）第一人称代词

"吾""我""予（余）"都属于第一人称。例如：

（1）吾日三省吾身。（《论语·学而》）

（2）老吾老，以及人之老；幼吾幼，以及人之幼。（《孟子·梁惠王上》）

（3）我非爱其财而易之以羊也，宜乎百姓之谓我爱也。（《孟子·梁惠王上》）

（4）三人行，必有我师焉。（《论语·述而》）

（5）愿夫子辅吾志，明以教我。（《孟子·梁惠王上》）

（6）诗云："他人有心，予忖度之。"夫子之谓也。（《孟子·梁惠王上》）

（7）启予足，启予手。（《论语·泰伯》）

（8）王如用予，则岂徒齐民安？天下之民举安。（《孟子·公孙丑下》）

（9）余收尔骨焉！（《左传·僖公三十二年》）

（10）自始合，而矢贯余手及肘。（《左传·成公二年》）

在上古汉语里，"我"和"予（余）"可以用作主语、宾语、定语；"吾"可以用作主语、定语，但一般不用作宾语。《庄子·齐物论》"今者吾丧我"，这是一个典型的例子，不能换成"今者我丧吾"或"今者吾丧吾"。但是这只是位置的关系；如果在否定句里，宾语放在动词的前面，却又可以用"吾"字了。例如：

（1）居则曰："不吾知也。"（《论语·先进》）

（2）我胜若，若不吾胜。（《庄子·齐物论》）

我胜你，你胜不了我。

（二）第二人称代词

"女（汝）""尔""若""而""乃"都属于第二人称。例如：

（1）力不足者中道而废，今女画。（《论语·雍也》）

（2）往之女家。（《孟子·滕文公下》）

去到你的家。指出嫁。

（3）诲女知之乎？（《论语·为政》）

（4）尔何曾比予于管仲！（《孟子·公孙丑上》）

（5）盍各言尔志？（《论语·公冶长》）

（6）如或知尔，则何以哉？（《论语·先进》）

（7）五侯九伯，若实征之，以夹辅周室。（《史记·齐世家》）

左传作"女实征之"。

（8）吾翁即若翁。（《史记·项羽本纪》）

（9）吾语若。（《庄子·人间世》）

（10）且而与其从辟人之士也，岂若从避世之士哉？（《论语·微子》）

（11）必欲烹而翁，则幸分我一杯羹。（《史记·项羽本纪》）

（12）必欲烹乃翁，幸分我一杯羹。（《汉书·项籍传》）

"而"和"乃"都有一个特点，就是不能用作宾语（连否定句的宾语都不能）。它们一般也不用作主语。这样，常见的情况就只是用作定语了。

（三）第三人称代词

古代汉语没有专属的第三人称代词，一般用指示代词"其"和"之"代替。"其"字略等于现代汉语"他（们）的""她（们）的""它（们）的"；"之"字略等于现代汉语的"他（们）""她（们）""它（们）"。例如：

（1）管仲以其君霸，晏子以其君显。（《孟子·公孙丑上》）

（2）今吾于人也，听其言而观其行。（《论语·公冶长》）

（3）二国图其社稷，而求纾其民。（《左传·成公三年》）

（4）虽有天下易生之物也，一日暴之，十日寒之，未有能生者也。（《孟子·告子上》）

上面的例子表明："其"字只能用作定语，"之"字只能用作宾语。

在古代汉语里，"其"字不能用作主语。在许多地方"其"字很像主语，其实不是；这是因为"其"字所代替的不是简单的一个名词，而是名词加"之"字。例如：

（1）吾见师之出而不见其入也。（《左传·僖公三十二年》）

"不见其人"等于说不见师之人。

（2）且夫水之积也不厚，则其负大舟也无力。（《庄子·逍遥游》）

（3）王若隐其无罪而就死地，则牛羊何择焉？（《孟子·梁惠王上》）

"隐其无罪而就死地"等于说隐牛之无罪而就死地。

这些地方的"之"字不能译为现代汉语的"的"。同理，这些地方的"其"字也不能译为"他的""她的""它的"，只能译为"他""她""它"。但是，从语法结构上看，正如这些地方的名词必须认为是定语一样，"其"字也必须认为是定语，不能认为是主语。因为这种"其"字只能和后面的成分合成一个词组作整个句子的主语（如"其负大舟"）或宾语（如"其人"），而不是"其"字本身能用作主语。这是古今语法的一个不同之点。中古以后，偶然有人把"其"字用作主语，那是不合古代语法规律的。古文家仍旧遵用古代语法。

在代替第三人称代词时，"其""之"不作主语，或者用名词做主语，或者省略主语。例如：

（1）若从君之惠而免之，以赐君之外臣首，首其请于寡君而以戮于宗，亦死且不朽。（《左传·成公三年》）

用名词"首"做主语。

（2）孔子下，欲与之言。趋而辟之，不得与之言。（《论语·微子》）

"趋而辟之"的主语是"接舆"，"不得与之言"的主语是"孔子"。

"之"和"其"也可以灵活运用：有时候是说话人本人自称，有时候是指称对话人。例如：

（1）若从君之惠而免之，以赐君之外臣首，首其请于寡君而以戮于宗，亦死且不朽。（《左传·成公三年》）

"免之"的"之"，说话人知罃自称。

（2）天子发政于天下之百姓，言曰："闻善而不善，皆以告其上。……"（《墨子·尚同》）

"而"，与。"其上"，你们的上司。

有时候，"其"字不能解作"他的""她的""它的"，只能解作"那""那样的"。这种"其"字是指示代词。例如：

（1）或曰："以子之矛陷子之楯，何如？"其人弗能应也。（《韩非子·难一》）

（2）臣窃以为其人勇士，有智谋。（《史记·廉颇蔺相如列传》）

（3）富与贵，是人之所欲也；不以其道得之，不处也。（《论语·里仁》）

（4）夏后殷周之盛，地未有过千里者也，而齐有其地矣。鸡鸣狗吠相闻，而达乎四境，而齐有其民矣。（《孟子·公孙丑上》）

在古代汉语里，人称代词是单复数同形的。这就是说，"我们"仍用"吾""我"等字表示，"你们"仍用"女""尔"等字表示，"他们的"仍用"其"字表示，"他们"仍用"之"字表示，并不像后代用"我等""汝等""彼等"。例如：

（1）子路、曾皙、冉有、公西华侍坐。子曰："以吾一日长乎尔，毋吾以也。居则曰：'不吾知也。'如或知尔，则何以哉？"（《论语·先进》）

（2）百工居肆以成其事。（《论语·子张》）

"肆"，作坊。

（3）彼夺其民时，使不得耕耨以养其父母。（《孟子·梁惠王上》）

（4）诗三百，一言以蔽之，曰：思无邪。（《论语·为政》）

（5）故远人不服，则脩文德以来之。既来之，则安之。（《论语·季氏》）

"吾侪""若属"等，等于说"我们这一班人""你们这一班人"。例如：

（1）吾侪何知焉？（《左传·昭公二十四年》）

（2）若属皆且为所虏！（《史记·项羽本纪》）

古人常用谦称和尊称。谦称代替了第一人称，尊称代替了第二人称。谦称和尊称都是名词（或形容词用如名词），不是代词，所以它们不受代词规律的制约（在否定句中不放在动词前面）；但是，从词义上说，它们又表示了"我"或"你"。例如：

（1）昭王南征而不复，寡人是问。（《左传·僖公四年》）

（2）小人有母，皆尝小人之食矣。（《左传·隐公元年》）

（3）老妇恃辇而行。（《战国策·赵策》）

（4）仆非敢如此也。（《报任安书》）

（5）愚以为宫中之事，事无大小，悉以咨之。（《前出师表》）

以上是谦称。

（6）大王尝闻布衣之怒乎？（《战国策·魏策》）

（7）王无异于百姓之以王为爱也。（《孟子·梁惠王上》）

（8）陛下亦宜自谋。（《前出师表》）

（9）诺！先生休矣！（《战国策·齐策》）

（10）顷者足下离旧土，临安定。（《报孙会宗书》）

以上是尊称。

此外，自称其名也是一种谦称，称人之字也是一种尊称。例如：

（1）文倦于事，愦于忧，而性懧愚，沉于国家之事，开罪于先生。（《战国策·齐策》）

（2）丘也闻有国有家者，不患寡而患不均，不患贫而患不安。（《论语·季氏》）

（3）恽家方隆盛时，乘朱轮者十人。（《报孙会宗书》）

以上自称其名。

（4）今少卿抱不测之罪。（《报任安书》）

（5）东野之役于江南也，有若不释然者。（韩愈《送孟东野序》）

以上称人之字。

总的来看，古代汉语的人称代词用得少些，有两个原因：一是古代汉语省略主语的地方较多，而且第三人称代词不用作主语；二是谦称和尊称代替了人称代词。

二、指示代词

古代汉语的指示代词有"是""此""斯""兹""彼"等。例如：

（1）德之不修，学之不讲，闻义不能徙，不善不能改，是吾忧也。（《论语·述而》）

（2）当是时也，禹八年于外，三过其门而不入，虽欲耕，得乎？（《孟子·滕文公上》）

（3）王如知此，则无望民之多于邻国也。（《孟子·梁惠王上》）

（4）逝者如斯夫，不舍昼夜！（《论语·子罕》）

（5）言举斯心加诸彼而已。（《孟子·梁惠王上》）

（6）彼一时，此一时也。（《孟子·公孙丑下》）

（7）文王既没，文不在兹乎！（《论语·子罕》）

就一般说，"是""此""斯""兹"是近称，表示"这""这个""这里"等；"彼"是远称，表示"那""那个""那里"。值得注意的是："是"字和现代汉语的"是"字不同。"是"和"此"是同义词，它们常常可以互换，

"是""此""彼"可以指人，略等于说"这人""那人"。例如：

（1）尔何曾比予于是！（《孟子·公孙丑上》）

（2）此谁也？（《战国策·齐策》）

（3）或问子产。子曰："惠人也。"问子西。曰："彼哉！彼哉！"（《论语·宪问》）

只说"那人哪！那人哪！"不加以评论。

后来"彼"字发展成为带有人称代词的性质；差不多完全等于现代的"他"或"他们"。例如：

（1）彼丈夫也，我丈夫也，吾何畏彼哉？（《孟子·滕文公上》）

（2）彼陷溺其民。（《孟子·梁惠王上》）

但是，"彼"字始终没有完全丧失它的指示性。由于它表示远指，所以它又常常带着轻视的意味（如"彼哉！彼哉！"）。它到底不是正式的人称代词，所以古代汉语里一般不用它来表示"他"或"他们"的意义。

"是"字用作宾语有时候可以放在动词的前面。例如：

尔贡包茅不入，王祭不共，无以缩酒，寡人是征；昭王南征而不复，寡人是问。（《左传·僖公四年》）

先秦时代，"之"字也用作指示代词，等于说"此"或"彼"。例如：

（1）之子于归，宜其室家。（《诗经·周南·桃夭》）

于归：出嫁。

（2）之二虫又何知？（《庄子·逍遥游》）

"夫"（fú）字，也是一个指示代词，但是指示性很轻，和现代汉语对译时有时可以不必译出。例如：

（1）小子何莫学夫诗？（《论语·阳货》）

（2）食夫稻，衣夫锦。（《论语·阳货》）

（3）非夫人之为恸而谁为？（《论语·先进》）

有时候，一个比较复杂的结构被用作宾语，"夫"字放在动词和宾语的中间，还是指示代词。例如：

（1）君子疾夫舍曰欲之而必为之辞。（《论语·季氏》）

（2）左右曰："乃歌夫'长铗归来'者也。"（《战国策·齐策》）

指示代词还有"然"字和"尔"字，它们经常用作句子的谓语。"然"字略等于现代汉语的"这样""那样""这么""那么"。例如：

（1）其谁曰不然？（《左传·隐公元年》）

（2）河东凶亦然。（《孟子·梁惠王上》）

（3）物皆然，心为甚。（《孟子·梁惠王上》）

单说"然"字，是应答之词，表示"是的""正是这样"。例如：

王曰："然。"（《孟子·梁惠王上》）

"尔"字的用途没有"然"字那样普遍。它也表示"这样""那样"。例如：

（1）相去万余里，故人心尚尔。（《客从远方来》）

（2）问君何能尔？心远地自偏。（《饮酒诗》）

三、疑问代词

常见的疑问代词有"谁""孰""何""胡""曷""奚""安""恶""焉"等。这些疑问代词有的称代人，有的称代事物，有的称代处所，有的具有两种或三种称代作用。

（一）指人疑问代词

"谁"和"孰"主要用于指人。"谁"的用法和现代汉语完全一样，只是作宾语时要放在动词前面。例如：

（1）寡人有子，未知其谁立焉？（《左传·闵公二年》）

（2）吾谁欺？欺天乎？（《论语·子罕》）

"孰"既可以指人，也可以指事物，主要用于选择问句中。例如：

（1）吾子与子路孰贤？（《孟子·公孙丑上》）

（2）虽使子厚得所愿，为将相于一时，以彼易此，孰得孰失，必有能辨之者。（《柳子厚墓志铭》）

"孰"用来指人时，也有不表选择的，这就和"谁"的用法相同了。例如：

（1）王者孰谓？谓文王也。（《公羊传·隐公元年》）

（2）孰可以代之？（《左传·襄公三年》）

（3）孰为夫子？（《论语·微子》）

（二）指物疑问代词

"何""胡""曷""奚"主要用于指事物，相当于现代汉语中的"什么"。"何"使用最为广泛，可以充当宾语、定语、谓语。有时也充当主语、状语。充当状语时相当于"怎么""为什么"。例如：

（1）举以败国，将何贺焉？（《左传·僖公二十八年》）

（2）何为纷纷然与百工交易？（《孟子·滕文公上》）

（3）是何言也？（《孟子·公孙丑上》）

（4）邻国之民不加少，寡人之民不加多，何也？（《孟子·滕文公上》）

（5）公子畏死邪？何泣也？（《史记·魏公子列传》）

（6）何贵？何贱？（《左传·昭公三年》）

例（1）"何"充当动词谓语的宾语。例（2）"何"充当介词的宾语。例（3）"何"充当定语。这三例中的"何"都可以译成"什么"。例（4）"何"充当谓语，可译成"什么原因"。例（5）"何"充当状语，可译为"为什么"。例（6）"何"充当主语，可译成"什么东西"。"何"充当主语的情况比较少见。

"胡""曷""奚"的使用范围比"何"小。主要用作状语。表示"为什么""怎么"。例如：

（1）田园将芜，胡不归？（《归去来兮辞》）

（2）吾子其曷归？（《左传·昭公元年》）

（3）子奚不为政？（《论语·为政》）

这几个例子中的"胡""曷""奚"都充当状语。例（2）中的"曷"是"何时"的意思，并不是"归"的宾语。"曷"在《诗经》中经常用来询问时间，也是"何时"之意，可以作定语，也可作状语。例如：

（1）怀哉怀哉！曷月予还归哉？（《诗经·王风·扬之水》）

（2）我日构祸，曷去能穀？（《诗经·小雅·四月》）

例（1）"曷"充当定语，例（2）充当状语。

"胡""曷""奚"作宾语，常和介词"以""为"组成"奚以""胡为""曷为"这样的介宾词组，在句中充当状语，询问原因，也是"为什么"的意思。例如：

（1）奚以之九万里而南为？（《庄子·逍遥游》）

（2）已矣乎，寓形宇内复几时？曷不委心任去留？胡为乎遑遑欲何之？（《归去来兮辞》）

（3）孟子三见宣王，不言事。门人曰："曷为三遇齐王而不言事？"（《荀子·大略》）

（三）处所疑问代词

"何""奚"有时也可以称代处所，相当于"哪里""什么地方"。例如：

（1）胶鬲曰："西伯将何之？无欺我也。"武王曰："不子欺，将之殷也。"（《吕氏春秋·贵因》）

（2）颜回见仲尼，请行，曰："奚之？"曰："将之卫。"（《庄子·人间世》）

"安""恶""焉"主要用来称代处所，在句中充当宾语或状语。例如：

（1）沛公安在？（《史记·项羽本纪》）

（2）居恶在？仁是也；路恶在？义是也。（《孟子·尽心上》）

（3）文侯将出，左右曰："今日饮酒乐，天又雨，公将焉之？"（《战国策·魏策》）

（4）以君之力，曾不能损魁父之丘，如太行王屋何？且焉置土石？（《列子·汤问》）

四、无定代词

"或"和"莫"是古代汉语特有的无定代词。"或"是肯定性无定代词，"莫"是否定性无定代词，都只作主语。

（一）无定代词"或"

"或"通常用来指人，而且只用作主语。例如：

（1）或问乎曾西曰："吾子与子路孰贤？"（《孟子·公孙丑上》）

（2）或告之曰："是非君子之道。"（《孟子·滕文公下》）

（3）如或知尔，则何以哉？（《论语·先进》）

现代汉语没有和它相当的代词，译成现代汉语可译作"有人"。

有时候"或"前面出现先行词，"或"指代其中的某些人或某一个人。例如：

（1）唐人或相与谋。（《左传·定公三年》）

有些唐国人在一起商议。

（2）宋人或得玉。（《左传·襄公十五年》）

有一个宋国人得到一块儿玉。

在古代汉语里，常常用两个以上的"或"，前后相应，以表示列举。在这种情况下，"或"仍然是无定代词，它既可以指人（译为"有人"），又可以指物（译为"有的"）。例如：

（1）或百步而后止，或五十步而后止。（《孟子·梁惠王上》）

（2）夫物之不齐，物之情也：或相倍蓰，或相什百，或相千万。（《孟子·滕文公上》）

这种用法的"或"字并不是表示选择的连词，不能译为"或"，这是应该注意的。

（二）无定代词"莫"

否定性无定代词"莫"在句中作主语，指称人时意思是"没有谁"，指称事物时意思是"没有什么"。例如：

（1）虽使五尺之童适市，莫之或欺。（《孟子·滕文公上》）

（2）客皆背魏之赵，莫敢劝公子归。（《史记·魏公子列传》）

（3）奏刀騞然，莫不中音。（《庄子·养生主》）

例（1）、例（2）中的"莫"，称代人，例（3）的"莫"称代事物。

"莫"在汉代以后发展出了否定副词的用法，表示禁止性的否定，相当于"不要"。现代汉语还保留了这一用法。

思考与练习

一、填空题

1. 古代汉语里的代词可分为人称代词、_____、_____、无定代词四类。

2. 疑问代词"谁"主要用于_____，作宾语时要放在动词前面。

3. "或"和"莫"是古代汉语特有的_____，都只作主语。

二、找出下列句中的代词，并说明其所属的代词类别，是人称代词的，说明其在句中所指称的对象

1. 彼竭我盈，故克之。（《左传·庄公十年》）

2. 大王来操何？（《史记·项羽本纪》）

3. 膑至，庞涓恐其贤于己，疾之。（《史记·孙子吴起列传》）

4. 若为佣耕，何富贵也。（《史记·陈涉世家》）

5. 雍姬知之，谓其母曰："父与夫孰亲？"其母曰："人，尽夫也；父，一而已。胡可比也？"（《左传·桓公十五年》）

6. 天下之水莫大于海。（《庄子·秋水》）

7. 奚以之九万里而南为？（《庄子·逍遥游》）

8. 微斯人，吾谁与归？（《岳阳楼记》）

常见的重要虚词

虚词是指那些意义比较抽象，基本不能明确地表示意义，而只能组织实词使句子结构完整的词，它是构成文言句子不可或缺的部分。古今汉语中，差别最大的不是实词，而是虚词。虚词在古代汉语的地位是极其重要的。它们的使用频率高，语法作用大，用法相当复杂且非常灵活。清代袁仁林说过，"千言万语，止此几个虚词出入参伍其间，而运用无穷"。正因为用法复杂，才给我们现代人阅读文言文增加了非常大的难度，就连古人也觉得"实字易训，虚词难释"（《经传释词序》）。因此，我们要想真正读懂古文，了解并掌握虚词在文中的用法是非常必要的。

虚词由于是从实词演化而来，所以大部分虚词都有实的含义，所谓"虚词不虚"。

一、介词

介词是由动词虚化而来的一个词或类别，介词和动词一样都能带宾语，但是它们的语法功能不同。动词在句子里主要是充当谓语，是实词；介词带宾语构成介宾结构，在句子中不能做谓语，主要用在谓语前面做状语，或用在谓语后面做补语。

（一）"于"字用法

"于"是介词，总是跟名词、代词或短语结合，构成介宾短语去修饰动词、形容词，表示多种组合关系。

引进动作的时间、处所、范围、对象、方面、原因等，视情况可译为"在""在……方面""在……中""向""到""从""自""跟""同""对""对于""给""由于"等。例如：

（1）遂置姜氏于城颍。（《左传·隐公元年》）

（2）虎兕出于柙。（《论语·季氏》）

（3）寡人之于国也，尽心焉耳矣。（《孟子·梁惠王上》）

放在形容词之后，表示比较，一般可译为"比"，有时可译为"胜过"。例如：

（1）青，取之于蓝而胜于蓝。（《荀子·劝学》）

（2）季氏富于周公。（《论语·季氏》）

放在动词之后，引进行为的主动者，可译为"被"，有时动词前还有"见""受"等字和它相应。例如：

（1）李氏子蟠，……不拘于时。（韩愈《师说》）

（2）劳心者治人，劳力者治于人；治于人者食人，治人者食于人。（《孟子·滕文公上》）

复音虚词"于是"，用法与现代汉语的"于是"不完全相同。

放在句子开头，表前后句的承接或因果关系，与现在的承接连词或因果连词相同。现代汉语也这样用。例如：

于是葬死者，问伤者，养生者……（《勾践灭吴》）

放在谓语之前或谓语之后，"于是"属介宾短语作状语或补语。可根据"于"的不同用法，分别相当于"在这""从这"等。例如：

（1）吾祖死于是，吾父死于是。（《捕蛇者说》）

（2）遂墨以葬文公，晋于是始墨。（《左传·僖公三十二年》）

（二）"以"字用法

"以"用作介词，主要有以下几种情况：

表示动作、行为所用或所凭借的工具、方法及其他，可视情况译为"用""拿""凭借""依据""按照""用（凭）什么身份"等。例如：

（1）乃入见。问："何以战？"（《左传·庄公十年》）

（2）野马也，尘埃也，生物之以息相吹也。（《庄子·逍遥游》）

（3）斧斤以时入山林。（《孟子·梁惠王上》）

起提宾作用，可译为"把""用"。例如：

（1）五亩之宅，树之以桑。（《孟子·梁惠王上》）

（2）吾道一以贯之。（《论语·里仁》）

表示动作、行为产生的原因，可译为"因""由于"。例如：

（1）罚所及，则无以怒而滥刑。（《谏太宗十思疏》）

（2）君子不以言举人，不以人废言。（《论语·卫灵公》）

引进动作、行为发生的时间和处所，用法同"于"，可译为"在""从"。例如：

（1）余以乾隆三十九年十二月，自京师乘风雪，……至于泰安。（《登泰山记》）

（2）文以五月五日生。（《史记·孟尝君列传》）

表示动作、行为的对象，用法同"与"，可译为"和""跟"，有时可译为"率领""带领"。例如：

（1）天下有变，王割汉中以楚和。（《战国策·周策》）

（2）宫之奇以其族行。（《左传·僖公五年》）

（三）"为"字用法

"为"用作介词。除表被动外，一般读去声，主要有以下几种情况。

引进动作、行为所涉及或服务的对象。可译为"向""对""替""给"等。例如：

（1）此中人语云："不足为外人道也。"（《桃花源记》）

（2）及庄公即位，为之请制。（《左传·隐公元年》）

引进动作、行为的时间。可译为"当""等到"等。例如：

为其来也，臣请缚一人过王而行。（《晏子使楚》）

引进动作、行为的目的。可译为"为了""为着"。例如：

媪之送燕后也，持其踵为之泣。（《战国策·赵策》）

引进动作、行为的原因。可译为"因为""由于"。例如：

天行有常，不为尧存，不为桀亡。（《荀子·天论》）

表示被动关系。读阳平声，可译为"被"。"为"所引进的是动作行为的主动者；有时亦可不出现主动者；有时跟"所"结合，构成"为所"或"为……所"。例如：

（1）此二子（比干、伍子胥）者，世谓忠臣也，然卒为天下笑。（《庄子·盗跖》）

（2）不者，若属皆且为所虏。（《史记·项羽本纪》）

二、连词

连词是指连接两个或两个以上词、词组、分句或句子，表示它们之间的语法关系或逻辑关系的虚词。连词与介词的区别在于，介词可以带宾语，以介宾结构的形式作谓语的状语或补语，连词只能起连接作用，不能带宾语。

（一）"与"字用法

"与"作连词，表示并列关系，一般用来连接并列结构中的名词、代词、名词性短语，可译为"和"。例如：

（1）知可以战与不可战者，胜。（《孙子·谋攻》）

（2）勾践载稻与脂于舟以行。（《国语·越语》）

（二）"而"字用法

"而"用作连词。可连接词、短语和分句，表示多种关系。

表示并列关系。一般不译，有时可译为"又"。例如：

蟹六跪而二螯。（《荀子·劝学》）

表示递进关系。可译为"并且"或"而且"。例如：

士不可以不弘毅，任重而道远。（《论语·泰伯》）

表示承接关系。可译为"就""接着"，或不译。例如：

觉而起，起而归。（《始得西山宴游记》）

表示转折关系。可译为"但是""却"。例如：

危而不持，颠而不扶，则将焉用彼相矣。（《论语·季氏》）

表示假设关系。可译为"如果""假如"。例如：

（1）子产而死，谁其嗣之？（《左传·襄公三十年》）

（2）人而无信，不知其可也。（《论语·为政》）

表示修饰关系，即连接状语。可不译。例如：

（1）吾尝终日而思矣。（《荀子·劝学》）

（2）长驱到齐，晨而求见。（《战国策·齐策》）

（三）"以"字用法

"以"用作连词。用法和"而"有较多的相同点，只是不能用于转折关系。

表示并列或递进关系，常用来连接动词、形容词（包括以动词、形容词为中心的短语），可译为"而""又""而且""并且"等，或者省去。例如：

（1）归去来兮，请息交以绝游。（《归去来兮辞》）

（2）夫夷以近，则游者众；险以远，则至者少。（《游褒禅山记》）

表示承接关系，"以"前的动作行为，往往是后一动作行为的手段或方式。可译为"而"或省去。例如：

（1）引壶觞以自酌。（《归去来兮辞》）

（2）若潜师以来，国可得也。（《左传·僖公三十二年》）

表示目的关系，"以"后的动作行为往往是前一动作行为的目的或结果。可译为"而""来""用来""以致"等。例如：

（1）故远人不服，则修文德以来之。（《论语·季氏》）

（2）晋灵公不君，厚敛以彫墙。（《左传·宣公二年》）

表示因果关系，常用在表原因的分句前，可译为"因为"。例如：

晋侯、秦伯围郑，以其无礼于晋，且贰于楚也。（《左传·僖公三十年》）

表示修饰关系，连接状语，可译为"而"，或省去。例如：

（1）木欣欣以向荣，泉涓涓而始流。（《归去来兮辞》）

（2）早夜以思，去其不如周公者。（《原毁》）

（四）"则"字用法

"则"用作连词，可表示多种关系。

表示承接关系。一般用来连接两个分句或紧缩复句中的前后两层意思，表示两件事情在时间上、事理上的紧密联系。可译为"就""便"或译为"原来是""已经是"。例如：

故木受绳则直，金就砺则利。（《荀子·劝学》）

表示假设关系。有的用在前一分句，引出假设的情况，相当于"假使""如果"；有的用于后面的分句，表示假设或推断的结果，相当于"那么""就"。例如：

（1）彼则肆然而为帝，则连有赴东海而死耳。（《战国策·赵策》）

秦国加入肆无忌惮的称帝的话，那么我鲁仲连只有跳进东海去死了。

（2）若弗与，则请除之。（《左传·隐公元年》）

（3）向吾不为斯役，则久已病矣。（《捕蛇者说》）

（4）且夫水之积也不厚，则其负大舟也无力。（《庄子·逍遥游》）

表示并列关系。这种用法都是两个以上的"则"连用，每个"则"字都用在意思相对、结构相似的一个分句里，表示两个（或两个以上）分句之间（不是表示两词之间）是并列关系。可译为"就"，或不译。例如：

（1）位卑则足羞，官盛则近谀。（《师说》）

（2）名不正则言不顺。（《论语·子路》）

表示转折、让步关系。表示意思有转折时，"则"字用在后一分句，可译为"可是""却"；表示姑且承认一件事，预备下句转入正意时，"则"字用在前一分句，可译为"虽然""倒是"。例如：

于其身也，则耻师焉，惑矣。（《师说》）

善则善矣，未可以战也。（《国语·吴语》）

三、助词

助词主要包括结构助词和语气助词两类，是为了结合结构和凑足音节而使用的起辅助作用的虚词。

（一）结构助词

1. "者"字用法

用于判断句、陈述句的主语后，表示停顿、舒缓语气、启引下文作用。例如：

（1）天下者，高祖天下。（《史记·魏其武安侯列传》）

（2）齐人有冯谖者，贫者不能自存。（《战国策·齐策》）

用于主语之后，引出原因。例如：

（1）孟尝君为相数十年，无纤介之祸者，冯谖之计也。（《战国策·齐策》）

（2）吾妻之美我者，私我也。（《战国策·齐策》）

用于疑问句末，表示疑问，相当于"哉"。

（1）尧又曰："谁可者？"（《史记·五帝本纪》）

（2）谁为大王为此计者？（《史记·项羽本纪》）

2. "所"字用法

"所"字加动词或形容词，相当于名词。例如：

（1）夫吏之所税，耕者也。（《韩非子·里学》）

（2）衣食所安，弗敢专也。（《左传·庄公十年》）

"所"字还可以与其他一些词组成"所"字结构。例如：

（1）其北陵，文王之所风雨也。（《左传·僖公三十二年》）

（2）王之所大欲可得闻与？（《孟子·梁惠王》）

3. "之"字用法

结构助词，表示领属，译作"的"，最为常用。例如：

（1）穷发之北，有冥海者，天池也。（《庄子·逍遥游》）

（2）景公欲更晏子之宅。（《左传·昭公三年》）

结构助词，放在主谓之间，取消句子独立性，使主谓句降为偏正短语，充当句子主语、谓语、宾语等，一般不译。例如：

（1）鲲之大，不知其几千里也。（《庄子·逍遥游》）

（2）天下之大道也久矣。（《论语·八佾》）

结构助词，提前宾语的标志。例如：

（1）姜氏何言之有？（《左传·隐公元年》）

（2）其此之谓乎。（《礼记·学记》）

（3）宋何罪之有？（《墨子·公输》）

衬音助词，起凑足音节的作用。例如：

（1）公将鼓之。（《左传·庄公十年》）

（2）顷之，燕昭王卒，惠王立。（《史记·田单列传》）

（二）语气助词

1. "也"字用法

"也"多用在判断句句尾，加强判断肯定语气，也可以用在陈述句尾和疑问句尾。

句尾"也"。用于判断句尾，例如：

（1）南冥者，天池也。（《庄子·逍遥游》）

（2）古之人有行之者，文王是也。（《孟子·梁惠王》）

用于陈述句尾，例如：

（1）朽木不可雕也，粪土之墙不可污也。（《论语·公冶长》）

（2）左右以君贱之也，食以草具。（《战国策·齐策》）

用于祈使句、感叹句尾，例如：

（1）不及黄泉，无相见也。（《左传·隐公元年》）

（2）恶！是何言也！（《孟子·公孙丑下》）

句中"也"。多用在句中的主语、状语后，表示语气停顿，对上文是强调，对下文是提示。例如：

（1）大隧之中，其乐也融融。（《左传·隐公元年》）

（2）赤也为之小，孰能为之大？（《论语·先进》）

2. "乎"字用法

可用在疑问句尾表疑问语气，也可用在感叹句尾表感叹语气。

疑问句尾，可表示询问、反问和推测三种情况。

表询问，"乎"可翻译为"吗"或"呢"。例如：

（1）何伤乎？亦各言其志也。（《论语·先进》）

（2）冯公有亲乎？（《战国策·齐策》）

表反问，"乎"可以译为"吗"或"呢"。例如：

（1）王侯将相，宁有种乎？（《史记·陈涉世家》）

（2）圣人之忧民如此，而暇耕乎？（《孟子·许行》）

表推测，句中常有"其、无乃、得无"等词语相配合，增加推测委婉语气，一般可以译为"呢"。例如：

（1）日食饮得无衰乎？（《战国策·赵策》）

（2）君反其国而私也，毋乃不可乎？（《礼记》）

感叹句尾。多表示呼唤或感叹语气，可以译作"啊"。例如：

（1）参乎！吾道一以贯之。（《论语·里仁》）

（2）惜乎！吾见其进也，未见其止也。（《论语·子罕》）

3. "与"（欤）字用法

语气词"与"，秦以后多写作"欤"。

疑问句尾。在是非问句尾一般不表示纯粹的疑问，而是说话人心目中已有了某种看法，但还不能深信不疑，提出来要求证实。例如：

（1）曰："是鲁孔丘与？"曰："是也。"（《论语·微子》）

（2）虎兕出于柙，龟玉毁于椟中，是谁之过与？（《论语·季氏》）

感叹句尾。例如：

（1）天之道，其犹张弓与！（《老子》）

（2）若斯之美欤！（《宣州新兴寺碑序》）

思考与练习

一、指出下列句中的介词，说明其用法和意义

1. 庖丁为文惠公解牛。（《庄子·养生主》）

2. 贫生于不足，不足生于不农。（《论贵粟疏》）

3. 吾闻先即制人，后即为人所治。（《史记·项羽本纪》）

4. 扶苏以数谏故，上使外将兵。（《史记·陈涉世家》）

5. 君子不以人举言，不以人废言。（《论语·卫灵公》）

二、说明下列句中"而"的用法

1. 太后盛气而揖之。（《战国策·赵策》）

2. 因释其耒而守株，冀复得兔。（《韩非子·五蠹》）

3. 吾尝终日而思矣，不如须臾之所学也。（《荀子·劝学》）

4. 舟已行矣，而剑不行，求剑若此，不亦惑乎？（《吕氏春秋·察今》）

5. 子路拱而立。（《论语·微子》）

三、论述题

1. 根据下列例句解释"之"的词性、意义，简要归纳其用法。

（1）奚以之九万里而南为？（《庄子·逍遥游》）

（2）之二虫又何如？（《庄子·逍遥游》）

（3）夫宋，何罪之有？（《墨子·公输》）

（4）鲍叔牙之为人也：清廉洁直。（《吕氏春秋·贵公》）

（5）王见之，曰："牛何之？"（《孟子·以羊易牛》）

（6）一闻人之过，终身不忘。（《吕氏春秋·贵公》）

2. 根据下列例句解释"以"的词性、意义，简要归纳其用法。

（1）儒以文乱法，侠以武犯禁。（《韩非子·五蠹》）

（2）夫夷以近，则游者众；险以远，则至者少。（《游褒禅山记》）

（3）晋侯复假道于虞以伐虢。（《左传·僖公五年》）

（4）赏以春夏，刑以秋冬。《左传·襄公二十六年》

（5）斧斤以时入山林，材木不可胜用也。（《孟子·梁惠王上》）

文史知识拓展

说"善"话"美"

众所周知，"善"本属于伦理学范畴，表示一种肯定性评价，与"恶"相对。中国文化史上，由于先秦儒家美学学派以美附于善，故而亦把"善"引入美学，使之成为一个使用广泛的美学范畴。

历史上，率先引此范畴入审美领域的正是儒门开山鼻祖——孔子。据《论语》记载，他在齐国听到《韶》乐，曾陶醉得"三月不知肉味"。在他看来，《韶》乐"尽美矣，又尽善也"，而《武》乐"尽美矣，未尽善也"。在此音乐审美评价中，"美"是对审美对象之美的形式的最高评价；"善"是对符合于一定道德标准的内容的最高评价。

按照孔子的美学思想，诵读一首诗歌，评价一部作品，不单单要掌握艺术标准，注意艺术形象美不美，而且要掌握政治道德标准，看其内容善不善。从他主张以"仁"为"乐"的底蕴、批评《武》乐"未尽善"、赞美《关雎》"乐而不淫"和以"思无邪"论定《诗》三百等，以及再三强调"知礼""尽礼"可知，他是把"善"看得比"美"更高，以"善"为艺术审美评价之首要标尺的。

强调"美善统一"，主张美学思想和伦理思想的紧密结合，是儒家美学及其影响下数千年以来传统美学一大特色。

有人指出，汉字中的"美"和"善"在字体结构上有一明显共同之处，就是两者的上半部都有一个"羊"字。正因为如此，汉代人许慎在其所著的《说文解学》里以"羊大"释"美"时，又特别指出"美与善同意"。如此流行说法未必就那么准确可靠，但是，我国古代一向把"善"与"美"作为同义词使用则是事实。

"君子修美"，这是出自《淮南子》的一句话。此"美"作为对人格的评价实际上指的正是士人君子内在道德的善，因此，高诱注曰："美，善也。"又如，《离骚》云："世溷浊而嫉贤兮，好蔽美而称恶。"这里，"美"与"恶"相对，前者亦非常明显是作为"善"的同义词来使用的。

这种"同美善"的观念，自先秦以来十分流行。孔子作为儒家学派的奠基人，其哲学思想是以"仁"为核心的，自然而然，他的美学理论也被打上十分鲜明的伦理烙印。他不但时时联系善来讨论美，而且将美和善直接等同起来，视为一流，因而每每说："里仁为美""尊五美，屏四恶，斯可以从矣""如有周公之才之美，使骄且吝，其余不足观也已""周监于二代，郁郁乎文哉"，等等。

正因为主张以"仁为美"，所以孔子才强调："人而不仁，如礼何？人而不仁，如乐何？"认为一个内心不仁不善者，是不可能真正讲礼乐讲审美的。他抨击季氏"八佾舞于庭"，正基于此立场。至于他对《诗经》开篇之章《关雎》的不尽赞美，毫无疑问，也恰恰是按照儒家提倡的"中和之美"的善美原则作出评价的。

作为高扬"仁学"的孔子衣钵的直接继承人，孟子在看到美与善的差别的同时，也指出和肯定两者的联系。他提出的"充实之谓美"这一重要命题，按照后人赵岐的解释，其内涵正是"充实善信，使之不虚，是为美，美德之人也"。荀子也是这样，他说"君子崇人之德，扬人之美""言己之光美，拟于舜、禹，参于天地，非夸诞也"，等等，这里的"美"也相当于"善"。

汉语当中，与"美"同义使用的词语还有一个"好"。翻开《荀子》一书，我们还可以读到如下语句："君子能亦好，不能亦好；小人能亦丑，不能亦丑。"这里的"好"，不仅仅指形貌体态而更多与道德品行相关，其意思也就是指"善"，也就是指"美"。在荀子看来，大凡内容"美""好"，又以好的形式表现出来的东西，就是美的东西；反之，当然为丑。

古代中国文化史上，"同美善"的观念虽然主要来自儒家，但是，把"美"与"善""好"同义或混合使用，却并非孔子及其弟子们的独家专利。事实上，这在先秦其他学派那里也并非鲜见。

墨子就说过"美章而恶不生""务善则美"；韩非子也提出"君子不蔽人之美，不言人之恶""诸用事之人，一心同辞以语其美，则主言恶者必不信矣"。凡此种种，恕不一一列举。总而言之，中国历史上有许多思想家、美学家和艺术家都不约而同地肯定了审美感与道德感的一致性。

在此传统美学观念支配之下，古代大多数文艺家、美学家在处理美与善的关系时，总是自觉或不自觉地让美和艺术服务于善，服务于教化、善化的社会性目的。

他们强调美与艺术价值的时候，大都以美的形式和善的内容相统一为前提，并且往往把善的内容置于更高也更重要的地位，认为只有这种内容和形式相统一的美才是完善的美、理想的美。

他们讨论艺术的功用时，都非常注重文艺作品的社会功利性，以之为决定作品价值的一大关键，竭力主张文以致用，有助社会教化，有益世道人心。《文心雕龙》作者主张"明道""宗经"，唐宋以来文学家们提倡"文以载道"等，皆是明证。

此外，他们也都主张寓教于乐，乐中有教，在"娱乐观赏"之中，在"赏心悦目"之中，潜移默化地使伦理道德深入人心。

"美善相乐"，这是数千年中国文化历史性铸就的悠久传统之一，直到今天，它仍以不可抗拒的力量在我们的精神与物质生活中发挥着巨大的作用。

（资料来源：邓乾德. 诸子百家：现代版［M］. 青海：青海人民出版社，1999）

汉魏晋文

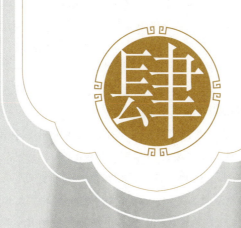

文选

导读

司马迁（前145年或前135年—不可考），字子长，生于龙门（西汉夏阳，即今陕西省韩城市，另说今山西省河津市），西汉史学家、文学家、思想家。司马谈之子，任太史令，被后世尊称为史迁、太史公、历史之父。他在先秦散文的基础上，在汉代历史条件下，创作了代表传记文学高峰的《史记》。《史记》原名《太史公书》，是一部纪传体通史，分八书十表十二本纪三十世家七十列传，共一百三十章，以人物传记为主线，辅以各类专题，奠定了后世官修史书的风格体例。《史记》除了是一部史学名著，更是一部文学名著、散文精品。司马迁饱读万卷书，查阅各类诗书典籍，也曾在年轻时游历全国各地，现场考证，行万里路，《史记》是司马迁一生心血凝聚而成。

范晔（398—445年），字蔚宗，顺阳郡顺阳县（今河南省淅川县李官桥镇）人。南朝宋时期著名史学家、文学家、官员。东晋安北将军范汪曾孙、豫章太守范宁之孙、侍中范泰之子。著作《后汉书》，博采众书，结构严谨、属词丽密，与《史记》《汉书》《三国志》并称"前四史"。《后汉书》大部分沿袭《史记》《汉书》的现成体例，大体是按照时代的先后进行排列的。《诫兄子严敦书》选自《后汉书》卷二十四《马援列传》。马援（前14年—公元49年），陕西扶风茂陵人，谥为忠成侯。祖先是战国时赵国名将赵奢，东汉开国功臣之一。其"老当益壮""马革裹尸"的气概甚得后人的崇敬。

刘义庆（403—444年），字季伯，彭城（今江苏省徐州市）人，南朝宋宗室、文学家。宋武帝刘裕之侄，长沙景王刘道怜次子，其叔父临川王刘道规无子，即以刘义庆为嗣，袭封南郡公。著有《徐州先贤传》《江左名士传》《世说新语》。《世说新语》，原名《世说》，中国最早的一部文言志人小说集，是中国魏晋南北朝时期"笔记小说"的代表作。《世说新语》依内容可分为"德行""言语""政事""文学""方正"等三十六类（分上、中、下三卷），每类有若干则故事，全书共一千二百多则，每则文字长短不一，有的数行，有的三言两语，由此可见笔记小说"随手而记"的诉求及特性。

陶渊明（约365—427年），字元亮，晚年更名潜，别号五柳先生，私谥靖节，世称靖节先生，浔阳柴桑（今江西九江）人，东晋杰出诗人、辞赋家、散文家，被誉为"隐逸诗人之宗""田园诗派之鼻祖"，江西首位文学巨匠。陶渊明诗文感情真挚、朴素自然、清高耿介、洒脱恬淡，影响了几代文人的思想和创作。

项羽本纪（节录）

📖 说明

　　《项羽本纪》收录于《史记》第七卷，它写的是关于西楚霸王项羽的本纪，通过叙述秦末农民大起义和楚汉之争的辽阔历史场面，生动而又深刻地描述了项羽一生。本文为节录部分，记叙的是项羽这位悲剧英雄的最后生涯，主要表现他失败时的英雄风采。

　　项王军壁垓下[1]，兵少食尽，汉军及诸侯兵围之数重。夜闻汉军四面皆楚歌[2]，项王乃大惊，曰："汉皆已得楚乎？是何楚人之多也！"项王则夜起，饮帐中。有美人名虞，常幸从[3]；骏马名骓[4]，常骑之。于是项王乃悲歌慷慨[5]，自为诗曰："力拔山兮气盖世，时不利兮骓不逝[6]。骓不逝兮可奈何[7]，虞兮虞兮奈若何！"歌数阕，美人和之[8]。项王泣数行下，左右皆泣，莫能仰视。

[1] 壁：营垒。此处用作动词，有扎营之意。

[2] 楚歌：楚国人用楚语唱的歌曲。

[3] 虞：虞姬，项羽宠妾。幸：为帝王所宠爱。

[4] 骓（zhuī）：黑白杂色的马。

[5] 慨：悲愤之状。

[6] 不逝：不能向前行进。这里暗指项羽被重重围困，难以逃脱。

[7] 可奈何：将怎么办呢？奈若何：把你怎样安顿呢？若，你。

[8] 数阕（què）：几遍。阕，乐歌终了一次叫作"一阕"。和（hè）之：应和，跟着唱。

　　于是项王乃上马骑，麾下壮士骑从者八百余人[1]，直夜溃围南出[2]，驰走。平明，汉军乃觉之，令骑将灌婴以五千骑追之[3]。项王渡淮，骑能属者百余人耳。项王至阴陵[4]，迷失道，问一田父[5]，田父绐曰"左[6]"。左，乃陷大泽中[7]，以故汉追及之。项王乃复引兵而东，至东城[8]，乃有二十八骑，汉骑追者数千人。项王自度不得脱[9]，谓其骑曰："吾起兵至今八岁矣，身七十余战，所当者破[10]，所击者服，未尝败北，遂霸有天下。然今卒困于此，此天之亡我，非战之罪也。今日固决死，愿为诸君快战[11]，必三胜之，为诸君溃围，斩将，刈旗[12]，令诸君知天亡我，非战之罪也。"乃分其骑以为四队，四向[13]。汉军围之数重。项王谓其骑曰："吾为公取彼一将。"令四面骑驰下，期山东为三处[14]。于是项王大呼驰下，汉军皆披靡[15]，遂斩汉一将。是时赤泉侯为骑将[16]，追项王，项王瞋目而叱之[17]，赤泉侯人马俱惊，辟易数里[18]，与其骑会为三处。汉军不知项王所在，乃分军为三，复围之。项王乃驰，复斩汉一都尉，杀数十百人，复聚其骑，亡其两骑耳。乃谓其骑曰："何如？"骑皆伏，曰："如大王言[19]！"

[1] 麾（huī）下：部下。麾，旌旗的一种，做指挥用。

[2] 直：当。溃围：突破重围。

[3] 骑（jì）：单乘，一人乘一马。

[4] 属（zhǔ）者：随从。阴陵：在今安徽定远县西北。

[5] 田父（fǔ）：农夫。

[6] 绐（dài）：欺骗。

[7] 左：方位名词用作动词，向左行之意。陷大泽中：陷入泥泞低洼之地。

[8] 东城：在今安徽定远县东南50千米处。

[9] 度（duó）：揣测，估计。

[10] 所当者：所遇到的敌人。身：用作动词，亲身参加。

[11] 快战：一作"决战"。这里指痛痛快快地打一仗。

[12] 刈（yì）旗：砍倒敌方军旗。刈，割，砍。

[13] 四向：向着四面。

[14] 期山东为三处：约定在山的东面，分做三处集合。山，即四隤（tuí）山，在今安徽省和县北75千米处。

[15] 披靡：草木随风倒伏，喻军队溃逃。

[16] 赤泉侯：名杨喜，因追击项羽有功而被封为赤泉侯。此时尚未封侯，当是史家追书之辞。

[17] 瞋（chēn）目：张目，意为瞪大眼睛。

[18] 辟易：受惊吓而退避。辟，同"避"，作为"开"解。易，易地，挪地方。

[19] 伏：通"服"，心服。

于是项王乃欲东渡乌江[1]。乌江亭长檥船待[2]，谓项王曰："江东虽小，地方千里，众数十万人，亦足王也。愿大王急渡。今独臣有船，汉军至，无以渡。"项王笑曰："天之亡我，我何渡为！且籍与江东子弟八千人渡江而西，今无一人还，纵江东父兄怜而王我[3]，我何面目见之？纵彼不言，籍独不愧于心乎？"乃谓亭长曰："吾知公长者[4]。吾骑此马五岁，所当无敌，尝一日行千里，不忍杀之，以赐公！"乃令骑皆下马步行，持短兵接战[5]。独籍所杀汉军数百人。项王身亦被十余创[6]，顾见汉骑司马吕马童[7]，曰："若非吾故人乎？"马童面之[8]，指王翳曰："此项王也[9]。"项王乃曰："吾闻汉购我头千金，邑万户[10]，吾为若德[11]！"乃自刎而死[12]。王翳取其头，余骑相蹂践争项王，相杀者数十人。

[1] 乌江：今安徽省和县东北40千米处的乌江浦。

[2] 亭长：乡官，秦汉时每十里为一亭，设亭长一人。檥（yǐ）：找船着岸。

[3] 纵：即使。

[4] 长者：年高有德之人。

[5] 短兵：短小轻便的武器，如刀、剑等。

[6] 被：受。创：伤。

[7] 顾见：回头看见。骑司马：骑将衔名。吕马童原系项羽部下，故下文以"故人"称之。

[8] 面之：面向项羽，本为项羽旧部，不好意思面对，今被项羽识出，只好面对他。

[9] 指王翳：将（项羽）指给王翳看。王翳：汉将，后封杜衍侯。杜衍：汉县名，在今河南省南阳西南。

[10] 邑万户：以万家之众的都邑来封赏。

[11] 吾为若德：意为我就送你个人情。德，此处指封侯受赏的好事。

[12] 刎（wěn）：抹脖子。

太史公曰：吾闻之周生曰"舜目盖重瞳子[1]"，又闻项羽亦重瞳子。羽岂其苗裔邪[2]？何兴之暴也[3]！夫秦失其政，陈涉首难，豪杰蜂起，相与并争，不可胜数。然羽非有尺寸[4]，乘埶起陇亩之中[5]，三年，遂将五诸侯灭秦[6]，分裂天下，而封王侯，政由羽出，号为"霸王"，位虽不终[7]，近古以来未尝有也。及羽背关怀楚[8]，放逐义帝而自立[9]，怨王侯叛己，难矣[10]。自矜功伐[11]，奋其私智而不师古[12]，谓霸王之业，欲以力征经营天下[13]，五年卒亡其国，身死东城，尚不觉悟而不自责，过矣[14]。乃引"天亡我[15]，非用兵之罪也"，岂不谬哉！

[1]太史公：太史令，司马迁自称。周生：周先生，汉时名儒，名字不详。盖：表推测意。重瞳子：一个眼睛里有两个眸子。

[2]苗裔：后代。

[3]暴：突然。

[4]尺寸：尺寸之地，指极少的封地。

[5]埶(shì)：通"势"。陇亩：田野，指民间。

[6]将：率领。五诸侯：齐、赵、韩、魏、燕五国，此处泛指楚以外的各路义军。

[7]不终：没取得较长远的好结果。

[8]背关怀楚：放弃关中，怀归楚地。

[9]放逐义帝：项羽之叔项梁起兵时，立楚王后代熊心为怀王，灭秦后项羽尊其为义帝。后项羽自立为西楚霸王，将义帝带往长沙郴县，并密令于途中将其杀死。

[10]难矣：意思是说项羽在这种情况下还想成功太难了。

[11]自矜：自负，自夸。功伐：指征伐之功业。

[12]私智：一己之能。师古：以古代成功立业的帝王为师。

[13]经营：治理、整顿。

[14]过矣：实在是大错特错。

[15]引：援引，以……为理由。

诫兄子严敦书

> ## 📖 说明
>
> 　　本文选自《后汉书》卷二十四《马援列传》，原传本无此题目，题目乃后人所加。作者是东汉名将马援。马援在交趾前线军中听说兄子（侄儿）马严、马敦二人好评人短长，论说是非，于是写了这封信进行劝诫。在信中，他教导严、敦二人不要妄议别人的过失短长，这是他平生最厌恶的，也不希望后辈染此习气。

　　援兄子严、敦并喜讥议，而通轻侠客[1]。援前在交趾[2]，还书诫之曰[3]：

　　"吾欲汝曹闻人过失[4]如闻父母之名，耳可得闻，口不可得言也。好议论人长短，妄是非正法[5]，此吾所大恶也[6]，宁死不愿闻子孙有此行也。汝曹知吾恶之甚矣，所以复言者，施衿结缡，申父母之戒[7]，欲使汝曹不忘之耳。

  "龙伯高敦厚周慎[8]，口无择言[9]，谦约节俭，廉公有威。吾爱之重之，愿汝曹效之。杜季良豪侠好义[10]，忧人之忧，乐人之乐，清浊无所失[11]，父丧致客[12]，数郡毕至。吾爱之重之，不愿汝曹效也。效伯高不得，犹为谨敕之士[13]，所谓'刻鹄不成尚类鹜'者也[14]；效季良不得，陷为天下轻薄子[15]，所谓'画虎不成反类狗'者也。讫今季良尚未可知[16]，郡将下车辄切齿[17]，州郡以为言[18]，吾常为寒心，是以不愿子孙效也。"

  [1] 通：交结。轻：轻浮。

  [2] 交阯：汉郡名，一作"交趾"，辖今越南北部；公元42年，光武帝派马援到交趾镇压征侧、征贰起义。

  [3] 还书：回信。

  [4] 汝曹：你们。曹，辈。

  [5] 妄：胡乱。是非：褒贬，评论。正法：正常的法制。

  [6] 恶：厌恶。

  [7] 施衿结缡，申父母之戒：古代女子出嫁，父母亲自为她系上带子、佩巾，并告诫一番。衿，带子。缡（lí），女子出嫁时所系的佩巾。申，申述，表明。

  [8] 龙伯高：名述，汉京兆（今陕西西安市西北）人。初任山都长。光武帝看到马援的信后，把他提升为零陵郡太守（治所在今湖南零陵）。

  [9] 口无择言：说话无可挑剔。择，通"殬"（dù）。

  [10] 杜季良：名保，京兆人，光武时任越骑司马，后因"为行浮薄，乱群惑众"罢官。

  [11] 清浊：谓善恶。无所失：俱与交好。

  [12] 致客：招致宾客。

  [13] 谨敕：谨慎敕饬，谨慎严肃。

  [14] 鹄：天鹅。鹜：鸭子。

  [15] 陷：堕落。

  [16] 讫今：至今。讫，通"迄"。

  [17] 郡将：郡守，地方行政区划的最高长官，兼掌全郡军事，故又称郡将。下车：到任。辄：总是，就。切齿：痛恨的样子。

  [18] 州郡以为言：州郡的人把这件事说给我听。

荀巨伯探友

📖 说明

  《荀巨伯探友》选自《世说新语·德行》。荀巨伯大老远去探望生病的友人，却遇上了战乱。荀巨伯不肯舍朋友而去，并且愿意牺牲自己以保全友人。入侵者被感动，撤兵而去，他的义举使得全郡得以保全。本文赞扬了荀巨伯重视友情、先人后己、舍生取义的高尚品质。

荀巨伯远看友人疾[1]，值胡贼攻郡[2]。友人语巨伯曰[3]："吾今死矣，子可去！[4]"巨伯曰："远来相视，子令吾去[5]，败义以求生[6]，岂荀巨伯所行邪[7]？"贼既至，谓巨伯曰："大军至，一郡尽空[8]；汝何男子，而敢独止？"巨伯曰："友人有疾，不忍委之，宁以吾身代友人命。"贼相谓曰："我辈无义之人[9]，而入有义之国。"遂班军而还，一郡并获全[10]。

[1]荀巨伯：东汉颍州（今属安徽省阜阳）人，生平不详，汉桓帝的义士。远：从远方。

[2]值：恰逢，赶上。胡：中国古代泛指居住在北部和西北部的少数民族，秦汉时一般指匈奴。

[3]语：动词，对……说，告诉。

[4]子可去：您可以离开这里。子，第二人称代词"您"的尊称。去，离开。

[5]令：使，让。吾：第一人称，我。

[6]败义以求生：败坏道义而苟且偷生。

[7]邪：句末语气词，表疑问，相当于吗、呢。

[8]郡：古代的行政区划，这里指城。

[9]无义之人：不懂道义的人。

[10]获全：得到保全。

任诞（节录）

📖 说明

《任诞》出自《世说新语》，记载了魏晋名士作达生活方式的主要表现。任诞指任性放纵，名士们主张言行不必遵守礼法，凭禀性行事，不做作，不受任何拘束，认为这样才能回归自然，才是真正的名士风流。在这种标榜下，许多人以作达为名，实际是以不加节制的纵情享乐为目的。

王子猷尝暂寄人空宅住[1]，便令种竹。或问："暂住何烦尔[2]！"王啸咏良久[3]，直指竹曰："何可一日无此君[4]？"

王子猷居山阴，夜大雪，眠觉，开室，命酌酒。四望皎然，因起彷徨，咏左思《招隐》诗[5]。忽忆戴安道[6]，时戴在剡[7]，即便夜乘小船就之[8]。经宿方至，造门不前而返[9]。人问其故，王曰："吾本乘兴而行，兴尽而返，何必见戴？"

[1]王子猷：王徽之，字子猷，王羲之的儿子。

[2]尔：这样。

[3]啸：类似于吹口哨。咏：吟咏。

[4]此君：指竹子，古人在对竹子的爱好中寄托了一种理想的人格。

[5]《招隐》：共两首，描写隐士生活。

[6]戴安道：戴逵。

[7] 剡：县名。

[8] 就：靠近，接近。

[9] 造：到，往。

归去来兮辞（节录）

扫一扫 学一学

📖 说明

《归去来兮辞》是一篇由晋宋之际文学家陶渊明所作的抒情小赋，创作于义熙元年（405年）作者辞官之初，是中国文学史上表现归隐意识创作之高峰。全文采用叙述与抒情双线结构，巧妙运用现实与想象交融的创作手法，描述了作者在回乡路上和到家后的情形，并设想日后的隐居生活。表达了作者对当时官场的厌恶和对农村生活的向往。

归去来兮[1]，田园将芜胡不归？既自以心为形役[2]，奚惆怅而独悲？悟已往之不谏[3]，知来者之可追。实迷途其未远[4]，觉今是而昨非[5]。舟遥遥以轻飏，风飘飘而吹衣。问征夫以前路[6]，恨晨光之熹微[7]。

乃瞻衡宇，载欣载奔[8]。僮仆欢迎，稚子候门。三径就荒[9]，松菊犹存。携幼入室，有酒盈樽。引壶觞以自酌，眄庭柯以怡颜[10]。倚南窗以寄傲，审容膝之易安[11]。园日涉以成趣[12]，门虽设而常关。策扶老以流憩，时矫首而遐观[13]。云无心以出岫[14]，鸟倦飞而知还。景翳翳以将入[15]，抚孤松而盘桓。

[1] 归去来：归去之意。来：语气词。

[2] 以心为形役：心灵为躯体所累。形，躯体。这句是说：为了免受饥寒，不得不违心去做官。

[3] 不谏：意为难以挽回。谏，劝止。

[4] 其：语助词，大概。今是：指现在退隐为是。

[5] 昨非：指过去出仕为非。

[6] 征夫：行人。前路：通往家乡的路径。

[7] 熹微：天色微明。

[8] 衡宇：横木为门的房屋。载：又。

[9] 三径：指隐士居住的庭园。据晋赵岐《三辅决录·逃名》：汉代兖州刺史蒋诩因王莽专权，辞官归家，在院子里竹林下开出三条小路，只和两个知己往来。就荒：接近荒芜。

[10] 引壶觞：举起酒壶酒杯。眄（miǎn）：斜视、流盼。庭柯：院内的树木。怡颜：容色和悦。

[11] 寄傲：寄托傲然自得的心情。审：深知。容膝：形容居室狭小只能容下双膝。易安：简易安适。

[12] 涉：涉足。趣：兴趣、爱好。

[13] 策：持着。扶老：拐杖。流憩（qì）：游览休息。矫首：抬头。遐观：远望。

[14] 无心：自然而然。岫（xiù）：山峰。

[15] 景：日光。翳翳：昏暗不明的样子。

归去来兮，请息交以绝游[1]。世与我而相违，复驾言兮焉求[2]？悦亲戚之情话[3]，乐琴书以消忧。农人告余以春及，将有事于西畴[4]。或命巾车，或棹孤舟[5]。既窈窕以寻壑，亦崎岖而经丘[6]。木欣欣以向荣，泉涓涓而始流[7]。善万物之得时，感吾生之行休[8]。

已矣乎[9]！寓形宇内复几时[10]，曷不委心任去留[11]？胡为遑遑欲何之[12]？富贵非吾愿，帝乡不可期[13]。怀良辰以孤往，或植杖而耘耔[14]。登东皋以舒啸[15]，临清流而赋诗。聊乘化以归尽[16]，乐夫天命复奚疑[17]！

[1] 息交、绝游：停止、断绝与世俗中人的交游。

[2] 驾言：代指出游。驾，驾车。言，语助词。焉求：何所求。

[3] 亲戚：乡里故人。情话：真心话。

[4] 春及：春天来到。事：农事。畴：田亩。

[5] 巾车：有帐幕的车。棹：桨，用如动词，划。

[6] 窈窕：幽深曲折的样子。壑：山谷。崎岖：高低不平的样子。丘：小山。

[7] 涓涓：细水慢流的样子。

[8] 得时：正得其时。行休：行将结束。

[9] 已矣乎：算了吧。

[10] 寓形：寄身。

[11] 曷：何。委心：随心。任去留：任其自然地死、生。

[12] 胡为：为什么。遑遑：匆忙的样子。何之：去哪儿。之，往。

[13] 帝乡：天帝所居之处，指仙境。

[14] 怀：希望。孤往：独自出游。植杖：把拐杖直插在田边。耘：除草。耔：培土。

[15] 东皋：东边的山冈。舒啸：放声长啸。

[16] 聊：姑且。乘化：顺应自然的变化。归尽：至死。

[17] 复奚疑：还有什么可疑虑的呢？

通论

古代汉语的句式

一、判断句

判断句是指根据谓语的性质给句子分类对事物属性作出判断，即说明某事物是什么，或不是什么的一种句型。

古代汉语的判断句与现代汉语明显不同，其特点是一般不用判断词，而是由名词或名词性词组直接充当谓语。例如：

（1）南冥者，天池也。（《庄子·逍遥游》）

（2）天下者，高祖天下。（《史记·魏其武安侯列传》）

（3）董狐，古之良史也。（《左传·宣公十五年》）

（4）贾生，洛阳之少年。（《贾谊论》）

用"者""也"帮助表示判断。例（1）在主语后用"者"，谓语后用"也"，是古代汉语判断句中常见的形式。例（2）至例（4），或单用"者"，或单用"也"，或两者都不用。

古代汉语表示否定判断，是在谓语之前加上"非"字。例如：

（1）楚虽大，非吾族也。（《左传·成公四年》）

（2）子非鱼，安知鱼之乐？（《庄子·秋水》）

（3）公非长者。（《史记·淮阴侯列传》）

（4）为畔逆以忧太后，非长策也。（《史记·吴王濞列传》）

这些例句中的"非"字，虽可以译成"不是"，但它是副词而不是判断词。

关于判断句，还需要注意以下四点。

第一，有些判断句表达的是说明描写的内容。就是说，有些判断句的谓语跟主语并不是同一事物或同一类事物，而只是对主语进行描写或加以解释说明。例如：

（1）君子之德，风；小人之德，草。（《论语·颜渊》）

（2）曹公，豺虎也。（《资治通鉴》）

（3）夫战，勇气也。（《左传·庄公十年》）

（4）千金，重币也；百乘，显使也。（《战国策·齐策》）

（5）蟹六跪而二螯。（《荀子·劝学》）

（6）高祖为人，隆准而龙颜，美须髯。（《史记·高祖本纪》）

例（1）、例（2）表示的是比喻性的判断，例（3）、例（4）表示的是解释说明性质的判断，例（5）、例（6）表示的是描写性的判断。

第二，古汉语判断句的谓语也可以由动词或动词性词组充当，这种谓语往往也是对主语的解释或说明。例如：

（1）庠者，养也；校者，教也；序者，射也。（《孟子·滕文公上》）

（2）不可，直不百步耳，是亦走也。（《孟子·滕文公上》）

（3）吾妻之美我者，私我也；妾之美我者，畏我也；客之美我者，欲有求于我也。（《战国策·齐策》）

（4）良庖岁更刀，割也；族庖月更刀，折也。（《庄子·养生主》）

例（1）、例（2）构成对主语的解释性判断，例（3）、例（4）构成说明原因的判断，主语表示事情的结果，谓语说明产生这种结果的原因。

第三，由名词或名词性词组构成的判断句，名词性谓语前可以使用副词或语气词，但它们不是修饰名词，而是修饰整个名词性谓语。例如：

（1）自是以来，诸用秦者，皆应、穰之类也。（《韩非子·定法》）

（2）夺项王天下者，必沛公也。（《史记·项羽本纪》）

（3）臣侍君宴，过三爵，非礼也。（《左传·宣公十五年》）

（4）汝诚人邪？（《段太尉逸事状》）

（5）此宜禽兽夷狄所不忍为。（《柳子厚墓志铭》）

（6）晋楚唯天所授。（《左传·成公十六年》）

这些例句中的"皆""必""非""诚""宜"都是副词，不能看成判断词；"唯"是语气词，也不要看成判断词。

第四，"是"的问题。在古代汉语里，有一些名词性谓语前用"是"的句子，很容易误认为是省略了主语的判断句，从而把"是"看成判断词。实际上，先秦时代的"是"是指示代词，经常用来充当判断句的主语，作用与代词"此"相当。例如：

（1）吾不能早用子，今急而求子，是寡人之过也。（《左传·僖公三十年》）

（2）我实不德，而以隶人之垣以赢诸侯，是吾罪也。（《左传·襄公三十一年》）

（3）是社稷之臣也，何以伐为？（《论语·季氏》）

（4）闻君行圣人之政，是亦圣人也。（《孟子·滕文公上》）

以上诸例中的"是"都充当主语。

现代汉语的判断词"是"是从古代汉语的指示代词"是"演变来的。"是"用做判断词在战国末和两汉人的著作中还只能见到少量例句。例如：

（1）韩是魏之县也。（《战国策·魏策》）

（2）此是何种也？（《韩非子·外储说左上》）

（3）此必是豫让也。（《史记·刺客列传》）

（4）固曰："此是家人言耳！"（《史记·儒林列传》）

这些例子中的"是"都可以看成是判断词。

二、被动句

被动是相对于主动而言的，二者都是就主语和谓语动词的关系说的。主动句的主语是谓语动词所表示的动作的发出者，是施事；被动句的主语是动作行为的对象，是受事。

古今汉语的被动句都可以分为两大类，一类没有结构标志，另一类有结构标志。没有结构标志的被动句只能通过上下文意去了解主语的被动性质，也叫意念型被动句。例如：

（1）蔓草犹不可除，况君之宠弟乎？（《左传·隐公元年》）

（2）子张问："十世可知也？"（《论语·为政》）

（3）管仲既用，任政于齐。（《史记·管晏列传》）

（4）昌邑王贺嗣位，官属皆征入。（《汉书·龚遂传》）

例（1）的"蔓草"是"除"的对象，例（2）的"十世"是"知"的对象，例（3）的"管仲"是"用"的对象，例（4）的"官属"是"征入"的对象，都是受事主语。

有结构标志的被动句，也叫结构型被动句。大体上有以下四种类型。

（一）"于（於）"字式

这种被动式中的"于（於）"是介词，作用是引介动作行为的主动者。例如：

（1）郄克伤于矢，流血及屦。（《左传·成公二年》）

（2）闵王毁于五国，桓公劫于鲁庄。（《荀子·王制》）

（3）劳心者治人，劳力者治于人。（《孟子·滕文公上》）

（4）吾闻用夏变夷者，未闻变于夷者也。（《孟子·滕文公上》）

这种被动句式是先秦时期比较常见的一种被动句式。在这种句子中，并不是"于（於）"字本身表示被动，而是由于"于（於）"字引进了行为的主动者，进一步明确了或改变了主语和宾语的施受关系，从而使全句具有了被动意义。

（二）"见"字式、"见……于……"式

这种被动句式中的"见"可看成表被动的助动词。由于"见"本身不能引进动作的主动者，所以用"见"表被动还可以再用介词"于（於）"引进动作的主动者。例如：

（1）盆成括见杀。（《孟子·尽心下》）

（2）延年自知见废。（《汉书·严延年传》）

（3）中郎将苏武使匈奴，见留二十年。（《汉书·苏武传》）

（4）吾长见笑于大方之家。（《庄子·秋水》）

（5）吾尝三仕三见逐于君。（《史记·管晏列传》）

（6）好尽言以招人过，国武子之所以见杀于齐也。（《争臣论》）

第（1）例至第（3）例单用助动词"见"，第（4）例至第（6）例用"见"又用"于（於）"引出主动者。

（三）"为"字式、"为……所……"式

用"为"表被动有两种情况，一种是"为"是介词，"为"后出现主动者。例如：

（1）止，将为三军获。（《左传·襄公十八年》）

（2）不为酒困。（《论语·子罕》）

（3）多多益善，何为为我禽？（《史记·淮阴侯列传》）

（4）今去不得，阳狂恐知，身死为世戮，奈何？（《汉书·龚遂传》）

另一种是，"为"的后面主动者不出现，"为"直接放在动词的前面表示被动。例如：

（1）伍胥父兄为戮于楚。（《史记·伍子胥列传》）

（2）诚令长安君听足下计，若信者亦已为禽矣。（《史记·淮阴侯列传》）

（3）厚者为戮，薄者见疑。（《韩非子·说难》）

这种用法的"为"不是介词，可以看成表被动的助动词。

"为……所……"式萌芽于战国末期，秦汉以后广泛运用。例如：

（1）方术不用，为人所疑。（《荀子·尧问》）

（2）申徒狄谏而不听，负石身投于河，为鱼鳖所食。（《庄子·盗跖》）

（3）先是涉季父为茂陵秦氏所杀。（《汉书·游侠传》）

（4）嬴闻如姬父为人所杀。（《史记·魏公子列传》）

跟"为……所……"式相当的还有"为……见……"式和"为……所见……"式。"为……见……"式是"为"字式和"见"字式的合一；"为……所见……"式则是在"为……所……"式

的动词前面加上"见"。例如：

（1）烈士为天下见善矣。（《庄子·至乐》）

（2）近又有道士张宝，为公见信。（《宋书·庐江王祎传》）

（3）（吾）为侪类见宽。（《与山巨源绝交书》）

（4）今凉州部皆有降羌……数为小吏黠人所见侵夺，穷恚无聊，故致反叛。（《后汉书·西羌传》）

（5）臣受性愚陋，人事多所不通，惟酷好学问文章，未尝一日暂废，实为时辈所见推许。（《潮州刺史谢上表》）

例（1）"为天下见善"即被天下人称赞。例（2）"为公见信"即被某公相信。例（3）"为侪类见宽"即被同辈友人宽容。这一格式的被动式虽然在《庄子》一书中出现，但后代很少使用。例（4）、例（5）中的"为……所见……"式见于汉末至隋唐，南北朝人著作中使用较多。这一被动式中的"所见"后的谓语往往是双音节动词或动词词组。

（四）"被"字式

古代汉语中的"被"有遭受、蒙受的意思，本来是动词。例如：

（1）秦王复击轲，被八创。（《战国策·燕策》）

（2）寡人不祥，被于宗庙之祟。（《战国策·齐策》）

"被"用来表被动，战国末开始出现，两汉时代逐渐多起来。例如：

（1）国一日被攻，虽欲事秦，不可得也。（《战国策·齐策》）

（2）智伯兼范、中行而攻赵不已，韩、魏反之，军败晋阳，身死高梁之东，遂卒被分，漆其首以为溲器。（《韩非子·喻老》）

（3）信而见疑，忠而被谤，能无怨乎？（《史记·屈原贾生列传》）

（4）错卒被戮。（《史记·酷吏列传》）

这几个例子中的"被"虽然多少还有一点遭受、蒙受的意思，但已可以看成表示被动的助动词。尤其是例（3）"见""被"上下句相对，被动意义更加明显。

用"被"引进行为主动者的被动式汉末才出现，六朝以后逐渐多用。例如：

（1）今月十三日，臣被尚书召问。（《被收时表》）

（2）祢衡被魏武谪为鼓吏。（《世说新语·言语》）

"被"也可以和"所"配合使用，构成"被……所……"式被动式，"被"用来引进主动者，"所"则加在谓语动词前。这种被动句六朝时开始出现，唐宋时代多用。例如：

（1）吴郡顾士端……尤妙丹青，常被元帝所使，每怀羞恨。（《颜氏家训·杂艺》）

（2）某弟今被贼所杀，夜来梦属之言，必应时也。（《敦煌变文集》）

"被……所……"式可谓是"为……所……"式类化的结果。用"被"引进主动者和"被……所……"式被动句都是在比较接近口语的文章中出现的，一般的文言文仍然较多地沿用其他几种被动式。

三、省略句

从现代汉语的角度去看古代汉语，我们会发现古代汉语的某些句子成分经常不出现，在今人看来这就是一种句子成分的省略。除此之外还有一种是介词的省略。

（一）主语的省略

古代汉语缺乏第三人称代词，用"之""其"代替，但一般不作主语，因此古代汉语的主语要么就重复上文的名词，要么就省略不用。

1. 承前省

（1）廉颇为赵将，（廉颇）伐齐，大破之。（《史记·廉颇蔺相如列传》）

（2）禹八年于外，（禹）三过家门而不入，（禹）虽欲耕，得乎？（《孟子·滕文公上》）

2. 蒙后省

（公）度我至军中，公乃入。（《史记·项羽本纪》）

（二）谓语的省略

（1）为客治饭，而自（食）藜藿。（《淮南子·说林训》）

（2）上常从容与信言诸将能不，（认为）各有差。（《史记·淮阴侯列传》）

（三）宾语的省略

（1）人皆有兄弟，我独无（兄弟）。（《论语·颜渊》）

（2）左右以君贱之也，食（之）以草具。（《战国策·齐策》）

（3）小人有母，皆尝小人之食矣，未尝君之羹，请以（羹）遗之。（《左传·隐公元年》）

（四）介词的省略

（1）将军战（于）河北，臣战（于）河南。（《史记·项羽本纪》）

（2）赵人饰美人八人，纳之（于）太宰嚭。（《国语·越语》）

（3）上古有大椿者，以八千岁为春，（以）八千岁为秋。（《庄子·逍遥游》）

四、固定句式

（一）无乃……乎？

"无乃……乎？"是一种表示测度语气的固定格式，它表明的是对某种情况的估计或对某件事情的认识。一般可译为"恐怕……吧"或"只怕……吧"。例如：

（1）劳师以袭远，非所闻也。师劳力竭，远主备之，无乃不可乎？（《左传·僖公三十二年》）

（2）暮婚而晨别，无乃太匆忙？（《新婚别》）

《论语·季氏将伐颛臾》中有一句话，也属于这种固定格式。"求！无乃尔是过与？"

（二）……孰与……

"……孰与……"是一种用来表比较的固定格式，用来比较两个人的高下、优劣或两件事的得失、好坏。它又可以分为两类。一类是句中提出了比较内容的，一类是句中没有提出比较内容的。前者应翻译成"……与……相比，谁（哪一样）……"，后者应译为"……与……比较起来怎么样"。这种格式在古文中出现的频率是非常高的。例如：

（1）吾孰与城北徐公美？《战国策·齐策》

（2）沛公曰："孰与君少长？"《史记·项羽本纪》

（3）某业所就，孰与仲多？（黄宗羲《原君》）

（三）……之谓也、其……之谓也

"……之谓也""其……之谓也"是宾语提前的一种固定格式，是一种表示总结性的判断句。应该强调一下的是在这种格式中的"之"属于结构助词，起到的是提宾的作用。句首有"其"的也属于这种格式，而"其"属于句首语气助词，表推测，应译为"大概"。这种固定格式可译为"说的就是……啊"，或者译为"大概说的就是……啊"。例如：

（1）闻道百，以为莫己若者，我之谓也。《庄子·秋水》

（2）诗曰："他人有心，予忖度之。"——夫子之谓也。《孟子·齐桓晋文之事》

（3）太史公曰："传曰：'其身正，不令则行；其身不正，虽令不从。'其李将军之谓也。"《史记·李将军列传》

（四）得无……乎？得无……耶？

"得无……乎？""得无……耶？"是一种表揣测疑问语气的固定格式，表示对某种情况的推测。应译为现代汉语的下面三种格式："恐怕……吧""莫非……吧""该不会……吧"。这种格式在古文中出现的频率是相当高的。例如：

（1）览物之情，得无异乎？《岳阳楼记》

（2）曰："日食饮得无衰乎？"《战国策·赵策》

（3）得无楚之水土使民善盗耶？《晏子使楚》

（五）奈……何、如……何、若……何

"奈……何""如……何""若……何"三个格式的用法是一样的，都表示怎样对待或处置某人某事。需要强调的是，"奈""如""若"是动词，含有"对付""处置""办理"一类的意思；而"何"则是补语，作"怎么""怎样"讲。在中间插入的内容属于"奈""如""若"的宾语。整个格式可译为"把……怎么样"或"对……怎么办"。例如：

（1）以君之力，曾不能损魁父之丘，如王屋、太行何？（《愚公移山》）

（2）试问古来几曾见破镜能重圆？则较死为苦也，将奈之何？（《与妻书》）

（3）力拔山兮气盖世，时不利兮骓不逝。骓不逝兮可奈何！虞兮虞兮奈若何！（《垓下歌》）

（六）何……为？

"何……为？"是一种表询问或反问的固定格式。首先我们先来认识一下"为"这个虚词。"为"有两个读音，一是读"wèi"，二是读"wéi"。读"wèi"的时候，它只有介词性。读"wéi"的时候，情况比较复杂，有三种情况。一是动词性，是一个"本领"很高强的动词，可以这样讲，句中需要什么动词，它都能够代替。二是介词性，只用在表被动的句子里。也就是说在

被动句中，"为"必须读"wéi"。如"身死人手，为天下笑者，何也"，再如"茅屋为秋风所破歌"，这两句中的"为"就必须读"wéi"。三是语气助词，相当于现代汉语中的"呢"。在"何……为"这种固定格式中，"为"就属于这种情况。

这种固定格式的正确翻译为"还要……做什么？"，或"要……干什么？"。例如：

（1）如今人方为刀俎，我为鱼肉，何辞为？（《史记·项羽本纪》）

（2）项王笑曰："天之亡我，我何渡为？"（《史记·项羽本纪》）

（七）不亦……乎？

"不亦……乎？"是一种表示反问的固定格式。最需要强调的是这种格式中的"亦"。这是一个很容易产生误解的词，稍有疏忽就可能把它理解为副词，其实，它是一个助词，没有实在意义，只有加强语气的作用。这种固定格式可译为"不是……吗？"或译为"岂不是……吗？"。例如：

（1）舟已行矣，而剑不行，求剑若此，不亦惑乎？（《吕氏春秋·察今》）

（2）吾射不亦精乎？（《卖油翁》）

（3）子曰："学而时习之，不亦说乎？有朋自远方来，不亦乐乎？人不知而不愠，不亦君子乎？"（《论语·学而》）

（八）何……之有？

这也是一种宾语提前的固定格式。句中的"何……"是"有"的宾语，"之"属于结构助词，表示提宾。这种格式可译为："有什么……呢？"。例如：

（1）宋何罪之有？（《墨子·公输》）

（2）子曰："君子居之，何陋之有？"（《论语·子罕》）

（3）夫晋，何厌（通"餍"）之有？（《左传·僖公三十二年》）

（4）若不忧德之不建，而患货之不足，将吊不暇，何贺之有？（《国语·晋语》）

（九）唯（惟）……是……、惟……之为……

"唯（惟）……是……""惟……之为……"这两种固定格式也是一种宾语提前的格式。需要再强调一下的是，在这种格式中的"是"与"之为"，均属于结构助词，起到的是提宾作用；而唯（惟），表示的则是动作的唯一性，译为"只"。这种格式在成语中使用的频率是很高的。如惟命是从、惟利是图、唯你是问、唯仁是亲、唯才是举，等等。

（十）所以……　所以……者

所+介词（以、从、与）+动词（或动词性短语）是古文中十分常见的固定格式，是一种名词性的"所"字短语。首先我们得知道，在古文中的"所以"与现代汉语中的"所以"是完全不同的，现代汉语中的"所以"是一个复音虚词，用在因果复句的后一分句表结果，而在古代汉语中，可以说什么都可以表示，就是不能表示结果。那么，他都能表示什么呢？它可以表示动作所涉及的原因、根据、工具、处所、办法、凭借等。例如：

（1）吾所以为此者，以先国家之急而后私仇也。（《史记·廉颇蔺相如列传》）

表原因。

（2）故释先王之成法，而法其所以为法者。（《吕氏春秋·察今》）

表工具。

（3）是吾剑之所从坠。（《吕氏春秋·察今》）

表处所。

（4）吾知所以距（通"拒"）子者，吾不言。（《墨子·公输》）

表办法。

（5）师者，所以传道受业解惑也。（《师说》）

表凭借。

（6）圣者，非所与熙（通"嬉"）也。（《墨子·公输》）

表凭借。应译为："圣人是不能与他随便开玩笑的。"

（十一）有以……、无以……

"有以……"和"无以……"两种固定格式与上面讲的实际上是一回事，因为"有以"与"无以"是"有（所）以"与"无（所）以"的省写。"有""无"仍是动词，"（所）以……"是"有"或"无"的宾语。如"军中无以为乐"，就是"军中无所以为乐"，但不必机械地译为"军中没有用来作乐的东西"，可改变语法结构译成"军中没有什么用来作乐的"。"有以……"的译法类同。例如：

（1）故不积跬步，无以至千里；不积小流，无以成江海。（《荀子·劝学》）

可灵活地译为："没有用来达到千里的方法"和"没有用来汇聚成江海的方法"。

（2）信喜，谓漂母曰："吾必有以重报母"。（《史记·淮阴侯列传》）

可译为："我一定重重报答老人家。"

思考与练习

一、选择题

1.下列句子中"见"不表被动的一句是（　　）。

A.欲与秦，秦城恐不可得，徒见欺。（《史记·廉颇蔺相如列传》）

B.食不饱，力不足，才美不外见。（《马说》）

C.众人皆醉而我独醒，是以见放。（《屈原列传》）

D.人皆以见侮为辱，故斗也。（《荀子·正论》）

2."是"表判断的一项是（　　）。

A.是天下之大贼也。（《论积贮疏》）

B.是胜之舍人也。（《史记·平原君虞卿列传》）

C.是吾剑之所从坠。（《吕氏春秋·察今》）

D.不知木兰是女郎。（《木兰辞》）

3.下面句子中不是被动句的一项是（　　）。

A. 人为临淄市掾，不见知。（《史记·田单列传》）

B. 兰芝初还时，府吏见丁宁。（《孔雀东南飞》）

C. 乐毅畏诛而不敢归。（《史记·田单列传》）

D. 身死国灭，为天下笑。（《伶官传记》）

4. 下列各组句子中，句式不相同的一组是（　　　）。

A. 石之铿然有声者，所在皆是也。（《石钟山记》）

　如今人方为刀俎，我为鱼肉。（史记·项羽本纪）

B. 故今之墓中全乎为五人也。（《五人墓碑记》）

　刘备天下枭雄。（三国志·周瑜传）

C.《诗》三百篇，大底圣贤发愤之所为作也。（《报任安书》）

　妪，先大母婢也。（项脊轩志）

D. 屈平疾王听之不聪也。（史记·屈原贾生列传）

　城北徐公齐国之美丽者也。（战国策·齐策）

二、辨别以下各句属于哪种句式。

1. 夫成功名者，此先王之千里也。（《吕氏春秋·察今》）

2. 蔓草犹不可除，况君之宠弟乎？（《左传·隐公元年》）

3. 郤克伤于矢。（《左传·成公二年》）

4. 是寡人之过也。（《左传·僖公十三年》）

5. 治于人者食人，治人者食于人。（《孟子·许行》）

6. 一旦豺豹改虑，摔而缚之。父子为虏。（《戊午上高宗封事》）

7. 蹇叔之子与师，哭而送之。（《左传·僖公三十二年》）

古代汉语特殊语序

　　汉语的语法手段最主要的、经常使用的是语序和虚词。语序是语法单位的排列次序。就单句内部成分的排列次序而言，现代汉语里一般是主语在前，谓语在后；谓语在前，宾语在后，等等。在语序方面，古今有相同的一面，也存在着一定的差异，如古代汉语里宾语前置、谓语前置和定语后置等现象比较普遍。

一、宾语前置

　　宾语前置是指古代汉语里的宾语在某些特定的情况下往往处在谓语动词或介词的前面。它主要有三种情况。

（一）疑问代词作宾语前置

　　疑问代词作宾语前置必须满足两个条件。第一，要在疑问句中；第二，宾语必须是代词。例如：

（1）吾谁欺？欺天乎？（《论语·子罕》）

（2）彼且奚适也？（《庄子·逍遥游》）

（3）朝者曰："公焉在？"其人曰："吾公在壑谷。"（《左传·襄公三十年》）

（4）盗者孰谓？谓阳虎也。（《公羊传·定公八年》）

（5）沛公安在？（《史记·项羽本纪》）

（6）大王来何操？（《史记·项羽本纪》）

（7）藐藐孤女，曷依曷恃？（《祭程氏妹文》）

以上是疑问代词作动词的宾语前置。

例（1）中，"吾谁欺"是疑问句，代词"谁"作谓语"欺"的宾语，因此放在谓语的前面。"欺天乎"也是疑问句，但是宾语"天"不是代词，因此没有前置。例（2）的"奚适"即"适奚（去哪里）"。例（3）、例（5）"焉在""安在"是"在哪里"。例（4）"孰谓"即"谓孰（说的是谁）"。例（6）"何操"即"操何（拿什么东西）"。"曷依曷恃"即"依曷恃曷（依凭依靠什么）"。

（8）何以战？（《左传·庄公十年》）

（9）吾谁与为亲？（《庄子·齐物论》）

（10）许子奚为不自织？（《孟子·滕文公上》）

（11）客胡为若此与？（《战国策·齐策》）

以上是疑问代词作介词的宾语前置。

疑问代词作宾语前置，这在先秦是一条比较严格的规则，只是偶尔有例外。例如：

（12）伤未及死，如何勿伤？（《左传·僖公二十二年》）

（13）子张曰："子夏云何？"（《论语·子张》）

例（12），"何如"也常说成"如何"，但是"何如"与"如何"在先秦时就已经是凝固结构了，表示"怎么样，怎样"的意思。例（13）中的"何"作宾语时放在了动词"云"的后面，但《论语》中仅此一例。汉代以后，疑问代词作宾语置于动词之后的现象有了较大的发展；南北朝以后的口语中，疑问代词作宾语基本上是置于动词之后了；然而在仿古的文言文中，疑问代词作宾语时还保留着这种前置句式。

（二）否定句中代词作宾语前置

在否定句里，指示代词或人称代词作动词宾语时，一般要前置。例如：

（1）居则曰："不吾知也。"（《论语·先进》）

（2）若胜我，我不若胜。（《庄子·齐物论》）

（3）彼不我恩。（《童区寄传》）

（4）仲尼之徒，无道桓、文之事者，是以后世无传焉，臣未之闻也。（《孟子·梁惠王上》）

（5）楚君之惠，未之敢忘。（《左传·僖公二十八年》）

（6）以吾一日长乎尔，毋吾以也。（《论语·先进》）

（7）我无尔诈，尔无我虞。（《左传·宣公十五年》）

（8）三岁贯女，莫我肯顾。（《诗经·魏风·硕鼠》）

（9）保民而王，莫之能御也。（《孟子·梁惠王上》）

（10）莫余毒也已！（《左传·僖公二十八年》）

在有否定词"不""无（毋）""未""莫"的否定句中，如果宾语是代词，一般可以置于动词前面。如例（1）和例（2）是有"不"的否定句，代词宾语"吾""若""我"等前置；例（4）和（5）是有"未"的否定句，代词宾语"之"前置；例（6）和例（7）是有"无（毋）"的否定句，代词宾语"吾""尔""我"等前置；例（8）、例（9）和例（10）是有"莫"的否定句，代词宾语"我""之""余"等前置。

否定句中代词作宾语时前置，这一规则并不是很严格的，甚至并不占主导地位，先秦时就有许多否定句中代词宾语放在动词后面的例子。例如：

（11）岂不尔思？远莫致之。（《诗经·卫风·竹竿》）

（12）诸君莫违我。（《管子·封禅》）

（13）知我者，谓我心忧；不知我者，谓我何求。（《诗经·王风·黍离》）

（14）吾不知之矣。（《论语·乡党》）

（15）有事而不告我。（《左传·襄公二十八年》）

（16）其未得之也。（《论语·阳货》）

（17）无欺我也。（《吕氏春秋·贵因》）

例（11）和例（12）是有"莫"的否定句，代词宾语"之""我"等后置；例（13）、例（14）和例（15）是有"不"的否定句，代词宾语"我""之"后置；例（16）是有"未"的否定句，代词宾语"之"后置；例（17）是有"无"的否定句，代词宾语"我"后置。据统计，先秦时期，在有"莫"和"未"的否定句里，代词宾语前置现象占绝对优势；在有"不"的否定句里，代词宾语不前置的现象占绝对优势；在有"无（毋）"的否定句里，代词宾语不前置的现象远远多于宾语前置的现象。

（三）用助词"之""是"等作宾语前置的标志

用助词"之""是"等作宾语前置的特点是：用结构助词"之"或"是"提取宾语，使宾语前置于动词。"之""是"放在宾语后，谓语动词前，起标志作用，翻译时不用译出。例如：

（1）宋何罪之有？（《墨子·公输》）

（2）姜氏何厌之有？（《左传·隐公元年》）

（3）谚所谓"辅车相依，唇亡齿寒"者，其虞虢之谓也。（《左传·僖公五年》）

（4）岂不谷是为？先君之好是继。（《左传·僖公四年》）

（5）将虢是灭，何爱于虞？（《左传·僖公五年》）

例（1）、例（2）和例（3），皆用"之"作标志，宾语"何罪""何厌"和"虞虢"前置；例（4）和例（5），皆用"是"作标志，宾语"不谷""先君之好"和"虢"前置。

另外，偶尔有用"焉""实""之为"等作标志的。例如：

（6）我周之东迁，晋郑焉依。（《左传·隐公六年》）

（7）安定国家，必大焉先。（《左传·襄公三十年》）

（8）宋卫实难，郑何能为？（《左传·隐公六年》）

（9）鬼神非人实亲，惟德是依。（《左传·僖公五年》）

（10）故人苟生之为见，若者必死；苟利之为见，若者必害。（《荀子·礼论》）

例（6）中的"晋郑焉依"，在《国语·周语》里则写作"晋郑是依"，可见"焉"相当于"是"，都可作宾语前置的标志。"晋郑焉依"意思是"依靠晋国和郑国"。例（7）中"必大焉先"即"必先大"，意思是说"一定要优先照顾大族"。例（8）中的"难"是"患"的意思，"宋卫实难"的意思是"唯患宋国和卫国"。例（9）的意思是"鬼神并非亲人，惟依德。"例（10）中的"生之为见"就是"见生"，"利之为见"就是"见利"。

有时为了强调动作对象是单一的、排他的，这种格式又往往在宾语前面加上"惟（唯）"，构成"惟（唯）……之……""惟（唯）……是……"格式，偶尔用"惟（唯）……之为……"格式。例如：

（11）鬼神非人实亲，惟德是依。（《左传·僖公五年》）

（12）无故无新，唯贤是亲。（《淮南子·主术训》）

（13）当臣之临河持竿，心无杂虑，唯鱼之念。（《列子·汤问》）

（14）父母唯其疾之忧。（《论语·为政》）

（15）惟陈言之务去。（《答李翊书》）

（16）其一人专心致志，唯奕秋之为听。（《孟子·告子》）

（四）介词"以""于"的宾语有时前置

例如：

（1）将子无怒，秋以为期。（《诗经·卫风·氓》）

（2）《诗》三百，一言以蔽之，曰："思无邪"。（《论语·卫灵公》）

（3）楚国方城以为城，汉水以为池。（《左传·僖公四年》）

（4）吾道一以贯之。（《论语·里仁》）

（5）谚所谓"室于怒，市于色"者，楚之谓矣。（《左传·昭公十九年》）

（6）启乃淫溢康乐，野于饮食。（《墨子·非乐》）

二、谓语前置

主语在前，谓语在后，这是古今汉语相同的语序。但是古代汉语中的谓语又往往可以提到主语的前面，这就叫谓语前置。现代汉语里也有谓语前置的现象，只不过没有古代汉语里这么多。

（一）感叹句中的谓语前置现象

例如：

（1）君子哉若人！（《论语·公冶长》）

（2）贤哉，回也！（《论语·雍也》）

（3）宜乎，百姓之谓我爱也！（《孟子·梁惠王上》）

（4）大哉，尧之为君也！（《孟子·滕文公上》）

（二）疑问句中的谓语前置现象

例如：

（1）何哉，尔所谓达者？（《论语·颜渊》）

（2）伯鱼之母死，期而犹哭。夫子闻之，曰："谁与哭者？"（《礼记·檀弓》）

（3）子邪，言伐莒者？（《吕氏春秋·重言》）

（三）祈使句的谓语前置现象

例如：

（1）勖哉，夫子！（《史记·周本纪》）

（2）来，尸虫！（《骂尸虫文》）

古代汉语里谓语前置，大致特点有：第一，从产生的原因来看，谓语前置主要是为了加强语气，表示强调，或事发突然，说话者情绪激动，脱口而出，一般出现在人物对话或作者所发表的感叹当中；第二，从出现的句式来看，谓语前置一般出现在感叹句和疑问句里，偶尔出现在祈使句里；第三，从充当句子成分的词语来看，充当谓语的一般为单个的词，并且以单音节词居多，个别用短语；第四，谓语后面一般带有语气词，最常见的是带"哉"字；第五，整个句子都是短句。

三、定语后置

定语在中心词之前，这是古今汉语相同的语序。但是古代汉语里定语又往往放在中心词之后，这种现象叫定语后置。从结构上看，定语后置大致可分两类。

（一）中心词＋者字短语

这个"者字短语"就是"定语＋者"构成的。例如：

（1）人有亡斧者，意其邻之子。（《列子·说符》）

（2）郑人有欲买履者，先自度其足，而置之其坐。（《韩非子·外储说左上》）

（3）楚人有涉江者，其剑自舟中坠于水。（《吕氏春秋·察今》）

（4）群臣吏民能面刺寡人之过者，受上赏。（《战国策·齐策》）

（5）求人可使报秦者，未得。（《史记·廉颇蔺相如列传》）

（6）今战士还者及关羽水军精甲万人。（《资治通鉴》）

有时"中心词＋者字短语"可变换为"中心词＋之（而）＋者字短语"。例如：

（7）会冬，大寒雨雪，卒之堕指者十二三。（《史记·匈奴列传》）

（8）石之铿然有声者，所在皆是也。（《石钟山记》）

（9）有一言而可终身行之者乎？（《论语·卫灵公》）

（10）缙绅而能不易其志者，四海之大，有几人欤？（《五人墓碑记》）

中心词实际上是"者"字短语前面的先行词。这先行词一般是表示总体的名词，而"者"字短语表示总体中的一部分。在理解的时候，可翻译成"者字短语＋中心词"。如例（1），"人有亡斧者"可理解为"有个丢失了斧头的人"；例（2），"郑人有欲买履者"可理解为"有个想买鞋的郑国人"。下面的例句皆可仿此来理解。

（二）中心词＋之＋定语

例如：

（1）蚓无爪牙之利，筋骨之强。（《荀子·劝学》）

（2）驾八龙之婉婉兮，载云旗之委蛇。（《楚辞·离骚》）

（3）居庙堂之高则忧其民；处江湖之远则忧其君。（《岳阳楼记》）

例（1），"爪牙之利，筋骨之强"可理解为"锋利的爪牙，强壮的筋骨"；例（2），"八龙之婉婉"可理解为"婉婉的八龙"，"云旗之委蛇"可理解为"委蛇的云旗"；例（3），"居庙堂之高"可理解为"居于高高的庙堂"，"处江湖之远"可理解为"处在偏远的江湖"。

思考与练习

一、选择题

1. 下列句子中句式不同于其他三句的是（　　）。

A. 管仲贤佐也。（《书苑》）

B. 桓公霸君也。（《史记·齐太公世家》）

C. 故凡为愚者，莫我若也。（《愚溪诗序》）

D. 此乃臣效命之秋也。（《史记·魏公子列传》）

2. 下列各组句子中，句式不相同的一组是（　　）。

A.（亮）每自比于管仲、乐毅，时人莫之许也。（《隆中对》）

七十者衣帛食肉，黎民不饥不寒，然而不王者，未之有也。（《孟子·梁惠王上》）

B. 忌不自信，而复问其妾。（《战国策·齐策》）

与言皇上无权，君未之信也。

C. 沛公安在？（《史记·项羽本纪》）

大王来何操？（《史记·项羽本纪》）

D. 微斯人，吾谁与归？（《岳阳楼记》）

大阉之乱，缙绅而能不易其志者，四海之大，有几人软？（《五人墓碑记》）

3. 下列各组句子中句式相同的一组是（　　）。

A. 句读之不知，惑之不解。（《师说》）

唯余马首是瞻。（《左传·襄公十四年》）

B. 夫晋，何厌之有？（《左传·僖公十三年》）

马之千里者。（《马说》）

C. 安在公子能急人之困也。（《史记·魏公子列传》）

王尝语庄子以好乐，有诸？（《孟子·梁惠王下》）

D. 子非我，安知我不知鱼之乐？（《庄子·春秋》）

臣实不才，又谁敢怨？（《左传·成公三年》）

4. 下列各组句子全是否定句中宾语前置的一组是（　　　）。

A. 乃人见，问："何以战？"（《左传·庄公十年》）

将子无怒，秋以为期。（《诗经·卫风·氓》）

B. 故凡为愚者，莫我若也。（《愚溪诗序》）

我无尔诈，尔无我虞。（《左传·宣公十五年》）

C. 知我者谓我心忧，不知我者谓我何求。（《诗经·国风·王风》）

权知其意，执肃手曰："卿欲何言？"。（《三国志·吴书》）

D. 楚战士无不一以当十。（《史记·项羽本纪》）

当臣之临河持竿，心无杂虑，唯鱼之念。（《列子·汤问》）

5. 以下句子句式不同的一项是（　　　）。

A. 子卿尚复谁为乎？（《苏武传》）

B. 之二虫又何知？（《庄子·逍遥游》）

C. 蚓无爪牙之利，筋骨之强。（《荀子·劝学》）

D. 胡为乎遑遑欲何之？（《归去来兮辞》）

6. 以下句子句式不同的是（　　　）。

A. 谁与，哭者？（《礼记·檀弓》）

B. 甚矣，汝之不惠！（《愚公移山》）

C. 是诚何心哉！我非爱其财而易之以羊也，宜乎百姓之谓我爱也。（《孟子·梁惠王上》）

D. 不愿闻子孙有此行也。（《后汉书·诫史子严敦书》）

二、论述题

1. 试举例分析古代汉语谓语前置的现象。

2. 试举例分析定语后置的类别与用法。

文史知识拓展

熟读《诗经》的另类作用

《诗经》是我国最古老的诗歌总集，在中国文学史乃至世界文学史上均有着不朽的地位。这部伟大的文学作品在春秋时期诞生后，便被赋予了众多的社会功能，在外交、政治、教育等领域中发挥着重要的作用。比如说它曾被贵族统治者视作政治行为的指南，成为他们的伦理准则，甚至还有因为熟读《诗经》而被立为储君的例子。

公元前407年，魏国灭了中山国后，魏文侯封儿子击为中山君，镇守中山国。虽然分隔两地，但父子二人的关系开始还算融洽，可自从韩、赵、魏三家分晋以后，魏文侯忙于政务，他们一连三年都没见面，也没互相问候。对此，击的幕客赵仓唐有意见："儿子不给老子请安是不孝，老子不管儿子是不慈，您要不要派个使者去改善下关系？"

击说："我早就想见父亲了，但派谁去呢？"赵仓唐自告奋勇担任使者，问清魏文侯的爱好后带着北狗和晨凫前去国都。到了国都，赵仓唐谨慎地请人传话，说大皇子击派了使者来，因为大夫们在上朝，不敢擅闯，能否请魏文侯得空时接见。他又将晨凫送进厨房，把北狗交给负责管宠物的人。

听了通报，魏文侯很高兴，原来儿子还记得他喜欢什么，就召见了赵仓唐。魏文侯问："击好吗？"赵仓唐说："唯唯。"意思就是"嗯嗯"。魏文侯又问："击没什么问题吧？"赵仓唐仍然"唯唯"。魏文侯觉得不对了，问："你怎么如此敷衍我的问题？"赵仓唐这才认真地说："您已将我的主人封为中山君，却在我面前直呼他的名字，于礼我不能回答您的问题。"

魏文侯吓了一跳，就换了称呼，问："中山君如何？"赵仓唐这才正式回答："我要来时，中山君送我到郊外，身体很好。"魏文侯再问："中山君现在长得比我高了吗？"赵仓唐的回答是："不敢和君侯比，但如果将您的衣服赐给中山君，他穿起来应该很合身。"赵仓唐用这种委婉的方式表示击已跟魏文侯一般高大了。

"中山君平常读什么书？""《诗经》。""那他喜欢《诗经》中的哪几首？"赵仓唐显然是有备而来："《晨风》和《黍离》。"听了这个答案，魏文侯就念起《晨风》中的诗句："鴥彼晨风，郁彼北林。未见君子，忧心钦钦。如何如何，忘我实多！"念完，魏文侯感慨道："中山君以为我忘了他吗？"赵仓唐说："不敢！他常想念您。"

魏文侯又念出《黍离》中的诗句："彼黍离离，彼稷之苗。行迈靡靡，中心摇摇。知我者谓我心忧，不知我者谓我何求。"念完又问："中山君在怨我吗？"赵仓唐用完全相同的话应答："不敢！他常想念您。"

于是，魏文侯将自己的一套衣服装好，让赵仓唐带给中山君，还特别交代要在鸡鸣前送到。赵仓唐照做了，中山君受赐拜领，打开一看，发现下身的裳放在上面、上身的衣反而放在下面，立时说："为我备车，父亲要召见我。"

赵仓唐吓了一跳，连忙提醒："君侯没说要您去啊！我离开时，他只是给了我这套衣服而已。"中山君解释道："父亲给我衣服，不是为了让我御寒，而是用委婉的方式要我进城见他。他把衣裳颠倒，要你在鸡鸣前给我，用的是《诗经》里的句子'东方未明，颠倒衣裳。颠之倒之，自公召之'。"

中山君入国都，魏文侯大喜，设宴招待，接着就将他立为太子。

（资料来源：杨照．熟读《诗经》的另类作用［J］．传奇故事：百家讲坛，2019（8），有改动）

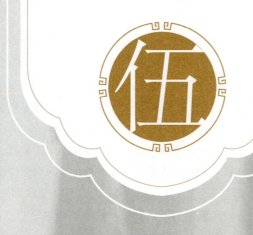

第五单元

隋唐宋文

伍

文选

🔖 导读

　　源远流长的中国古代文学，到隋唐时期，发展到了一个全面繁荣的新阶段，整个文坛出现了自战国以来前所未有的百花齐放、万紫千红的局面。李白、杜甫的成就，更达到诗歌创作的高峰。在散文方面，由于古文运动的胜利，创作出许多传记、游记、寓言、杂说等新型短篇散文。

　　宋代散文是中国散文史上一个重要的发展阶段。在三百多年间出现了众多的散文作家。宋代散文的平易风格比之唐文更宜于说理、叙事和抒情，成为后世散文家学习的主要楷模。欧阳修的《丰乐亭记》、苏轼的《喜雨亭记》等都是历久传诵的名篇。宋代的骈文也不太追求辞藻和用典，采用散文的气势和笔调，带来一些新面貌。这种普遍的散文化倾向是宋代散文繁荣的结果，构成宋代文学的一大特色。

　　李白（701—762年），字太白，号青莲居士，又号"谪仙人"，唐代伟大的浪漫主义诗人，被后人誉为"诗仙"，与杜甫并称为"李杜"，为了与另两位诗人李商隐与杜牧的"小李杜"区别，杜甫与李白又合称"大李杜"。

　　韩愈（768—824年），字退之，唐朝河南河阳（今河南省孟县）人。贞元八年（792年）进士。在刑部侍郎任上，他上疏谏迎佛骨，触怒了宪宗，被贬为潮州刺史。后于穆宗时，召为国子监祭酒，历任京兆尹及兵部、吏部侍郎。韩愈是唐代著名的散文家和重要诗人。他和柳宗元政见不合，但并未影响他们共同携手倡导古文运动。他们反对过分追求形式的骈文，提倡散文，强调文章内容的重要性。著有《韩昌黎集》四十卷，《外集》十卷。

　　柳宗元（773—819年），字子厚，河东（今山西省运城永济一带）人，唐宋八大家之一，唐代文学家、哲学家、散文家和思想家。世称"柳河东""河东先生"，因官终柳州刺史，又称"柳柳州"，有《河东先生集》。

　　欧阳修（1007—1072年），字永叔，号醉翁，晚号六一居士。吉州永丰（今江西省永丰县）人，因吉州原属庐陵郡，以"庐陵欧阳修"自居。北宋政治家、文学家、史学家。谥号"文忠"，故世称欧阳文忠公。欧阳修是在宋代文学史上最早开创一代文风的文坛领袖，唐宋八大家之一，并与韩愈、柳宗元、苏轼被后人合称"千古文章四大家"。有《欧阳文忠公集》传世。

　　苏轼（1037—1101年），字子瞻，号东坡居士，世称苏东坡、苏仙。眉州眉山（今属四川省眉山市）人，北宋文学家、书法家、画家。谥号"文忠"。苏轼是北宋中期的文坛领袖，在诗、词、散文、书、画等方面取得了很高的成就。为"唐宋八大家"之一。苏轼亦善书，为"宋四家"之一；有《东坡七集》《东坡易传》《东坡乐府》等传世。

春夜宴从弟桃花园序

📖 说明

《春夜宴从弟桃花园序》是李白创作的一篇骈文。文章展示了春夜欢叙的情景，抒发了作者热爱生活、热爱自然的欢快心情，也显示了作者俯仰古今的广阔胸襟。文章写得潇洒自然，音调铿锵，精彩的骈偶句式使文章更加生色，其句式短长自由，骈中行散，显示了唐代骈文向散文过渡的迹象。

扫一扫 学一学

夫天地者，万物之逆旅[1]；光阴者，百代之过客[2]，而浮生若梦[3]，为欢几何？古人秉烛夜游[4]，良有以也[5]。况阳春召我以烟景[6]，大块假我以文章[7]。会桃李之芳园，序天伦之乐事[8]。群季俊秀[9]，皆为惠连[10]；吾人咏歌，独惭康乐[11]。幽赏未已，高谈转清。开琼筵以坐花[12]，飞羽觞而醉月[13]。不有佳咏，何伸雅怀，如诗不成，罚依金谷酒数[14]。

[1]逆旅：客舍。

[2]过客：过路的旅客。

[3]浮生：人生。《庄子·刻意》："其生若浮，其死曰休。"以为人生变化无常，飘浮无定。

[4]秉烛夜游：犹言作长夜之游。《古诗十九首》中有"生年不满百，常怀千岁忧。昼短苦夜长，何不秉烛游！"

[5]良有以也：确实是有原因的。

[6]烟景：春天烟雾朦胧的景色。

[7]大块：天地。文章：春日景物如锦绣交织成文。

[8]天伦之乐：家庭团聚的欢乐。

[9]群季：诸弟。

[10]惠连：南宋大诗人谢灵运的族弟，工诗文，能书画，谢灵运极为嘉许其才。作者借以赞喻诸弟才华。

[11]康乐：谢灵运。谢灵运袭祖爵，封康乐侯，世称谢康乐。

[12]琼筵：华贵的筵席。坐花：在花丛中开筵。

[13]羽觞：椭圆形两边有耳的酒杯。觞，酒杯。醉月：醉酒于月下。

[14]金谷酒数：晋石崇有金谷园，常宴客赋诗，不能成者罚酒三杯。

送董邵南游河北序[1]

📖 说明

《送董邵南游河北序》是韩愈写的一篇序文。本文表面上看是送好友董生游河北。开头就预言前去"必有合"，是送他去；第二段虽怀疑燕赵的风俗可能变了，但要"以吾子之行卜之"，还是要送他去；结尾托他去吊望诸君之墓、劝谕燕赵之士归顺朝廷，仍然是送他去。总之，的确是一篇送行的文章，但送之正是为了留之，微情妙旨，全寄于笔墨之外。

燕赵古称多感慨悲歌之士[2]，董生举进士，连不得志于有司[3]，怀抱利器[4]，郁郁适兹土[5]，吾知其必有合也[6]。董生勉乎哉！夫以子之不遇时，苟慕义强仁者[7]，皆爱惜焉，矧燕赵之士出乎其性者哉[8]！

然吾尝闻风俗与化移易[9]，吾恶知其今不异于古所云邪[10]！聊以吾子之行卜之也[11]。董生勉乎哉！

吾因子有所感矣，为我吊望诸君之墓[12]，而观于其市，复有昔时屠狗者乎[13]，为我谢曰[14]："明天子在上，可以出而仕矣。"

[1]董邵南：寿州安丰（今安徽省寿县西南）人。多次投考未中，不得志，想前往河北省投靠藩镇势力，寻找进身之阶。

[2]燕赵：今河北省一带。感慨悲歌之士：指战国时荆轲、高渐离等一类豪侠人物。

[3]有司：官吏。古代设官分职，各有所司。这里指主持科考的官员。

[4]利器：比喻杰出才能。

[5]郁郁：郁闷的样子。适：往。兹土：指燕赵之地。

[6]有合：有所遇合。

[7]慕义强仁：慕义且以仁自勉。

[8]矧（shěn）：况且。

[9]化：教化。移易：改变，变易。

[10]恶（wū）知：怎么知道。古所云：指文章开头"古称多感慨悲歌之士"。

[11]聊：姑且。卜：卜卦，是决疑、判断的意思。

[12]望诸君：乐毅。战国时燕国人，后因被谗，逃奔赵国，赵封于观津（今河北省武邑县），号称"望诸君"。

[13]屠狗者：借指隐于市井的有为之士，语出《史记·刺客列传》，为荆轲、高渐离好友。

[14]谢：致意。

钴鉧潭西小丘记[1]

📖 说明

《钴鉧潭西小丘记》是柳宗元创作的一篇山水游记散文，选自其代表作《永州八记》，是其中的第三篇。在柳宗元描绘前，永州山水并不为世人所知。但在柳宗元的笔下，这些偏居荒芜的山水景致却表现出别具洞天的审美特征，极富艺术生命力。《钴鉧潭西小丘记》语言简约精炼、清丽自然，具有极高的艺术感染力。其利用托物言志、融情于景等写作手法，巧妙地将柳宗元被贬永州的愤慨与兹丘的遭遇融汇在一起，静静的描绘中有一种生命的力量。

得西山后八日^[2]，寻山口西北道二百步^[3]，又得钴鉧潭。西二十五步，当湍而浚者为鱼梁^[4]。梁之上有丘焉，生竹树，其石之突怒偃蹇^[5]，负土而出，争为奇状者，殆不可数^[6]。其嵚然相累而下者^[7]，若牛马之饮于溪；其冲然角列而上者，若熊罴之登于山^[8]。

丘之小不能一亩^[9]，可以笼而有之^[10]。问其主，曰："唐氏之弃地，货而不售^[11]。"问其价，曰："止四百。"余怜而售之。李深源、元克己时同游^[12]，皆大喜，出自意外。即更取器用^[13]，铲刈秽草，伐去恶木，烈火而焚之。嘉木立，美竹露，奇石显。由其中以望^[14]，则山之高，云之浮，溪之流，鸟兽之遨游，举熙熙然回巧献技^[15]，以效兹丘之下^[16]。枕席而卧，则清泠之状与目谋^[17]，瀯瀯之声与耳谋^[18]，悠然而虚者与神谋^[19]，渊然而静者与心谋^[20]。不匝旬而得异地者二^[21]，虽古好事之士^[22]，或未能至焉^[23]。

噫！以兹丘之胜，致之沣、镐、鄠、杜^[24]，则贵游之士争买者，日增千金而愈不可得。今弃是州也，农夫渔夫过，而陋之^[25]，贾四百，连岁不能售。而我与深源、克己独喜得之，是其果有遭乎^[26]？书于石，所以贺兹丘之遭也^[27]。

[1]钴鉧（gǔ mǔ）潭：在湖南省永州。记：因其形状如熨斗而得名。

[2]西山：永州的西山，在今湖南省零陵县西。柳宗元贬为永州司马，写了一组游览山水的小品文，共八篇，首篇是《始得西山宴游记》。

[3]寻：沿，顺。道：经过。道：步行，行走。

[4]湍（tuān）：急流。浚：深。鱼梁：用土石筑堤，当中留有缺口，用来放置捕鱼的工具竹笱（gǒu），用以捕鱼，称为鱼梁。梁，水堰。

[5]突怒：形容山石突出如怒的样子。偃蹇（yǎn jiǎn）：形容山石高耸起伏的样子。

[6]殆：几乎，差不多。

[7]嵚（qīn）然：山石耸立的样子。累：叠。

[8]冲然：向前突出的样子。角列：像兽角一样排列。熊罴（pí）：熊类兽。

[9]不能：不满，不足。

[10]笼：包笼，包罗。

[11]货而不售：出卖而没有卖出。售，卖出。

[12]李深源、元克己：皆为柳宗元同游者，生年不详。

[13]更：轮流。器用：指工具，如锄、铲之类。

[14]其中：小丘的当中。

[15]举：皆，都。熙熙然：和悦的样子。回巧献技：运巧献技。技，指景物姿态的各自特点。

[16]效：效力，尽力呈献。

[17]清泠：形容景色清凉明澈。谋：这里是相接触的意思。

[18]瀯瀯（yīng yīng）：水流回荡声。

[19]悠然而虚者：指幽远空阔的意境。

[20]渊然而静者：指渊深恬静的意境。

[21]匝旬：满十天。匝，周。旬，十日为一旬。

[22]好事：爱好山水。

[23]或：或许，只怕，可能。焉：语气词，表示推测。

[24]致：移，放。沣（fēng）：沣邑，今陕西省鄠邑区东。镐（hào）：镐京，今陕西省长安县西南。鄠（hù）：在今西安市西南部。杜：杜陵，在西安市东南。沣、镐、鄠、杜都是唐代京城长安附近有名的地区。

[25]陋之：看不起它。

[26]其：岂，难道。

[27]遭：遭遇，遇合。

丰乐亭记

📖 **说明**

《丰乐亭记》是欧阳修创作的一篇散文，选自《欧阳文忠公集》，写于庆历六年（1046年）。所谓"庆历新政"，仅经过一年多时间，就在庆历五年春宣告失败，执政大臣杜衍、范仲淹等相继被斥逐。欧阳修因上书为他们辩护，也被捏造罪名，贬于滁州。欧阳修政事之暇，颇喜寻幽访胜，辟地筑亭。此文除记述建丰乐亭的经过及与滁人共游之乐外，还描绘了滁州从战乱到和平的变迁，从而寄托了安定来之不易，应予珍惜的命意和与民同乐的政治思想。

修既治滁之明年[1]，夏，始饮滁水而甘。问诸滁人[2]，得于州南百步之远。其上则丰山，耸然而特立[3]，下则幽谷，窈然而深藏[4]，中有清泉，滃然而仰出[5]。俯仰左右[6]，顾而乐之。于是疏泉凿石，辟地以为亭[7]，而与滁人往游其间。

[1]明年：第二年，即庆历六年。

[2]问诸滁人：向滁人打听泉水的出处。

[3]耸然而特立：高峻挺拔地矗立着。耸然，高耸的样子。特，突出。

[4]窈然：深幽的样子。

[5]滃然：水势盛大的样子。仰出：由地面向上涌出。

[6]俯仰：这里是环顾的意思。

[7]辟地：清理地方。

滁于五代干戈之际[1]，用武之地也。昔太祖皇帝，尝以周师破李景兵十五万于清流山下[2]，生擒其将皇甫晖、姚凤于滁东门之外，遂以平滁。修尝考其山川，按其图记[3]，升高以望清流之关[4]，欲求晖、凤就擒之所，而故老皆无在者。盖天下之平久矣。自唐失其政，海内分裂，豪杰并起而争，所在为敌国者，何可胜数？及宋受天命，圣人出而四海一[5]。向之凭恃险阻[6]，划削消磨[7]，百年之间，漠然徒见山高而水清。欲问其事，而遗老尽矣[8]。今滁介于江、淮之间，舟车商贾、四方宾客之所不至，民生不见外事，而安于畎亩衣食[9]，以乐生送死[10]，而孰知上之功德，休养生息，涵煦百年之深也[11]？

[1] 五代：指后梁、后唐、后晋、后汉、后周。

[2] 周：五代时的后周。李景：李璟，南唐的中主。清流山：在今滁州城西南。

[3] 图记：指地图和文字记载。

[4] 清流之关：在滁州西北清流山上，是宋太祖大破南唐兵的地方。

[5] 圣人出而四海一：指宋太祖赵匡胤统一天下。

[6] 向：从前。

[7] 划削消磨：铲除消灭。

[8] 遗老：指经历战乱的老人。

[9] 畎亩：田地。

[10] 乐生送死：使生的快乐，礼葬送死。

[11] 涵煦：滋润教化。

修之来此，乐其地僻而事简，又爱其俗之安闲。既得斯泉于山谷之间，乃日与滁人仰而望山，俯而听泉，掇幽芳而荫乔木，风霜冰雪，刻露清秀，四时之景，无不可爱[1]。又幸其民乐其岁物之丰成[2]，而喜与予游也。因为本其山川[3]，道其风俗之美[4]，使民知所以安此丰年之乐者，幸生无事之时也。

夫宣上恩德[5]，以与民共乐，刺史之事也，遂书以名其亭焉[6]。

[1] "掇幽芳"四句：写四季景色。掇：采取。幽芳：指春。荫乔木：指夏。春天采摘清香的花草，夏天在大树荫下休息。风霜冰雪：指秋冬。刻露：指清楚地显露出秋冬山岩之状。

[2] 幸：庆幸。岁物：收成。

[3] 因为：于是就。本：根据。

[4] 道：称道。

[5] 夫：句首语气词。宣：宣扬。

[6] 遂书：于是写了这篇碑记。名：命名。

喜雨亭记

说明

《喜雨亭记》是苏轼创作的一篇散文。嘉祐六年（1061年）十一月，苏轼怀着满腔政治热情，离京赴任，从此踏上仕途。苏轼到凤翔的第二年，开始修建官舍，并在公堂北面建造一亭，作为休息之所。可是这年春季久旱不雨，但在亭子建成时，下了一场大雨，官吏百姓欢喜若狂。于是苏轼命名这座亭子为"喜雨亭"。这篇文章就是通过叙述亭子命名原因，表达他与民同乐的思想感情。

亭以雨名，志喜也[1]。古者有喜，则以名物，示不忘也。周公得禾，以名其书[2]；汉武得鼎，以名其年[3]；叔孙胜狄，以名其子[4]。其喜之大小不齐，其示不忘一也。

[1] 志：记念。

[2]"周王得禾"二句：周成王得一种"异禾"，转送周公，周公遂作《嘉禾》一篇。

[3]"汉武得鼎"二句：汉武帝元狩七年（前116年）夏，得宝鼎于汾水上，遂改年号为元鼎。

[4]"叔孙胜狄"二句：鲁文公派叔孙得臣抵抗北狄入侵，取胜并俘获北狄国君侨如。叔孙得臣遂更其子名为"侨如"。

余至扶风之明年[1]，始治官舍[2]，为亭于堂之北，而凿池其南，引流种木，以为休息之所。是岁之春，雨麦于岐山之阳，其占为有年[3]。既而弥月不雨[4]，民方以为忧。越三月，乙卯乃雨，甲子又雨，民以为未足。丁卯大雨，三日乃止。官吏相与庆于庭，商贾相与歌于市，农夫相与抃于野[5]，忧者以喜，病者以愈，而吾亭适成。

于是举酒于亭上，以属客[6]而告之，曰："五日不雨可乎？"曰："五日不雨则无麦。""十日不雨可乎？"曰："十日不雨则无禾[7]。"无麦无禾，岁且荐饥[8]，狱讼繁兴，而盗贼滋炽[9]，则吾与二三子，虽欲优游以乐于此亭[10]，其可得耶！今天不遗斯民，始旱而赐之以雨，使吾与二三子得相与优游而乐于此亭者，皆雨之赐也。其又可忘耶？

[1] 扶风：旧郡名，即今陕西省凤翔县。明年：第二年。

[2] 治：修建。

[3] 雨麦：麦苗返青时正好下雨。雨，降雨，雨水沾润。下文歌中"雨珠""雨玉"同。占：占卜。有年：丰年。

[4] 弥月：整月。弥，整，满。

[5] 相与：汇聚。抃（biàn）：鼓掌

[6] 属（zhǔ）客：属，同"嘱"，意为劝酒。

[7] 禾：谷子，即小米。

[8] 岁且荐饥：此处泛指年荒收成不好。

[9] 滋炽：增多，旺盛。

[10] 优游：叠韵联绵词，从容不迫的样子。

既以名亭，又从而歌之，曰："使天而雨珠，寒者不得以为襦[1]；使天而雨玉，饥者不得以为粟。一雨三日，伊谁之力？[2]民曰太守[3]，太守不有[4]。归之天子，天子曰不，归之造物。造物不自以为功，归之太空。太空冥冥[5]，不可得而名。吾以名吾亭。"

[1] 襦：本意短衣，短袄。这里指所有的衣服。

[2] 伊：语助词。

[3] 太守：指宋选，字子才，荥阳人。嘉祐八年（1063年）正月，罢任，由陈希亮接任凤翔知府。

[4] 不：通"否"，不然。

[5] 冥冥：遥远浩渺。

通论

古代汉语的修辞方式

修辞是指在使用语言的过程中，根据表情达意的需要，运用恰当的语言手段以达到更好的表达效果的语言活动。古代汉语有很多的修辞手法，其中，与现代汉语重合的部分如比喻、拟人、夸张等不再赘述，这里主要介绍一些古代典籍中特有的修辞手法。

一、用典

借助典籍中的言论、定型的熟语及传说故事、历史事实、人物事迹等来说明自己观点或表达思想感情的修辞方式叫用典。用典也叫"稽古"，类似于现代汉语的"引用"。

（一）修辞效果

用典可以增强文章的说服力与可信性，使内容的表达含蓄、典雅。

（二）用典的分类

1. 明典

用典故字面的意思，直接交代故事来源、人物事件或所引语句的出处。例如：

（1）春江上别，泪血渭阳情。（《奉送二十三舅录事崔伟之摄郴州五排》）

"渭阳"一词出自《诗经·唐风》中的"我送舅氏，曰至渭阳"之句，遂以代"舅氏"二字。

（2）化蝶方酣枕，闻鸡又着鞭。（《邻水延福寺早行》）

其中"化蝶"一词，典出于《庄子·齐物论》："庄周梦为蝴蝶，栩栩然蝴蝶也，自喻适志欤！不知周也。俄而觉，则蘧蘧然周也。不知周之梦为蝴蝶欤！蝴蝶之梦为周欤？"后人遂以"化蝶"或"梦蝶"，借喻为"睡觉"。而"闻鸡"一词则出自《晋书》："祖逖与刘琨……共被同寝。中夜闻荒鸡鸣，逖蹴琨觉，曰：'此非恶声也'。因起剑"。此处借为清晨之意。

2. 暗典

暗典者，于字面上看不出用典之痕迹，须详加玩味，方能体会。例如：

秋风不用吹华发，沧海横流要此身。（《壬辰十二月车驾东狩后即事之四》）

本句出自范宁《谷梁传序》："孔子观沧海之横流，乃喟然而叹曰：'文王即没，文不在兹乎？'"作者以文王之任为己任，故言"秋风不用吹华发，沧海横流要此身"。暗典之使用，只师取前人典故之意，而不用其辞，即《文心雕龙》所谓"虽引古事，莫取旧辞"是也。

3. 翻典

翻典，即反用以前的典故，使句子产生意外的效果。例如：

（1）宣室求贤访逐臣，贾生才调更无伦。可怜夜半虚前席，不问苍生问鬼神。（《贾生》）

（2）湖上青山对结庐，坟头秋色亦萧疏。茂陵他日求遗稿，犹喜曾无封禅书。（《自做寿堂因书一绝以志之》）

据《史记·屈原贾生列传》载：汉文帝接见贾谊询问鬼神之事，两人一直谈到深夜。因为谈得投机，汉文帝不自觉地在坐席上把双膝移动靠近贾谊。接见结束后，文帝说："吾久不见贾生，自以为过之，今不及也。"例（1）中的"可怜夜半虚前席，不问苍生问鬼神"。虽然说的是贾谊才高，然而反其意而用之，用"可怜"二字点出贾谊实则怀才不遇良主的境遇。

例（2）后两句在用司马相如的典故的同时以自己遗稿中并无司马相如封禅书一类阿谀谄媚的文字自慰，说明自己不屑于像司马相如那样希宠求荣，以示高洁。据《后汉书》记载，司马相如死后，汉武帝曾从他的家里取到一卷谈封禅之书所言不外歌功颂德，建议汉武帝举办"封泰山，禅梁父"的大典。虽然例（2）用了司马相如的典，但反其意而用之。

（3）黄昏封印点刑徒，愧负荆山入座隅。却羡卞和双刖足，一生无复没阶趋。（《任弘农尉献州刺史乞假还京》）

例（3）后两句用卞和因献璞玉而双脚被刖之典，表达万般无奈的口气，表明自己何尝真愿斩足，只是不甘奴颜屈膝之意，这也同样属于翻典。

二、代称

代称也叫"借代"，就是不把事物的名称直接说出，而另外换一个与该事物有某些内在联系的名称。代称与比喻的区别在于代称只涉及同一事物，而比喻则涉及两种事物。即用于代称的词语与被代称者实际上指同一事物，是一种直接代替，如"乘奔御风"中的"奔"，与被代称者"马"是同一事物，而比喻是说甲事物好比乙事物，但不等于就是乙事物。如说"曹公，豺虎也"并不等于说曹操就是豺虎。代称的范围很广，下面分作八个方面来叙述。

（一）以事物的性状、特征或标志来指代该事物

用该事物的性状、特征或标志来指代该事物。如《桃花源记》："黄发垂髫，并怡然自乐。"其中，"黄发垂髫"是老人和小孩的特征，借来指代老人和小孩。

（二）以部分代全体

有时候是以事物的主要部分指代该事物的全体，如国风和大小雅是《诗经》的主要部分，所以"风雅"可作为《诗经》的代称；《离骚》是《楚辞》的主要部分，所以"风骚"可作为《诗经》《楚辞》的代称。

（三）以原料代成品

原料和成品是互相有关的事物，所以原料可以指代成品。如《孟子·滕文公上》："许子以釜甑爨，以铁耕乎？"铁是制造农具的原料，所以拿铁来指代铁制的耕田农具。

（四）以具体代抽象

以具体代抽象是古人在修辞上常用的一种手法。试举"刑罚"的概念为例。"刑罚"是一种比较抽象的概念，古人则常用刑具"缧绁""刀锯"等作为刑罚的代称。

（五）以地代人

古书中常见的一种以地代人是以做官的地点为人的代称。如王勃《滕王阁序》："睢园绿竹，气凌彭泽之樽；邺水朱华，光照临川之笔。"彭泽代陶渊明，因为陶渊明当过彭泽令；临川代谢灵运，因为谢灵运当过临川内史。

（六）以官代人

以官代人是表示尊重。上文所述的以地代人，实际上也是以官代人，只不过把官名隐去，只剩做官的地点罢了。司马迁把自己的父亲称为"太史公"而不称名，这是很明显地表示尊敬，甚至有简省官名，只剩两个字的，例如，王羲之曾任右军将军，世称"王右军"，后代也有人省称为"右军"。

（七）专名用作通名

古代汉语里，专名用作通名的例子很多，如《解嘲》："子之笑我玄之尚白，吾亦笑子病甚不遇俞跗舆扁鹊也。"俞跗、扁鹊都是良医的代称。

（八）割裂式的代称

把古书中的一个词组割裂开来，用其一部分代替另一部分，这是割裂式的代称。如《文心雕龙·镕裁》："及云之论机，亟恨其多，而称清新相接，不以为病，盖崇友于耳。"这里的"友于"指代"兄弟"。这是因为《尚书·君陈》说"友于兄弟"，后人就截取其中的"友于"二字作为"兄弟"的代称。这种代称故作神秘，影响语言的纯洁性，是不应该提倡的。

三、互文

上下文义相互呼应、补充的修辞方式叫作"互文"。互文的特点是你中有我，我中有你。前后词语、上下文义互相呼应，彼此补充。共同表达一个完整的意思。

（一）单句互文

例如：

（1）烟笼寒水月笼沙，夜泊秦淮近酒家。（《泊秦淮》）

"烟"与"月"互补见义。

（2）主人下马客在船，举酒欲饮无管弦。（《琵琶行》）

"主人"和"客"、"下马"和"在船"互相补充，即主人和客人下马，主人和客人在船。

（二）双句互文

例如：

（1）受任于败军之际，奉命于危难之间。（《出师表》）

"受任"与"奉命"互补，"败军之际"与"危难之间"互补。

（2）明月别枝惊鹊，清风半夜鸣蝉。（《西江月》）

诗中的"惊""鸣"互文，正确的理解应为："半夜里明月升起，惊飞了树上的鸟鹊，惊醒了树上的眠蝉；轻拂的夜风中传来了鸟叫声和蝉鸣声。"

（三）多句互文

例如：

东市买骏马，西市买鞍鞯，南市买辔头，北市买长鞭。（《木兰诗》）

"东市""西市""南市""北市"四个词语组成互文，意为到东南西北等市场上去买齐了骏马、鞍鞯、辔头和长鞭，而不是在某一个集市上只买一样东西。

（四）互用同义词的互文（变文）

例如：

（1）郑、卫之女不充后宫，而骏良駃騠不实外厩。（《李斯谏逐客书》）

"充""实"是同义词，都是"盈满"的意思，在句中用作动词。

（2）时维九月，序属三秋。（王勃《滕王阁序》）

"九月"就是"三秋"。

四、倒置

"倒置"或称"颠倒"，或称"错综"，是为了押韵、平仄的需要或为了营造特殊的意境，临时打破语义通顺达原则，有意识地颠倒词序的一种修辞手段，也是古代汉语特有的一种修辞方式。"倒置"和语法所说的词序"倒装"或"前置"有所不同。后者一般是有条件的，而前者一般没有附加条件。

北宋欧阳修《醉翁亭记》："临溪而渔，溪深而鱼肥；酿泉为酒，泉香而酒洌。""泉香而酒洌"应理解为"泉洌而酒香"。这是由于对仗、平仄的要求而倒置："洌"对"肥"是仄对平的关系。

北宋沈括《梦溪笔谈》卷十四曾提到：唐韩愈《柳州罗池庙碑》中的"春与猿吟兮，秋鹤与飞。"在许多印本中均被改为"秋与鹤飞"。其实这是作者故意在后句用了倒置，造成与前句不同的感觉，清新且不落俗套，修改者不懂这种情况，改得不好。也就是说，"倒置"一般不符合语法规律，它一般是由于要适应对仗、平仄和押韵的要求而特意造的一些词序颠倒的句子，多半出现在辞赋骈文里，散文里有时也可见到。不过，这种修辞方式与语法原理相违背，非不得已，不可滥用。

五、委婉

"委婉"又叫"婉曲""婉转"，是指一种有所顾忌，不直言其事，或是为了礼貌，把话说得含蓄婉转，委婉曲折地把意思表达出来的修辞手法。主要有五种情况。

（一）外交辞令

古人的外交辞令往往委婉曲折、拐弯抹角。例如：

（1）后期年，齐王为孟尝君曰："寡人不敢以先王之臣为臣。"（《战国策·齐策》）

这句话实际意思就是我要撤你的职。

（2）君惠徼福于敝邑之社稷，辱收寡君，寡君之愿也。（《左传·僖公四年》）

这句话的表面意思是说："承蒙您惠临我国并为我们求福，忍辱屈尊接纳我们国君，这正是我们国君的心愿。"实际意思是：您如果肯接纳我们，跟我们结盟，正是我君之愿。

（二）避粗俗

对某些不能登大雅之堂的粗俗用语，古人往往以婉词表达。例如：

（1）荒侯市人病，不能为人。（《汉书·樊哙传》）

樊哙庶子被封为荒侯，谥号市人，不能像正常男子一样与妻子同房生子。

（2）即阳为病狂，卧便利。（《汉书·玄成传》）

用便利婉称大小便。

（三）避忌讳

古人的生活中有大量的忌讳语。以"死"为例，在很多情况下是不能直说的。例如：

（1）一旦山陵崩，长安君何以自托于赵？（《战国策·赵策》）

（2）先帝创业未半，而中道崩殂。（《出师表》）

关于死的委婉语：仙逝、归道山、徂落、崩殂、崩、卒、不禄、捐馆、百岁之后等。还有对其他不吉利的事情（如：生病）也用委婉的方式说出。

（1）恐太后玉体之有所隙也。（《战国策·赵策》）

（2）复使圣躬违和，万国所悬。（《魏书·彭城王传》）

（3）昔者有王命，有采薪之忧，不得造朝。（《孟子·公孙丑下》）

"有所隙"就是身体不舒服，生病了的意思；"圣躬违和"即皇帝身体失调；"采薪之忧"本指不能上山砍柴，这里也是一种避讳，用了委婉的手法。

（四）避冒犯

对皇帝或权贵的过失，不敢直说，只能隐约其辞地委婉表达。例如：

（1）陛下富于春秋。（《史记·李斯列传》）

（2）太子方富于年。（《七发》）

不直说"皇帝年轻""太子年少"而说"富于春秋"。因为年轻往往意味着不懂事、阅历浅。

（3）怨不在大，可畏唯人。（《谏太宗十思疏》）

避唐太宗李世民的名讳，不直接说"民"改说"人"。

（4）未能尽明，明主不晓，以为仆沮贰师，而为李陵游说，遂下于理。（《报任安书》）

"明主"不晓，实际上是汉武帝冤枉了司马迁，"明主"实则不明。

（五）用谦词

古人多用谦词，表达委婉含蓄。例如：

（1）老臣贱息舒祺，最少，不肖。（《战国策·赵策》）

"贱息"谦称自己的小儿子。

（2）仆赖先人绪业，得待罪辇毂下，二十余年矣。（《报任安书》）

"待罪辇毂下"是"在京城担任官职"的婉辞。

六、回文

回文又叫回环，指用循环往复的语言形式，表现两种事物或情境的互相关系的一种修辞方式。回文在形式上表现出语言的回环往复之美，在内容上表现出两种事物或情境的互相依存互相排斥的关系。回文在晋以后非常盛行，而且各种文体中均被采用。

按文体来分，可分为散文回文和诗词回文和对联回文。

（一）散文回文

知者不言，言者不知。（《老子·第五十六章》）

学而不思则罔，思而不学则殆。（《论语·为政》）

日往则月来，月往则日来。（《易经·系辞》）

（二）诗词回文

南北朝王融《后园作》："斜峰绕径曲，耸石带山连。花余拂戏鸟，树密隐鸣蝉。蝉鸣隐密树，鸟戏拂余花。连山带石耸，曲径绕峰斜。"

清朝女诗人吴绛雪的回环诗《春夏秋冬》堪称这种雅趣诗体中的珍品。苏州弹词艺人把这首诗按一定的顺序念，就成了四首咏四季的诗，其中《夏》诗：香莲碧水动风凉，水动风凉夏日长。长日夏凉风动水，凉风动水碧莲香。

（三）对联回文

人过大佛寺；寺佛大过人。

处处飞花飞处处；潺潺碧水碧潺潺。

风送花香红满地；地满红香花送风。

思考与练习

一、填空题

1.＿＿＿＿＿是指在使用语言的过程中，根据表情达意的需要，运用恰当的语言手段以达到更好的表达效果的语言活动。

2.为肥甘不足于口欤？轻暖不足于体欤？（《孟子·齐桓晋文之事》），其中，用"肥甘"代

_____，"轻暖"代_____。

3. 古文中以官代人是表示尊重。如司马迁把自己的父亲称为"太史公"，以示尊敬，采用了_____的修辞方法。

4. 古诗"迢迢牵牛星，皎皎河汉女。"采用_____的修辞，使得诗句行文简约，形成对仗。

二、选择题

1."虽乘奔御风，不以疾也"中的"奔"字，所使用的修辞方式是（　　）。

A. 比喻　　　　　　B. 代称　　　　　　C. 委婉　　　　　　D. 互文

2. 下列各句中采用互文的修辞方法的是（　　）。

A. 酿泉为酒，泉香而酒洌。（《醉翁亭记》）

B. 周有天下，裂土田而瓜分之。（《封建论》）

C. 即宫车晏驾，非大王立，尚谁立哉。（《汉书·窦田灌韩传》）

D. 侣鱼虾而友麋鹿。（《赤壁赋》）

3. 下列各句运用了典故的有（　　）。

A. 非谢家之宝树，接孟氏之芳邻。（《滕王阁序》）

B. 先帝创业未半，而中道崩殂。（《出师表》）

C. 许子以釜甑爨，以铁耕乎？（《孟子·滕文公上》）

D. 但知以声色、土木淫谣蛊上心耳。（《青溪寇轨》）

三、指出下列句子所采用的修辞手法

1. 纨袴不饿死，儒冠多误身。（《奉赠韦左丞丈二十二韵》）

2. 沛公不胜杯杓，不能辞。（《史记·项羽本纪》）

3. 信言不美，美言不信。（《老子八十一章》）

4. 一日不见，如三秋兮。（《诗经·王风·采葛》）

5. 开我东阁门，坐我西阁床。（《木兰诗》）

6. 生孩六月，慈父见背；行年四岁，舅夺母志。（《陈情表》）

7. 上与梁王燕饮，尝从容曰："千秋万岁之后传于王。"《史记·梁孝王世家》

古文的标点

　　古代典籍原本是没有标点符号的，现代人看到的古籍中的标点，是经过后人整理加上去的。大概从宋代开始有书籍在刊行时刻上句读，但为数很少，一直到清末，一般的书籍也是不断句的。在没有标点符号的时代，古人读书时需要自己断句。在需要的或适当的地方加以停顿，叫作"句读"或"句逗"，这也就是断句。后来又有人把"句""读"区分开来，在语意较为完整的地方加以停顿称为"句"，用"o"作标记点在字的旁边，而语意不完整但又需要换气的地方进行停顿，称之为"读"，并用"、（zhǔ）"作标记点在两字中间。

　　正因为古代书籍没有标点符号，也没有句读的标志，而通篇文章又字字相连，所以，古人在很小的时候就很注重句读的训练。"古之教者，家有塾，党有庠，术有序，国有学。比年入学，中年考校。一年视离经辨志。"（《礼记·学记》）"离经"就是句读经书，也就是说，小孩读书一年以后就要考查他的经书的句读能力，辨别其志向所趋。可见，明辨句读是读书的起点。但是即便能句读，也只是起到断句的作用，还不能说就完全理解了，因为句读与标点符号的性质作用并不相同。现代标点符号不仅可以断句，更能通过它们标出句子的语气和句子之间的层次、结构关系。句子只有使用正确的标点符号点断，才能便于我们理解。例如：

是故生无号o死无谥o实不聚而名不立o施者不德o受者不让o德交归焉而莫之充忍也o

这种句读只能算是对句子的一种分隔。在古代，一般重要的典籍都有人作注解，虽然不管断句，但是有注之处多为断句之处。所以也可以把有注解的地方看成是句子之间的一种分隔。使用正确的标点符号断开应该是：

是故生无号，死无谥，实不聚而名不立。施者不德，受者不让，德交归焉而莫之充忍也。

一、古文标点的原则

标点古文的前提是正确地断句，不要把句子点破，断句如果出现错误，那一定是对古书中的某些词句没有读懂，从而割裂了句子的意思，影响句意的理解。所以能正确理解句意就是断句的关键。在此基础上再来使用准确恰当的标点符号，帮助读者理解句与句之间的层次、结构关系和句子要表达的语气。

（一）字句必须能讲得通

（1）龙者鳞虫之长。王符言其形有九：似头、似驼角、似鹿眼、似兔耳、似牛项、似蛇腹、似蜃鳞、似鲤爪、似鹰掌、似虎是也。（《本草纲目》）

该句标点有误。按上面的标点判断句意，从"似头"开始到"似鹰掌"都以"其形"即龙的外形为主语，说的是龙的九种形象，那后面的"似虎是也"又如何理解？再说，龙的形象怎么想象也和这九种东西不相符。因此，句意不通。正确标点应该是：

龙者鳞虫之长。王符言其形有九似：头似驼，角似鹿，眼似兔，耳似牛，项似蛇，腹似蜃，鳞似鲤，爪似鹰，掌似虎，是也。

（2）故有所览，辄省记通籍。后俸去书来，落落大满。（《黄生借书说》）

该句标点有误。"通籍"之意指初做官，意谓朝中已有了名籍。"通籍"一词后面断开，句意不通，如果换成前面断开"辄省记"然后"通籍后"，则句意明晰。因此正确标点是：

故有所览，辄省记。通籍后，俸去书来，落落大满。

（二）内容必须符合情理

（1）诸垒相次土崩，悉弃其器甲，争投水死者十余万，斩首亦如之。（《资治通鉴》）

"争投水死者十余万"即士兵们丢盔弃甲争着跳入水中死了的有十几万，这明显不合情理。士兵跳水的目的是逃跑，不是去投河自尽。但跳水逃跑的时候被淹死了十几万。所以正确标点应该是：

诸垒相次土崩，悉弃其器甲，争投水，死者十余万，斩首亦如之。

（2）沛公至高阳传舍，使人召郦生。郦生至，入谒。沛公方居床，使两女子洗足而见郦生。（《资治通鉴》）

这个句子一眼看过去，似乎没有什么问题。但仔细分析，意思讲不通。"使两女子洗足而见郦生"中见郦生的主语是两女子，而且是两女子"洗足"与"见"形成顺承关系，意思是刘邦先让两女子洗脚然后来拜见郦生。这既不合情亦不合理。正确的标点是：

沛公至高阳传舍，使人召郦生。郦生至，入谒。沛公方居床使两女子洗足，而见郦生。

（三）语句必须符合文言语法

（1）项籍少时，学书不成，去学剑，又不成。（《史记·项羽本纪》）

这句话初看也似乎看不出什么问题。字句既讲得通，内容也符合情理。只不过忽略掉了古代汉语中"去"这个词的意义及语法特征。"去"本义离开，句中意义也是"离开"，是个及物动词，可带宾语也可不带宾语，带宾语时一般带表处所的宾语居多。这里的"去"后面带的宾语是述宾短语，显然是运用了现代汉语"去"的语法特点及词义，是不对的。正确标点应该是：

项籍少时，学书不成，去。学剑，又不成。

（2）建一官而三物成，能举善也夫，唯善，故能举其类。（《左传·襄公三年》）

这是祁奚荐贤的故事中的一句，晋国设立了一个新的官位，大夫祁奚因此推荐了三位贤才。这里的主要错误是由于对古代汉语语气词"也夫"连用表示感叹这个语法知识不了解所致。"能举善"表达的是陈述语气，并没有感叹语气的色彩，语气词"也"，除了在判断句尾加强判断语气之外，还可以在叙述句尾用来说明原因，表陈述语气。此外，"夫"可以用在句尾也可充当发语词，表示下面要提出话题将要发表议论，"夫唯"在古汉语中也经常连用，表示原因，后面才有"故"与之相呼应。因此，这句正确的标点是：

建一官而三物成，能举善也。夫唯善，故能举其类。

（四）押韵必须符合古韵

（1）夫功者难成而易败，时者难得而易失也；时乎，时不再来。愿足下详察之。（《史记·淮阴侯列传》）

这是蒯通劝韩信反汉时说的一段话。要韩信抓住时机，当机立断。这样标点初看也讲得通，但是没有考虑到音韵方面的问题。上古汉语中，"时"和"来"在同一韵部"之"部，可以押韵，这里应该标点为"时乎时，不再来"。这句话的正确标点是：

夫功者，难成而易败，时者，难得而易失也。时乎时，不再来！愿足下详察之。

（2）赵王饿，乃歌曰："诸吕用事兮，刘氏微，迫胁王侯兮，强授我妃，我妃既妒兮，诬我恶，谗女乱国兮，上曾不寤。吾无忠臣兮何故。弃国自快中野兮，苍天与直。吁嗟不可悔兮，宁早自贼。"（《汉书·高五王传》）

刘邦死后，吕后专权，把一吕姓女子强行嫁给戚夫人的儿子赵王如意。这个妃子后来居然诬陷赵王，使他被囚禁而饿死。按照上古音韵，后半句中"国"与"直""贼"在同一韵部，是押韵的。因此后半句正确的标点应该是：

吾无忠臣兮，何故弃国。自快中野兮，苍天与直。吁嗟不可悔兮，宁早自贼。

从以上的例子可以看出，在对古文进行标点的时候会遇上各种各样的不同情况，有些错误明显，很容易被看出来，但多数情况下需要我们仔细体味，揣摩文意，再加上对古代汉语常识、语法、音韵等知识的了解，才可能正确运用标点符号进行断句。当然，古人注释文句时，对同一文句往往有不同的句读，我们也不能盲目相信，一定要详加辨别。当然，有时一个文句可能存在两种甚至更多种的断句，也都可以讲得通，这时也不必分个子丑寅卯，强行断定孰是孰非。

二、古文标点易错类型

要正确地给古文断句标点，很不容易。首先要细心阅读，在通读原文的基础上掌握大意。其次根据一些明显的标记，比如人物对话、位置比较固定的虚词等，先把易辨的句子点断；对疑难之处要详加分析，应逐个推敲词的意义和用法，并联系上下文，找到点断的地方。最后通览全文，根据文意和语气等情况来选择适当的标点符号。我们可以参考一些断句时易错类型，运用时注意避免出现以下错误。

（一）误解词义断句错误

文言标点的前提是识字辨义。汉字从起源到现在已经存在了几千年，历史悠久，在使用的过程中出现了较多的比较复杂的现象。一字多义、多音，还有古今字、异体字、繁简字、通假字，单音词和复音词，等等，都给古文标点带来很大困难。在一段文字中，一个词到底用了它的本义、引申义还是假借义，是哪种词性，其标点出来的结果都是大相径庭的。例如：

使尽之，而为之箪食，与肉，置诸橐以与之。（《左传·宣公二年》）

这句话的关键在于对"与"这个字的理解。"与"出现两次，词义并不相同，后面的"与"是动词，"给予"的意思，前面的"与"是连词，"和"的意思，"给他准备了一筐饭和肉，放在口袋里给他"。这句话标点错误的原因是把连词理解成了动词。

（二）不熟悉文言的词法句法断句错误

词法句法就是组词造句的规则。古代汉语与现代汉语在词法句法方面存在诸多的差别。首先，从词汇方面来看，古代汉语以单音词为主，一词多义、词类活用的现象很多，古今词义的差别也比较大。语序上还存在宾语前置、定语后置等问题。而句式上如何辨别判断句、被动句、省略句更是需要熟悉它们与现代汉语同类句式的不同特征。还有各种修辞手法的运用，也给理解文意造成不小的困难。例如：

（1）夫拜谒礼仪之效，非益身之实也。（《论衡·非韩》）

这个句子前半段是一个肯定判断句，后半段用副词"非"进行否定判断。古代汉语判断句一般不用系词，主语是"拜谒"这个动词。按古代汉语判断句的句法特点，应该在"拜谒"后面断句。

（2）厩焚。子退朝。曰："伤人乎不？"问马。（《论语·乡党》）

"乎"字是常用的表疑问的句末语气词，按古代汉语语法，没有在这种疑问语气词的后面再加否定副词"不"字的疑问句，正确的标点是：

厩焚。子退朝。曰："伤人乎？"不问马。

（三）不明古代文化常识断句错误

对古代文化常识中的天文、地理、职官、科举、宗法、称谓等方面的典章制度缺乏了解，也是常见的断句错误。例如：

（1）诸侯以字。为谥因以为族。（《左传·隐公八年》）

（2）彗星复见西方。十六日，夏太后死。（《史记·秦始皇本纪》）

"诸侯以字"是什么意思，讲不通。根据周朝典章制度，诸侯的儿子被称为"公子"，公子的儿子称为"公孙"，公孙的儿子则要以其祖之字为氏。"诸侯以字为谥"是"诸侯把字作为谥号"的意思，"因以为族"是诸侯的后代以"谥号"为族姓（氏）。

例（2）错在不了解古代记日法。古代用干支纪日，数字与日连用是"总共多少天"的意思，不是"某日"的意思。这句话的意思是"彗星又在西方出现了一共十六天，夏太后死了。"用数字记日，大约从东汉开始，但在史书和正式的文书中，一般还是用干支记日。正确标点是：

诸侯以字为谥，因以为族。

彗星复见西方十六日，夏太后死。

（四）不了解文言虚词断句错误

虚词也是句读的重要标志，古人有用虚词表停顿或语气的习惯。这个时候虚词实际上起着断句的作用。很多虚词在使用过程中位置也相对固定，我们如果熟悉它们的用法，就可以减少断句的错误。比如"夫（今夫、若夫，且夫）、惟（唯）、盖、故、是故"等常常置于句首；"乎、哉、也、矣、与（欤）、焉、耳、邪（耶）"等多放在句末；"以、于、为、而、则"等放在句中；"苟""纵""是故""于是""向使""然而""无论""至若""是以""继而""纵使""然则"这些关联词也常常用于句首等。例如：

是故治世之音安。以乐其政和。乱世质音怨。以怒其政乖。亡国之音哀。以思其民困。（《礼记·乐记》）

"以"字，词性复杂，可以用作实词，也可以用作虚词，作虚词时有介词和连词两种主要词性。这句话里出现的"以"是一个连词，作用和"而"一样。起到连接作用。连接前后两个谓词"安以乐""怨以怒""哀以思"。如果按照以上的断句，"以"只能看成是介词，其宾语承前省略，"以"字介词短语做状语修饰后面的动词谓语"乐""怒""思"，宾语是"其政""其民"。这样的话，剩下的"和""乖""困"就没有着落归属了。

思考与练习

一、论述题

1.古文标点的原则是什么？

2.标点古文时要注意避免哪几种错误？

二、给下列古文断句并标点

1.孟子谓齐宣王曰王之臣有托其妻子于其友而之楚游者比其反也则冻馁其妻子则如之何？王曰弃之曰士师不能治士则如之何王曰已之曰四境之内不治则如之何王顾左右而言他（《孟子·梁惠王下》）

2.延陵季子出游见路有遗金当夏五月有披裘而薪者季子呼薪者曰取彼地金来薪者投镰于地

瞋目拂手而言曰何子居之高视之下仪貌之壮语言之野也吾当夏五月披裘而薪岂取金者哉季子谢之请问姓字薪者曰子皮相之士也何足语姓名遂去不顾（《论衡·书虚》）

3. 故治国无法则乱守法而弗变则悖悖乱不可以持国世易时移变法宜矣譬之若良医病万变药亦万变病变而药不变向之寿民今为殇子矣故凡举事必循法以动变法者因时而化是故有天下七十一圣其法皆不同非务相反也时势异也故曰良剑期乎断不期乎镆铘良马期乎千里不期乎骥骜夫成功名者此先王之千里也（《吕氏春秋·察今》）

古文翻译

由于时代变迁，语言随着时间推移发生了很大的变化，给我们阅读古文带来了很大的困难。所谓古文翻译，就是将古代文献中的文言文尽可能在保持原本意义与语言风格的前提下，准确而通畅地用现代汉语表述出来。古文翻译必须综合运用古代汉语的基础知识来准确地理解文言文中字、词、句的意思，是古文阅读能力的集中体现，实际上也就是对古代汉语基础知识所进行的综合运用训练，是训练和检验我们的古文阅读能力的重要手段。那么怎样才能把文言文用现代汉语准确而通顺地表述出来呢？把文言文译成白话文不能随心所欲，而应按照文言文今译的要求去翻译。

一、古文翻译的原则

近代著名翻译家严复在总结外文翻译经验时提出翻译要遵循三条原则：信、达、雅。这三点要求也完全适用于古文翻译。所谓"信"，是指译文要忠实于原文，不能随便增加或减少，不能望文生义，更不能离开原文而凭空编造。所谓"达"，是指译文要通顺流畅，符合现代汉语规范化的标准，避免语言生硬呆板。所谓"雅"，是指译文的语言要典雅，要能优美生动地再现出原文的"神韵"，体现出原文的语言风格。

"信、达、雅"三者是有机地联系在一起的，它们贯穿于任何一篇文言文今译的文章之中。下面举例来加以说明：

（1）余悲之，且曰："若毒之乎？"（《捕蛇者说》）

译文一：我对他的遭遇感到悲伤，并且说："你认为这件差事很毒吗？"

译文二：我同情他，并且说："你怨恨这件差事吗？"

（2）公与之乘，战于长勺。（《左传·庄公十年》）

译文一：鲁庄公和曹刿同坐一辆战车，跟齐军作战在长勺。

译文二：鲁庄公和曹刿同坐一辆战车，在长勺跟齐军作战。

（3）人始入官，如入晦室，久而愈明。（《说苑》）

译文一：人刚踏上仕途，就好像进入黑房子，时间长了才越明亮。

译文二：人刚踏上仕途，就好像走进黑暗的房子，时间长了才能看得更清楚。

例（1）的"译文一"对原文词语的理解不准确，把"悲"误解为"悲伤"，把"毒"误解为"毒辣"。其实这里的"悲"是"怜悯，同情"的意思，"毒"是"怨恨"的意思。由此可见，"译文一"不符合"信"的要求，"译文二"才是正确的。

例（2）的"译文一"和"译文二"都符合"信"的要求，但是"译文一"中的"作战在长勺"不符合现代汉语的表达习惯，读起来很别扭，因而不符合"达"的要求，"译文二"才是准确而通顺的。

例（3）的"译文一"对原文的"晦室"理解不准确，不符合"信"的要求，同时，"译文一"中的"时间长了越明亮"与"译文二"中的"时间长了才能看得更清楚"相比，后者能更准确，通畅，因此比"译文一"要"达"一些。

二、古文翻译的方法

古文翻译的方法基本上可以分为直译和意译两种。

所谓直译，是指译文与原文的字、词、句三者要一一对应，句式和语气也要基本相当。直译的优点是能保持原文用词造句的原貌，最能反映出原文的语言特点。然而由于古今汉语在文字、词汇和语法等方面存在着一定的差异，因此有时候译文很难做到与原文的字、词、句一一相对应。这时候就要适当运用"意译"的方法了。

所谓意译，一般是指译文更强调表达原文的意义，而不追求字、词、句的一一对应。有时调整语序，有时对文言文句子中的省略成分予以补足，有时对文言文中某些特殊词语（现代汉语里很难找到与之相对应的说法）应予以改易，有时对文言文中特殊的语法形式（如词类活用等）按照现代汉语的表达方式予以调整。意译的优点是能够弥补直译的不足，使译文更加生动。然而如果随心所欲地去补充改易原文，就可能使意译变成"乱译"。

文言文今译最好采取直译与意译相结合，而以直译为主的方法。为了便于大家掌握和运用这两种文言文今译的方法，下面我们将这两种方法再具体化。

（一）对译

"对译"是指用现代汉语中相对应的词语、句法结构、语序等来翻译文言文的方法。例如：

厉王虐，国人谤王。召公告曰："民不堪命矣！"王怒，得卫巫，使监谤者。（《国语·周语》）

译文：厉王残暴，住在国都内的人公开指责厉王。召公告诉（厉王）说："百姓不能忍受（你的）政令了！"厉王恼怒，找来卫国的巫师，派（他）监视指责厉王的人。

译文中的"残暴"与原文中的"虐"相对应；"住在国都内的人"与"国人"相对应；"公开指责"与"谤"相对应；"不能忍受"与"不堪"相对应；"政令"与"命"相对应，等等，并且句法结构、语序等也都相同。

（二）改易

"改易"是指文言文中的某些特殊词语，在现代汉语里很难找到与之相对应的说法时，而采用意思大致相当的词语来代替原文中词语的方法。例如：

（1）一旦山陵崩，长安君何以自托于赵？（《战国策·赵策》）

译文：一旦您不幸逝世，长安君凭什么在赵国托身？

（2）豫州今欲何至？（《资治通鉴》）

译文：刘备如今准备去哪里？

例（1），原文中"山陵崩"是对于赵太后将来不幸辞世的一种委婉说法，现代汉语里没有与它相对应的说法。如果从字面上硬译为"山陵崩塌"，则词不达意，并且下文"长安君何以自托于赵"也就没有了着落。因此译文把"山陵崩"改为"不幸辞世"。

例（2），原文中"豫州"本是地名，因刘备曾任豫州刺史，故以豫州代刘备。这是运用了借代的修辞方式。如果仍从字面上来理解，译为"豫州如今准备去哪里"，则难以使人明白，因此译文把"豫州"改为它所指代的对象"刘备"。

（三）增补

"增补"是指把文言文中省略了的句子成分补充出来的方法。文言文中省略主语和宾语的情况比较常见，也有省略其他句子成分的，现代汉语里则很少省略，因此译文应按照现代汉语的表达习惯将该补足的省略成分增补出来，使句子结构完整。有时候，文言文中并没有省略句子成分，然而在翻译时我们还是需要增补某些词语才能使译文通畅。所增补的词语可以用括号来表示。例如：

"且相如素贱人，吾羞，不忍为之下！"宣言曰："我见相如，必辱之。"相如闻，不肯与会。（《史记·廉颇蔺相如列传》）

译文："何况相如本来（是）卑贱的人，我（对处在他之下感到）羞耻，不甘心（自己的职位）处在他下面！"扬言说："我遇见相如，一定羞辱他。"相如听到（这样的话），（就）不肯跟（廉颇）会面。

原文中的"相如素贱人"，是判断句。文言文中表示判断一般不用判断词"是"，因此把判断句翻译成白话文时，应该按照现代汉语判断句的表达习惯增补判断词"是"；原文"羞"后面省略了宾语"之"。"羞之"，是意动用法，即"以之为羞"，因此在翻译时不仅要增补出省略了的宾语"之"，还要把"羞"这个词的活用情况翻译出来，当然又得增补某些词语；"不忍为之下"并没有省略句子成分，可以直接译为"不甘心在他下面"，但是考虑到好让读者明白不甘心什么方面在他下面，于是译文还是增补了"自己的职位"等词语；原文"闻"后面省略了宾语"之"，指上文廉颇所说的话，因此译文增补出了原文所省略的内容；"相如闻，不肯与会"，这是一个连贯复句。古代汉语中可以用关联词"遂""乃"等来连接连贯复句中的上下两个分句，也可以不用关联词。译文按现代汉语中连贯复句的表达习惯增补了关联词"就"；原文介词"与"后面省略了宾语"之"，即廉颇，译文予以增补。

（四）删除

"删除"是指将文言文中某些无法译出或不必译出的词语弃置不译的方法。文言文中的某些虚词，现代汉语里或没有与之相对应的词语来表示它，不能硬译；或虽有与之相对应的词语，但如果勉强译出，则会使句子显得生硬。因此遇到这类虚词时，都可以删除不译。另外，当文言文中使用了"同义连用"和"连及"等修辞方式之时，译文可以恰当地选择其中的一个词语进行翻译而删除另外的词语。例如：

（1）夫战，勇气也。（《左传·庄公十年》）

译文：作战，（是靠）勇气的。

（2）陈胜者，阳城人也。（《史记·陈涉世家》）

译文：陈胜（是）阳城人。

（3）虽我之死，有子存焉。（《列子·汤问》）

译文：即使我死了，（还）有儿子存在。

（4）姜氏何厌之有？（《左传·隐公元年》）

译文：姜氏哪有满足的时候呢？

例（1），原文中的"夫"是发语词，常用在句子的开头，表示要发议论，起引起下文的作用，没有实在意义。例（2），原文中的"者"是句中语气助词，常用在主语、时间词或分句之后，表停顿；"也"字常用在判断句末，表示判断语气。"……者……也"是古代汉语里判断句的常用形式。例（3），原文中的"之"是结构助词，常用于分句的主语和谓语之间，取消句子的独立性；"焉"是句尾语气助词，没有实在的意义。例（4），原文中的"之"是结构助词，作宾语前置的标志。以上虚词都可以删除不译。下面再看删除实词不译的例子：

（5）先帝创业未半而中道崩殂。今天下三分，益州疲弊，此诚危急存亡之秋也。（《出师表》）

译文：先帝创建统一全国的大业没有完成一半就中途去世了。现在天下分裂成三国，蜀汉衰弱，这的确是危急灭亡的时候啊。

例（5），原文中的"崩"，古时指皇帝的死亡；"殂"也表示死亡。这里的"崩殂"是同义连用，只需翻译任何一个即可。原文中的"存亡"，实际上是偏指"亡"，因说"亡"而连带说及"存"，这是运用了连及的修辞方式，因此只需翻译"亡"即可。

（五）调整

"调整"是指按照现代汉语的表达习惯来改变文言文中的某些句法结构、语序等的方法。古今汉语在句法结构、语序，以及词类活用等方面存在着某些差异，今译时应按照现代汉语的表达习惯来调整，从而使译文准确而通顺。例如：

（1）阳货欲见孔子，孔子不见。（《论语·阳货》）

译文一：阳货想见孔子，孔子不见（他）。

译文二：阳货想使孔子拜见自己，孔子不去拜见（他）。

例（1），原文中"见孔子"的"见"，是使动用法的动词，"见"这一动作行为不是阳货发出的，而是孔子发出的。因此，为了使译文准确，就必须调整语序，把"见"移到"孔子"后面来陈述孔子做什么，否则就会像"译文一"那样误解原文。

（2）臣本布衣，躬耕于南阳。（《出师表》）

译文一：我本来（是）平民，亲自耕田在南阳。

译文二：我本来（是）平民，亲自在南阳耕田。

例（2），"译文一"把原文中的"耕于南阳"翻译成"耕田在南阳"，意思上是正确的，并且与原文的句法结构保持一致，但是这样的译文不符合现代汉语的表达习惯，显得生硬而不顺畅。文言文中表示处所的介宾短语一般用在动词谓语后面作补语，而在现代汉语中往往用在动词谓语前面作状语。"译文二"符合现代汉语的表达习惯，因此既正确又通畅。

（3）为之驾，比门下之车客。（《战国策·齐策》）

译文一：准备他车马，按照门下可以乘车的门客看待。

译文二：给他准备车马，按照门下可以乘车的门客看待。

例（3），原文中"为之驾"是双宾语结构，"译文一"为了与原文的句法结构保持一致而译成"准备他车马"，然而这不符合现代汉语的表达习惯。"译文二"把原文中的双宾语结构调整为状动结构，这就通顺了。

（4）蚓无爪牙之利，筋骨之强。（《荀子·劝学》）

译文一：蚯蚓没有爪牙的锋利，没有筋骨的强健。

译文二：蚯蚓没有锋利的爪牙，没有强健的筋骨。

例（4），原文中"爪牙之利"和"筋骨之强"的句法结构都是"中心词+之+定语"，而在现代汉语中这种结构应调整为"定语+之（的）+中心词"。由此可见，"译文一"不符合现代汉语的表达习惯，属硬译；而"译文二"才是通顺的。

（5）居则曰："不吾知也。"（《论语·先进》）

译文一：（你们）平时就说："不我了解。"

译文二：（你们）平时就说："不了解我。"

例（5），原文中的"不吾知也"是宾语前置句。在文言文里，否定句中代词作宾语往往前置，现代汉语中没有这种句式，而是把宾语放在动词谓语之后。因此，"译文一"显得很别扭；"译文二"才是正确而通顺的。

（六）保留

"保留"是指把文言文中的某些词语直接放置在白话文中的方法。对于文言文中那些古今意义相同的词语，以及年号、人名、官名、地名、物名、同名、朝代名、度量衡单位等专门用语，可以直接保留下来而不必翻译。例如：

庆历四年春，滕子京谪守巴陵郡。（《岳阳楼记》）

译文：庆历四年春天，滕子京被贬谪做巴陵郡的太守。

原文中的"庆历"是宋仁宗赵祯的年号；"滕子京"是人名；"巴陵郡"是地名；"守"即"太守"，是官名，汉朝称"太守"，宋朝称"知州"，然而后世之人往往喜欢沿用古称；"四年"和"春"，古今意义相同。因此，译文都将它们保留下来，只是按照现代汉语的用语习惯，把原文中的单音词"春"和"守"分别换成双音词"春天"和"太守"。

最后，为了便于记忆和掌握古文翻译的方法，我们综合以上所列举的古文翻译的几种方法，编了一首"古文今译歌"：

> 词语句法相对应，特殊情况可改易。
>
> 成分省略须增补，无义之词得删去。
>
> 句法语序古今异，据今调整莫硬译。
>
> 专门用语该保留，信达雅具最相宜。

思考与练习

一、简答题

1. 翻译的基本原则是什么？如何理解这些原则？

2. 什么叫直译？什么叫意译？

二、比较下列古文，哪句翻译得更好些？

1. 秦军函陵，晋军氾南。（《左传·僖公三十年》）

译文一：秦军在函陵，晋军在氾南。

译文二：秦国军队驻扎在函陵，晋国军队驻扎在氾水以南。

2. 孙权据有江东，已历三世。（《资治通鉴》）

译文一：孙权祖孙三代都在江东地区割据。

译文二：孙权割据江东地区，已经经历了三代。

3. 余读书之室，其旁有桂一株焉。（《鸟说》）

译文一：我读书的房子，它的旁边有一棵桂树。

译文二：我读书的房子旁边有一棵桂树。

4. 爱憎之间，所宜详慎。（《新唐书·魏徵传》）

译文一：喜爱与厌恶之间，是应该仔细慎重的。

译文二：对于人的爱憎，是应该仔细慎重的。

5. 齐宣王好射，说人之谓己能用强弓也。（《吕氏春秋·壅塞》）

译文一：齐国的国王爱好用箭射东西，高兴人们谈论自己能用强硬不易拉动的弓箭。

译文二：齐宣王喜好射箭，喜欢别人说自己能用强弓。

6. 臣实不才，又谁敢怨？（《左传·成公三年》）

译文一：我实在没有什么才能，又有谁敢怨恨呢？

译文二：我实在没有才能，又敢埋怨谁呢？

三、语句翻译

1. 夫天地者，万物之逆旅；光阴者，百代之过客，而浮生若梦，为欢几何？

_____

2. 然吾尝闻风俗与化移易，吾恶知其今不异于古所云邪！聊以吾子之行卜之也。

_____

3. 梁之上有丘焉，生竹树，其石之突怒偃蹇，负土而出，争为奇状者，殆不可数。

_____

4. 于是疏泉凿石，辟地以为亭，而与滁人往游其间。

_____

5. 古者有喜，则以名物，示不忘也。

_____

四、翻译下列文段

1. 管仲、隰朋从于桓公而伐孤竹，春往冬反，迷惑失道。管仲曰："老马之智可用也。"乃放老马而随之，遂得道。行山中无水，隰朋曰："蚁冬居山之阳，夏居山之阴，蚁壤一寸而仞有水。"乃掘之，遂得水。以管仲之圣而隰朋之智，至其所不知，不难师于老马、老蚁，今人不知以其愚心而师圣人之智，不亦过乎？

_____

_____

_____

_____

2. 管仲有病，桓公往问之，曰："仲父之病矣，渍甚，国人弗讳，寡人将谁属国？"管仲对曰："昔者臣尽力竭智，犹未足以知之也，今病在于旦夕之中，臣奚能言？"桓公曰："此大事也，愿仲父之教寡人也。"管仲敬诺，曰："公谁欲相？"公曰："鲍叔牙可乎？"管仲对曰："不可。夷吾善鲍叔牙，鲍叔牙之为人也，清廉洁直，视不已若者，不比于人，一闻人之过，终身不忘。勿已，则隰朋其可乎？隰朋之为人也，上志而下求，丑不若黄帝，而哀不已若者。其于国也，有不闻也；其于物也，有不知也；其于人也，有不见也。勿已乎，则隰朋可也。"。

_____

_____

_____

_____

文史知识拓展

中国思想界的圣地——稷下学宫

战国时期，社会处于剧烈变革中，刚取得政权的新兴封建统治阶级迫切需要在贤人能士的帮助下实现"一匡天下"的政治理想。齐国一直有尊贤纳士的传统，田齐第三位君主田午借鉴春秋时期齐桓公养士的传统，招贤纳士，在国都临淄的稷门附近修筑学宫、广招学者，将其封为大夫。一时间，来此传道授业、著书论辩的学者络绎不绝。后来，齐威王继续扩建稷下学宫。这里贤士云集、诸子立说，最终，齐国成为东方霸主，稷下学宫进入繁盛发展的新阶段。

齐宣王时，稷下学宫发展到鼎盛阶段。齐宣王的政策更开明，他容纳百家之说，欢迎辩论，"趋士""贵士""好士"，赐封稷下学者为上大夫，提高他们的政治地位，让他们参与国事，还在物质上优待这些学者，为他们"开第康庄之衢"，修建"高门大屋"，发放优厚的俸禄。此外，齐宣王还鼓励他们著书立说、招收弟子、学术争鸣。各地的学者慕名前来，使稷下学宫人数增至数万人，其中包括孟子、邹衍、淳于髡、接子、鲁仲连、兒说等人。

聚集在稷下学宫的学者各有主张。他们没有统一思想，也不畏惧权贵，拥有极大自由，可随意宣传自己的学说和理想。他们围绕着天人之际、古今之变、礼法、王霸、义利等话题展开激烈的辩论。各学派虽主张不同，各持一说，但大家都以一种开放的姿态和进取的精神对待其他学派，在辩论中相互学习、取长补短，从而让自己的学说更加成熟和系统化。此时的稷下学宫人数众多、学派广杂、规模宏大、辩论热烈。此种情况，历史罕见。宋代文学家司马光在《稷下赋》中说："致千里之奇士，总百家之伟说。"

这种状况一直持续到齐湣王统治前期。此时，稷下学宫的学者已多达数万人，而且还有继续发展的趋势。不过，齐湣王在位后期，变得极为好战，而且好高骛远、心胸狭窄，完全没有其祖上招贤纳士的雅量，也不接受稷下学者的劝谏。英雄无用武之地，稷下学者纷纷离开齐国，去往他处谋求实现自己理想的机会，齐国人才大量外流。《盐铁论·论儒》中描述道："诸儒谏不从，各分散，慎到、捷（接）子亡去，田骈如薛，而孙卿适楚。"稷下学宫开始衰落，齐国也逐渐走上灭亡的道路。

虽然在齐襄王复国当政时期，重建稷下学宫，一时吸引了荀子等学者的到来，稷下学宫依然呈现百家争鸣的局面。不过，齐襄王看似招贤纳士，实则表里不一，稷下学宫的学者依然处在"智者不得虑，能者不得治，贤者不得使"的尴尬境地。这座学者心中的理想殿堂已经辉煌不再，许多学者不得不挥泪而别。

公元前221年，齐为秦灭，稷下学宫遭受战火，结束了自己一百四十余年的发展历程。

"稷下学宫"的鼎盛时期，不仅推动了先秦学术文化的发展，形成了百家争鸣的局面，对后世也产生了广泛而深远的影响，成为中国文化史上的一颗璀璨的明珠。

（资料来源：编者根据相关资料整理）

元明清文

陆

文选

◆ 导读

    中国的戏曲在经历了漫长的发展过程之后，到元代形成"元杂剧"。元杂剧又称北杂剧，是元代用北曲演唱的传统戏曲形式。主要代表作家有关汉卿、郑光祖、马致远、白朴等。明朝下半叶，出现了以沈璟为代表的"吴江派"和以汤显祖为代表的"临川派"。

    中国古代的叙事文学，到了明清时期步入了成熟期。就文学理念、文学体式和文学表现手段而言，明清小说以其完备和丰富将叙事文学推向了极致。从明清小说所表现的广阔的社会生活场景、丰硕的艺术创作成果和丰富的社会政治理想而言，明清小说无疑铸就了中国古典文学的最后的辉煌。

    汤显祖（1550—1616年），生于抚州府临川县，字义仍，号海若、若士、清远道人，明代戏曲家、文学家，被誉为"东方的莎士比亚"。汤显祖于万历年间考中进士，先后任太常寺博士、詹事府主簿、遂昌知县等职。他的剧作被视为世界戏剧艺术的珍品，主要作品有《紫钗记》《南柯记》《牡丹亭》《邯郸记》（合称为"临川四梦"）等。

    魏学洢（1596—1625年），字子敬，嘉善（今浙江省嘉善县）人，明末散文作家。明末天启年间著名的江南才子，他出生在浙江嘉兴的一户仕宦人家，父亲是一位名臣。他一生写过很多篇脍炙人口的文章，其中最有名的便是被清代人张潮收入《虞初新志》的《核舟记》，还有比较著名的就是《茅檐集》八卷。

    张岱（1597—1679年）又名维城，字宗子，又字石公，号陶庵、天孙，别号蝶庵居士，晚号六休居士，山阴（今浙江绍兴）人。寓居杭州。出生仕宦世家，少为富贵公子，精于茶艺鉴赏，爱繁华，好山水，晓音乐，戏曲，明亡后不仕，入山著书以终。张岱为明末清初文学家、史学家，其最擅长散文，著有《琅嬛文集》《陶庵梦忆》《西湖梦寻》《三不朽图赞》《夜航船》等绝代文学名著。《柳麻子说书》作品出自《陶庵梦忆》。

    林嗣环（1607—约1662年），字铁崖，号起八，清代顺治年间的福建晋江人（现泉州市安溪县官桥镇驷岭村）。其博学善文，著有《铁崖文集》《海渔编》《岭南纪略》《荔枝话》《口技》等。

    蒲松龄（1640—1715年），字留仙、一字剑臣，别号柳泉居士，世称聊斋先生，自称异史氏，现山东省淄博市蒲家庄人。他从小聪颖，科举却屡试不第，七十一岁时才成岁贡生，舌耕笔耘近四十二年，用毕生精力完成的奇书《聊斋志异》，被誉为中国古代文言短篇小说中成就最高的作品集。

牡丹亭记题词

📖 **说明**

　　《牡丹亭记题词》是《汤显祖诗文集》卷三十三的一篇散文。《牡丹亭记》又名《牡丹亭还魂记》，或简称《牡丹亭》或《还魂记》，通过女主角杜丽娘与柳梦梅生死离合的爱情故事，热情歌颂了杜丽娘的至情，歌颂了反道学、反礼教，追求爱情自由的斗争精神。这篇题词作于万历二十六年（1598年），作者在遂昌弃官返临川后数月写成。文中强调情的神奇作用，并以"情"驳"理"，表现了作者新的思想观点。

　　天下女子有情，宁有如杜丽娘者乎！梦其人即病，病即弥连[1]，至手画形容传于世而后死[2]。死三年矣，复能溟莫中求得其所梦者而生[3]。如丽娘者，乃可谓之有情人耳。情不知所起，一往而深。生者可以死，死可以生。生而不可与死，死而不可复生者，皆非情之至也。梦中之情，何必非真，天下岂少梦中之人耶？必因荐枕而成亲[4]，待挂冠而为密者[5]，皆形骸之论也[6]。

　　传杜太守事者，仿佛晋武都守李仲文、广州守冯孝将儿女事[7]。予稍为更而演之。至于杜守收考柳生，亦如汉睢阳王收考谈生也[8]。

　　嗟夫，人世之事，非人世所可尽。自非通人[9]，恒以理相格耳[10]。第云理之所必无，安知情之所必有邪！

　　[1]弥连：同"弥留"，言久病不愈。《牡丹亭·诊祟》旦白："我自春游一梦，卧病至今。"

　　[2]手画形容：指亲手为自己画像。见该剧第十四出《写真》。

　　[3]溟莫：指阴间。溟，同"冥"。

　　[4]荐枕：荐枕席。《文选》宋玉《高唐赋》："闻君游高唐，愿荐枕席。"李善注："荐，进也，欲亲近于枕席，求亲昵之意也。"

　　[5]挂冠：谓辞官。密：亲近。

　　[6]形骸：形体，对精神而言。意谓肤浅之说。

　　[7]晋武都守李仲文：传说武都太守李仲文丧女，暂葬郡城之北。其后任张世之之子子常，夜梦一女，遂共枕席。后发棺视之，女尸已生肉，颜姿如故。但因被发棺，未能复生。事见《搜神后记》卷四。广州守冯孝将儿女事：冯孝将为广州太守时，其儿马子梦一女子说："我是前太守北海徐玄方女，不幸早亡，亡来今已四年，为鬼所枉杀。……应为君妻。"后于本命生日，掘棺开视，女体貌如故，遂为夫妇。事见《搜神后记》卷四，又见《异苑》及《幽明录》等。

　　[8]汉睢阳王收考谈生：汉谈生，四十无妇，夜半读书，有女子来就生为夫妇，约三年中不能用火照。后生一子，已二岁，生夜伺其寝，以烛照之，腰上已生肉，腰下但有枯骨。妇觉，以一珠袍与生，并裂取生衣裾而去。后生持袍诣市，睢阳王家买之。王识女袍，以生为盗墓贼，乃收拷生。生以实对。王视女冢如故。发现之，得谈生衣裾。又视生儿正如王女，乃认谈生为婿。事见《列异传》，又见《搜神记》。

　　[9]通人：学通古今的人。

　　[10]格：推究。

核舟记[1]

扫一扫 学一学

📖 说明

《核舟记》是魏学洢创作的一篇说明文。此文语言生动平实、洗练，细致地描写了一件微雕工艺品——"核舟"的形象，其构思精巧，形象逼真，反映了中国古代雕刻艺术的卓越成就，表达了作者对王叔远精湛技术的赞美，以及对中国古代劳动人民的勤劳与智慧的高度赞扬。

明有奇巧人曰王叔远[2]，能以径寸之木为宫室、器皿、人物[3]，以至鸟兽、木石[4]，罔不因势象形[5]，各具情态。尝贻余核舟一[6]，盖大苏泛赤壁云[7]。

舟首尾长约八分有奇[8]，高可二黍许[9]。中轩敞者为舱[10]，箬篷覆之[11]。旁开小窗，左右各四，共八扇。启窗而观，雕栏相望焉[12]。闭之，则右刻"山高月小，水落石出[13]"，左刻"清风徐来，水波不兴[14]"，石青糁之[15]。

[1] 记：指文体。"记"这种体裁出现得很早，至唐宋而大盛。它可以记人和事，可以记山川名胜，可以记器物建筑，故又称"杂记"。在写法上以记述为主而兼有议论、抒情成分。

[2] 奇巧人：技艺奇妙精巧的人。奇，奇特。王叔远：名毅，字叔远，明代民间微雕艺人。

[3] 径寸之木：直径一寸的木头。径，直径。为：做，这里指雕刻。器皿：指器具。

[4] 以至：及。

[5] "罔不因势象形"二句：都能就着木头原来的样子模拟那些东西的形状，各有各的情态。罔不，无不，全都。因，就着。象，模仿。这里指雕刻。各，各自。具，具有。情态，神态。

[6] 尝：曾经。贻余：赠我。

[7] 盖大苏泛赤壁云：刻的是苏轼乘船游赤壁的故事。盖，表示推测的句首语气词。泛，泛舟，坐船游览。云，句尾语助词。

[8] 约：大约。有奇（yóujī）：多一点。有，通"又"，用来连接整数和零数。奇，零数。

[9] 高可二黍（shǔ）许：大约有两个黄米粒那样高。可，大约。黍，又叫黍子，去皮后叫黄米。一说，古代一百粒排列起来的长度是一尺，因此一个黍粒的长度是一分。许，上下，表约数。

[10] 中轩敞（chǎng）者为舱：中间高起宽敞的部分是船舱。轩，高起。敞，宽敞。为，是。

[11] 箬（ruó）篷：用箬竹叶做成的船篷。箬的异形字是"箬"。

[12] 雕栏相望焉：雕刻着花纹的栏杆左右相对。望，对着，面对着。

[13] "山高月小"二句：苏轼《后赤壁赋》里的文句。

[14] "清风徐来"二句：苏轼《赤壁赋》里的文句。清，清凉。徐，缓缓地，慢慢地。兴，起。

[15] 石青糁（sǎn）之：用石青涂在刻着字的凹处。石青，一种青绿色的矿物颜料。糁，涂。

船头坐三人，中峨冠而多髯者为东坡[1]，佛印居右[2]，鲁直居左[3]。苏、黄共阅一手卷[4]。东坡右手执卷端[5]，左手抚鲁直背。鲁直左手执卷末[6]，右手指卷，如有所语[7]。东坡现右足，鲁直现左足，各微侧[8]，其两膝相比者[9]，各隐卷底衣褶中[10]。佛印绝类弥勒[11]，袒胸露乳，矫首昂视[12]，神情与苏、黄不属[13]。卧右膝[14]，诎右臂支船[15]，而竖其左膝，左臂挂念珠倚之^[16]，珠可历历数也^[17]。

[1]峨冠：戴着高高的帽子，名词作动词用。髯（rán）：两腮的胡须，这里泛指胡须。

[2]佛印：人名，是个和尚，苏轼的朋友。居：位于。

[3]鲁直：宋代诗人，书法家黄庭坚，字鲁直。他也是苏轼的朋友。

[4]手卷：横幅的书画卷子。

[5]执：拿着。卷端：指画卷的右端。

[6]卷末：指画卷的左端。

[7]如有所语：好像在说什么话似的。语，说话。

[8]微侧：略微侧转（身子）。

[9]其两膝相比者：他们的互相靠近的两膝（苏东坡的左膝和黄庭坚的右膝）。比，靠近。

[10]各隐卷底衣褶中：都隐蔽在手卷下边的衣褶里（意思说，从衣褶上可以看出相并的两膝）。

[11]绝类弥勒：极像佛教的弥勒菩萨类像。

[12]矫首昂视：抬头仰望。

[13]不属（zhǔ）：不相类似。

[14]卧右膝：卧倒右膝。

[15]诎（qū）：同"屈"，弯曲。

[16]念珠：信佛教的人念佛时用以计数的成串珠子。倚之：（左臂）靠在左膝上。

[17]历历数也：清清楚楚地数出来。历历，分明可数的样子。

舟尾横卧一楫^[1]。楫左右舟子各一人^[2]。居右者椎髻仰面^[3]，左手倚一衡木^[4]，右手攀右趾^[5]，若啸呼状^[6]。居左者右手执蒲葵扇，左手抚炉，炉上有壶，其人视端容寂^[7]然^[8]。

其船背稍夷^[9]，则题名其上，文曰"天启壬戌秋日^[10]，虞山王毅叔远甫刻^[11]"，细若蚊足，钩画了了^[12]，其色墨^[13]。又用篆章一^[14]，文曰"初平山人"，其色丹^[15]。

[1]楫（jí）：船桨，划船用具。

[2]舟子：撑船的人，船夫。

[3]椎髻（jì）：梳成椎形发髻，属于词类活用。

[4]衡：通"横"，横着。

[5]攀：扳着。

[6]啸呼：大声呼叫。

[7]其人视端容寂：那个人，眼睛正视着（茶炉），神色平静。

[8]若听茶声然：好像在听茶水开了没有的样子。若……然，相当于"好像……的样子"。

[9]船背稍夷：船的底面稍平。背，这里指船底。夷，平。

[10]天启壬戌：天启壬戌年，即1622年。天启，明熹宗朱由校年号。

[11]虞山王毅叔远甫：常熟人王毅字叔远。虞山，现在江苏省常熟县西北，这里用来代替常熟。甫，通"父"，古代对男子的美称，多附于字之后。

[12]钩：钩的形状。了了：清清楚楚。

[13]墨：这里的意思是黑色。

163

[14]篆章：篆字图章。

[15]丹：红色。

通计一舟，为人五，为窗八，为箬篷，为楫，为炉，为壶，为手卷，为念珠各一；对联、题名并篆文，为字共三十有四。而计其长，曾不盈寸[1]。盖简桃核修狭者为之[2]。

魏子详瞩既毕，诧曰：嘻，技亦灵怪矣哉[3]！《庄》《列》所载，称惊犹鬼神者良多，然谁有游削于不寸之质，而须麋了然者？假有人焉，举我言以复于我，亦必疑其诳。乃今亲睹之。由斯以观，棘刺之端，未必不可为母猴也。嘻，技亦灵怪矣哉！

[1]曾不盈寸：竟然不满一寸。盈，满。

[2]简：挑选，同"拣"，挑选。修狭：长而窄。

[3]技亦灵怪矣哉：技艺也真神奇啊！矣和哉连用有加重惊叹语气的作用。

柳麻子说书

说明

《柳麻子说书》一般指《柳敬亭说书》。《柳敬亭说书》是明代文学家张岱创作的一篇小品文，内容主要关于明代艺术家柳敬亭说书之事。

全文可分为五个段落，首言柳麻子的外形长相，续言柳麻子说书的行情，接着举实例说明柳麻子说书的景况，再以其他说书人的羞愧说明柳麻子之好，最后则是总结他有好行情的原因。

南京柳麻子，黧黑[1]，满面疤瘰[2]，悠悠忽忽[3]，土木形骸[4]，善说书。一日说书一回，定价一两。十日前先送书帕下定[5]，常不得空。南京一时有两行情人：王月生、柳麻子是也[6]。余听其说景阳冈武松打虎白文[7]，与本传大异。其描写刻画，微入毫发，然又找截干净，并不唠叨。勃夬声如巨钟，说至筋节处，叱咤叫喊，汹汹崩屋。武松到店沽酒，店内无人，謦地一吼[8]，店中空缸空甓皆瓮瓮有声。闲中著色[9]，细微至此。主人必屏息静坐，倾耳听之，彼方掉舌[10]。稍见下人呫哔耳语[11]，听者欠伸有倦色[12]，辄不言，故不得强。每至丙夜[13]，拭桌剪灯，素瓷静递[14]，款款言之。其疾徐轻重，吞吐抑扬，入情入理，入筋入骨，摘世上说书之耳[15]，而使之谛听，不怕其不齰舌死也[16]。柳麻貌奇丑，然其口角波俏[17]，眼目流利，衣服恬静，直与王月生同其婉娈[18]，故其行情正等。

[1]黧（lí）黑：面色黄黑。

[2]疤瘰（lěi）：疤痕。

[3]悠悠忽忽：随随便便。

[4]土木形骸：将自己的形体视作土木，意即不肯修饰。

[5]书帕：包着书和礼金的帕子。下定：下定金。

[6]王月生：当时著名的歌妓。

[7]白文：当时说书分大书和小书两种，大书有说无唱，小书说兼唱。柳敬亭说的是大书，故称白文。

[8]暋（bó）：大叫。

[9]闲中著色：在一般人不注意处加以渲染。

[10]掉舌：动舌，表示开始说书。

[11]呫哔（tiè bì）：低声细语。

[12]欠伸：打哈欠，伸懒腰。

[13]丙夜：三更时，即23时至第二天凌晨1时。

[14]素瓷：洁白的瓷杯。

[15]说书：指说书人。

[16]齰（zé）舌：咬着舌头不说话，指羞愧。

[17]口角波俏：指口齿伶俐。

[18]婉娈（luán）：美好。

口技

扫一扫 学一学

> 📖 **说明**
>
> 　　《口技》是林嗣环创作的一篇散文。此文以时间先后为序，记叙了一场精彩的口技表演。表演者用各种不同的声响，异常逼真地摹拟出一组有节奏、有连续性的生活场景，令人深切感受到口技这一传统民间艺术的魅力。全文紧扣"善"字，形象而逼真地进行正面描写，由简单到复杂、由弛缓至紧张的三个场景，再侧面描写听众的神态、动作，其间插入笔者的简要赞语。这种正面描写与侧面描写相结合的写法，为文章在艺术表现上的一个显著特点。行文语言简练而又细腻，形象而又传神，构成自然、清新、感人的格调。

　　京中有善口技者。会宾客大宴[1]，于厅事之东北角[2]，施八尺屏障[3]，口技人坐屏障中，一桌、一椅、一扇、一抚尺而已[4]。众宾团坐[5]。少顷[6]，但闻屏障中抚尺一下[7]，满坐寂然[8]，无敢哗者。

[1]会：适逢，正赶上。

[2]厅事：大厅，客厅。

[3]施：设置，安放。屏障：指屏风、围帐一类用来隔断视线的东西。

[4]抚尺：艺人表演用的道具，用来拍案发声，以引起听众注意，也叫"醒木"。

[5]团坐：相聚而坐。团，聚集、集合。

[6]少顷：一会儿。

[7]但闻：只听见。但，只。闻，听见。

[8]满坐寂然：全场静悄悄的。坐，同"座"，座位。

遥闻深巷中犬吠，便有妇人惊觉欠伸[1]，摇其夫，语猥亵事，夫呓语[2]，初不甚应。妇摇之不止，则二人语渐间杂，床又从中戛戛。既而儿醒[3]，大啼。夫令妇抚儿乳[4]，儿含乳啼，妇拍而呜之[5]。夫起溺，妇亦抱儿起溺。床上又一大儿醒，絮絮不止[6]。当是时，妇手拍儿声，口中呜声，儿含乳啼声，大儿初醒声，床声，夫叱大儿声，溺瓶中声，溺桶中声，一时齐发[7]，众妙毕备[8]。满坐宾客，无不伸颈侧目[9]，微笑，默叹[10]，以为妙绝。

既而夫上床寝。妇又呼大儿溺，毕，都上床寝。小儿亦渐欲睡。夫齁声起[11]，妇拍儿亦渐拍渐止。微闻有鼠作作索索[12]，盆器倾侧[13]，妇梦中咳嗽。宾客意少舒[14]，稍稍正坐。

[1]欠伸：打呵欠，伸懒腰。

[2]呓（yì）语：说梦话。

[3]既而：不久。而，这里作时间副词的词尾。

[4]抚：抚摩，安慰。乳：作动词用，喂奶。

[5]呜：指轻声哼唱。

[6]絮絮：连续不断地说话。

[7]一时：同一时候。

[8]众妙毕备：各种妙处都具备，意思是各种声音都模仿得极像。毕，全，都。

[9]侧目：斜眼旁观。形容听得入神。

[10]默叹：默默地赞叹。

[11]齁（hōu）：打鼾。

[12]作作索索：老鼠活动的声音。

[13]倾侧：翻倒倾斜。

[14]意少舒：心情稍微放松了些。少，稍微。舒，伸展、松弛。

忽一人大呼"火起"，夫起大呼，妇亦起大呼，两儿齐哭。俄而百千人大呼[1]，百千儿哭，百千犬吠。中间力拉崩倒之声[2]，火爆声，呼呼风声，百千齐作；又夹女子求救声，曳屋许许声[3]，抢夺声，泼水声。凡所应有[4]，无所不有。虽人有百手[5]，手有百指，不能指其一端[6]；人有百口，口有百舌，不能名其一处也[7]。于是宾客无不变色离席，奋袖出臂[8]，两股战战[9]，几欲先走[10]。

忽然抚尺一下，群响毕绝。撤屏视之，一人、一桌、一椅、一扇、一抚尺而已。

[1]俄而：一会儿。

[2]中间（jiàn）：其中夹杂着。力拉崩倒：噼里啪啦，房屋倒塌。力拉，拟声词。

[3]曳（yè）屋许许（hǔ hǔ）声：众人拉塌燃烧着的房屋时一齐用力地呼喊声。曳，拉。许许，拟声词。

[4]凡所应有：凡是在这种情况下应该有的声音，都有。

[5]虽：即使。

[6]不能指其一端：不能指明其中的任何一种声音，形容口技摹拟的各种声响同时发出，交织成一片，使人不能一一辨识。一端，一头，这里是"一种"的意思。端，方法，种类。

[7]名：作动词，说出。

[8]奋袖出臂：捋起袖子，露出手臂。奋，扬起、举起。

[9] 股：大腿。战战：哆嗦的样子。

[10] 几（jī）：几乎，差点儿。

偷桃

📖 **说明**

　　《偷桃》选自《聊斋志异》，是蒲松龄创作的文言短篇小说。在蒲松龄看来，这是一件类似于神异或奇迹的事，所以饶有兴致地将之记载了下来。其实，这只是一个高妙的魔术。《偷桃》通过神态、动作、语言及白描的手法来刻画人物。运用了夸张、悬念、烘托渲染、抑扬结合等写作手法。通过术人惟妙惟肖的表演来表现术人的才能，体现了当时卓越的民间技艺。

　　童时赴郡试[1]，值春节[2]。旧例，先一日，各行商贾，彩楼鼓吹赴藩司，名曰"演春"[3]。余从友人戏瞩[4]。是日游人如堵。堂上四官皆赤衣[5]，东西相向坐。时方稚，亦不解其何官。但闻人语哜嘈[6]，鼓吹聒耳。忽有一人，率披发童，荷担而上[7]，似有所白；万声汹动，亦不闻为何语。

　　但视堂上作笑声。即有青衣人大声命作剧。其人应命方兴[8]，问："作何剧？"堂上相顾数语。吏下宣问所长。答言："能颠倒生物[9]。"吏以白官。

　　少顷复下，命取桃子。

　　术人声诺，解衣覆笥上，故作怨状，曰："官长殊不了了！坚冰未解，安所得桃？不取，又恐为南面者所怒[10]。奈何！"其子曰："父已诺之，又焉辞？"术人惆怅良久，乃云："我筹之烂熟。春初雪积，人间何处可觅？惟王母园中[11]，四时常不凋卸[12]，或有之。必窃之天上，乃可。"子曰："嘻！天可阶而升乎[13]？"曰："有术在。"

[1] 童时赴郡试：童年时赴府城应试。试，此指"童试"。明清时代应试生员（秀才）的考试，称"童生试"，简称"童试"。童试共分三个阶段：初为县试，录取后参加府试，最后参加院试，录取即为生员。郡，指济南，当时淄川属济南府。

[2] 春节：古时以立春为春节。

[3] "旧例"五句：指山东旧时习俗，于立春前一日的迎春活动。如《商何县志》（道光本）载："立春前一日，官府率士民具芒种春牛，迎春于东郊，里人行户扮渔樵耕读诸戏，结彩为楼，以五辛为春盘，饮酒簪花，啖春饼……"藩司，即布政使，明代为一省的行政长官，清代则为总督、巡抚的属官，专管一省的财赋和人事。这里指藩司衙门。

[4] 戏瞩：游玩观看。

[5] 四官皆赤衣：《明会要》二四引《会典》《通考》，"凡公服：……一至四品，绯袍。"清初服色，沿袭明制。据此，四官应为总督、巡抚、布政使、按察使等省级官员。

[6] 人语哜嘈（jì cáo），人声喧闹。

[7] 荷担：指用担子挑着道具。

[8] 方兴：方始站起。上文"似有所白"，当指跪白。

[9] 颠倒生物：意思是能颠倒按季节时令所生长的植物。

[10] 南面者：这里指堂上长官。古以面南为尊，帝王或长官都坐北朝南。

[11] 王母园：西王母的蟠桃园。王母，指西王母，俗称"王母娘娘"，古代神话中的女神。《艺文类聚》八六引《汉武故事》："东郡献短人，呼东方朔。朔至，短人因指朔谓上曰：'西王母种桃，三千岁一为子，此儿不良也，已三过偷之矣。'后西王母下，出桃七枚，母因瞰二，以五枚与帝，帝留核着前。母曰：'用此何？'上曰：'此桃美，欲种之。'母笑曰：'此桃三千年一着子，非下土所植也。'"据此，后世小说遂衍化出西王母的蟠桃园。

[12] 凋卸：凋谢。卸，通"谢"，落。

[13] 无可阶而升乎：天可以沿着阶梯爬上去吗？《论语·子张》："夫子之不可及也，犹天之不可阶而升也。"阶，梯。

乃启笥，出绳一团，约放十丈，理其端，望空中掷去；绳即悬立空际，若有物以挂之。未几，愈掷愈高，渺入云中；手中绳亦尽。乃呼子曰："儿来！余老惫，体重拙，不能行，得汝一往。"遂以绳授子，曰："持此可登。"子受绳有难色，怨曰："阿翁亦大愦愦[1]！如此一线之绳，欲我附之，以登万仞之高天。倘中道断绝，骸骨何存矣！"父又强呜拍之[2]，曰："我已失口，悔无及。烦儿一行。儿勿苦，倘窃得来，必百金赏，当为儿娶一美妇。"子乃持索，盘旋而上，手移足随，如蛛趁丝，渐入云霄，不可复见。

久之，坠一桃，如碗大。术人喜，持献公堂。堂上传示良久，亦不知其真伪。忽而绳落地上，术人惊曰："殆矣！上有人断吾绳，儿将焉托！"移时，一物堕。视之，其子首也。捧而泣曰："是必偷桃，为监者所觉。吾儿休矣！"又移时，一足落；无何，肢体纷堕，无复存者。术人大悲，一一拾置笥中而合之，曰："老夫止此儿，日从我南北游。今承严命[3]，不意罹此奇惨！当负去瘗之。"乃升堂而跪，曰："为桃故，杀吾子矣！如怜小人而助之葬，当结草以图报耳[4]。"

坐官骇诧，各有赐金。术人受而缠诸腰，乃扣笥而呼曰："八八儿，不出谢赏，将何待？"忽一蓬头僮首抵笥盖而出，望北稽首，则其子也。

以其术奇，故至今犹记之。后闻白莲教[5]，能为此术，意此其苗裔耶[6]？

[1] 大愦愦（kuì kuì）：太糊涂。大，通"太"。

[2] 呜拍之：抚拍哄劝他。呜，哄儿声。《世说新语·惑溺》："儿见充（贾充）喜踊，充就乳母手中呜之。"

[3] 严命：这里指官长的指示、训令。严，本为对父亲的尊称，父命因称"严命"。旧时称地方官为父母官，所以借称。

[4] 结草以图报：意思是死了也要报答恩惠。《左传·宣公十五年》载，魏武子病时嘱其子魏颗，一定要让其爱妾改嫁，病危时又嘱以此妾殉葬。武子死后，魏颗遵照前嘱让她改嫁了。后来魏颗与秦力士杜回交战，见一老人结草绊倒杜回，使其得胜。夜间梦见那位老人来说，他是所嫁妾的父亲，以此来报答魏颗未让其女殉葬的恩惠。后遂以"结草"代指报恩。

[5] 白莲教：也称"白莲宗"，是一个杂有佛道思想的民间秘密宗教组织，起源于佛教的净土宗。元、

明、清三代常为农民起义所利用。元末红巾军刘福通、韩山童，明末山东巨野人徐鸿儒，均以白莲教聚结群众，发动起义。

[6] 苗裔：远末子孙。《离骚》："帝高阳之苗裔兮，朕皇考曰伯庸。"这里指白莲教的后世徒众。

通论

格律诗的基本常识

一、古诗的分类

我国古代诗歌从类型上看，从《唐诗三百首》开始就把诗分为"古诗""律诗""绝句"三大类。从格律上看，诗可以分为两类：古体诗和近体诗。古体诗又称"古风"或"古诗"；近体诗又称"今体诗"。从字数上看，古诗、律诗、绝句又都各自分为"五言诗"和"七言诗"。

扫一扫 学一学

古体诗从广义而言，凡初唐以后再按古诗的形式写作，只要求押韵和句式大致整齐（五言或七言），就叫古体诗。换句话说，古体诗一般指周、秦、汉魏六朝的诗歌及后世模仿的作品，即对平仄、对仗、用韵等要求不严格或无要求的诗。

近体诗指严格按照律诗的要求写作的诗。换句话说，凡对平仄、对仗、用韵、句数等方面要求严格的诗，叫近体诗或格律诗。

二、格律诗的结构

中国古典格律诗中常见的形式有五言、七言的绝句和律诗。格律诗结构严谨，字数、句数、都有一定的限制，讲究平仄、押韵和对仗。

律诗分为八句，分为四联。第一联为首联，二联为颔联，三联为颈联，四联为尾联。而每联上句为出句，下句叫对句。一联的上句与下句的平仄必须对立，这叫"对"，违反对立要求则称为"失对"。上联对句第二字的平仄和下联出句第二字的平仄相同叫作"黏"，不符合"黏"的要求，则叫作"失黏"。"失黏""失对"为作律诗之大忌。

格律诗结构有以下五点。

（1）四句为绝句，八句为律诗，长于八句叫长律，也叫排律。

（2）各句字数相等。（五言或七言）

（3）一韵到底，必需押平声韵。所谓押韵，就是在诗歌中该用韵的地方用同韵部的字。一般是上句不用韵（首句可用可不用），下句用韵。用韵的地方在每一个偶数句的句末，所以称为韵脚。韵脚只能取同一韵部的字，且中间不能换韵，要一韵到底。但第一句的韵脚字有时可以与相邻的韵通押。

格律诗用韵，均依之于平水韵，而且限用平声韵。用韵要参见韵书，非以汉语拼音的韵母为依据。

（4）中间两两对仗。律诗的额联和颈联必须对仗，首联和尾联可对仗也可不对仗。绝句一般不要求对仗。

（5）合乎平仄，即必须按律诗平仄格律。平仄就是声调。古代四声为平上去入，现代四声为阴平、阳平、上声、去声。古代的平，就是平声，仄，就是上去入。现代的平，就是阴平和阳平，仄就是上声和去声。

古代的入声在现代汉语中已经不存在了，分散到现代的四声中去了，但在一些地方方言中还存在入声，所以写格律诗用旧韵时一定要考虑入声字。如额、国二字，古为入声，为仄，今却为阳平。

律诗的平仄是由第一句决定的。即便是排律，长达数百联，它每一联的平仄，也都可以根据第一联推断出来。

三、格律诗平仄的基本规则

（一）四个基本句式

五言律诗有四个基本句型。

（1）（仄）仄平平仄——仄起仄收。

（2）平平（仄）仄平——平起平收。

（3）（平）平平仄仄——平起仄收。

（4）（仄）仄仄平平——仄起平收。

注：带括号表示在这一位置上的字可平可仄。

这四种句型中，平平仄仄平这一个句型最要注意。因为近体诗中一向有所谓"一三五不论，二四六分明"的说法。但是，平平仄仄平这个句式中（七言句式为仄仄平平仄仄平），如果一三五不论的话，也就是说，句式变成了仄平仄仄平（七言句式为仄仄仄平仄仄平），这是绝对不允许的：一是诗中术语为"犯孤平"，是作律诗的大忌；二是"仄仄仄平平"这一句，第三个字也应当论。如果不论，最后三个字都变成了平声，这一句就成了"仄仄平平平"，这叫"三平调"。"三平调"是古风的特色，对律诗来说，被认为是比较大的毛病，应当避免。

（二）五绝和五律

四个句型组合起来就是五绝。它可以有四种不同的组合，这样就构成了五绝的四种平仄格式。但是不论哪一种格式，第一联末句第二个字的平仄，一定要和第二联第二字的平仄相同，否则就叫作失黏。

1. 五绝

（1）仄起首句不入韵。

（仄）仄平平仄，平平（仄）仄平。
（平）平平仄仄，（仄）仄仄平平。

例如：

南中咏雁
韦承庆

万里人南去，三春雁北飞。
不知何岁月，得与尔同归？

（2）仄起首句入韵。
（仄）仄仄平平，平平（仄）仄平
（平）平平仄仄，（仄）仄仄平平。

例如：

塞下曲·其二
卢纶

林暗草惊风，将军夜引弓。
平明寻白羽，没在石棱中。

（3）平起首句不入韵。
（平）平平仄仄，（仄）仄仄平平。
（仄）仄平平仄，平平（仄）仄平。

例如：

山中
王勃

长江悲已滞，万里念将归。
况属高风晚，山山黄叶飞。

（4）平起首句入韵。
平平（仄）仄平，（仄）仄仄平平。
（仄）仄平平仄，平平（仄）仄平。

例如：

静夜思
李白

床前明月光，疑是地上霜。
举头望明月，低头思故乡。

如果一首五律的前两联是"平平平仄仄，仄仄仄平平。仄仄平平仄，平平仄仄平"，按照不可失黏的原则，末句"平平仄仄平"应接的是"平平平仄仄"，这样，我们就很容易地知道，这首五律的后两联句式为："平平平仄仄，仄仄仄平平。仄仄平平仄，平平仄仄平。"

2. 五律

（1）首句仄起不入韵。

（仄）仄平平仄，平平（仄）仄平。

（平）平平仄仄，（仄）仄仄平平。

（仄）仄平平仄，平平（仄）仄平。

（平）平平仄仄，（仄）仄仄平平。

例如：

春望
杜甫

国破山河在，城春草木深。

感时花溅泪，恨别鸟惊心。

烽火连三月，家书抵万金。

白头搔更短，浑欲不胜簪。

另一式，首句改为仄仄仄平平，其余不变。

（2）首句平起不入韵。

（平）平平仄仄，（仄）仄仄平平。

（仄）仄平平仄，平平（仄）仄平。

（平）平平仄仄，（仄）仄仄平平。

（仄）仄平平仄，平平（仄）仄平。

例如：

山居秋暝
王维

空山新雨后，天气晚来秋。

明月松间照，清泉石上流。

竹喧归浣女，莲动下渔舟。

随意春芳歇，王孙自可留。

另一式，首句改为平平仄仄平，其余不变。

（三）七绝与七律

1. 七绝

七绝也分为四种格式，都是从绝句格式中衍生出来的。

（1）平起首句入韵式。

（平）平（仄）仄仄平平，

（仄）仄平平（仄）仄平。

（仄）仄（平）平平仄仄，

（平）平（仄）仄仄平平。

例如：

早发白帝城
李白

朝辞白帝彩云间，
千里江陵一日还。
两岸猿声啼不住，
轻舟已过万重山。

（2）平起首句不入韵式。
（平）平（仄）仄平平仄，
（仄）仄平平（仄）仄平。
（仄）仄（平）平平仄仄，
（平）平（仄）仄仄平平。
例如：

忆江柳
白居易

曾栽杨柳江南岸，
一别江南两度春。
遥忆青青江岸上，
不知攀折是何人。

（3）仄起首句入韵式。
（仄）仄平平（仄）仄平，
（平）平（仄）仄仄平平。
（平）平（仄）仄平平仄，
（仄）仄平平（仄）仄平。
例如：

夜雨寄北
李商隐

君问归期未有期，
巴山夜雨涨秋池。
何当共剪西窗烛，
却话巴山夜雨时。

（4）仄起首句不入韵式。
（仄）仄（平）平平仄仄，
（平）平（仄）仄仄平平。
（平）平（仄）仄平平仄，

（仄）仄平平（仄）仄平。

例如：

九月九日忆山东兄弟
王维

独在异乡为异客，

每逢佳节倍思亲。

遥知兄弟登高处，

遍插茱萸少一人。

2. 七律

七律的格式由来，与五律相同，只要不失黏即可。其平仄格式如下。

（仄）仄平平（仄）仄平，（平）平（仄）仄仄平平。

（平）平（仄）仄平平仄，（仄）仄平平（仄）仄平。

（仄）仄（平）平平仄仄，（平）平（仄）仄仄平平。

（平）平（仄）仄平平仄，（仄）仄平平（仄）仄平。

除去每句首两字，余下的还是绝句的那四种平仄格式。例如：

登高
杜甫

风急天高猿啸哀，渚清沙白鸟飞回。

无边落木萧萧下，不尽长江滚滚来。

万里悲秋常作客，百年多病独登台。

艰难苦恨繁霜鬓，潦倒新停浊酒杯。

（四）拗救

有时诗人为了表情达意的需要会突破正常平仄的要求，违反平仄格律（不包括可平可仄的字），这种现象就叫"拗"；出现了拗句，诗人往往会改变本句或对句适当位置上的其他字的平仄予以补救，以求得音韵的协调，这就叫"救"。拗救一般有两种，一种是本句自救，如王勃《送杜少府之任蜀州》"无为在歧路"，由"平平平仄仄"改为"平平仄平仄"，第三字"在"拗，第四字"歧"救；另一种是对句相救，如李白《赠孟浩然》："吾爱孟夫子，风流天下闻。"上句的第三字"孟"拗，下句的第三字"天"救。

四、对仗

格律诗不仅要求上下句的字数相等，而且对字的意义、词类、平仄都要一一相对，这就是对仗。对仗的一般规则，是名词对名词，动词对动词，形容词对形容词，副词对副词。对仗在形式上又有宽严不同的各种讲究。因此可以分为以下四类。

（一）工对

要做到对仗工整，不仅对仗的词的词类要相同，意义还要同属于一个大类，语法结构也要相同。如李白《塞下曲》："晓战随金鼓，宵眠抱玉鞍。"上下两句每个词都同在词性、意义结构上对得十分工整。

（二）宽对

宽对是一种很不工整的对仗，一般只要同类的词或词组相对，词性相同即可，对意义、结构等要求不严。如李白《登金陵凤凰台》中的"三山半落青天外，二水中分白鹭洲。""青天外"对"白鹭洲"不是很工整。

（三）借对

借对即诗中用了一个词语的甲义或语音，同时又借用它的乙义或一个同音词与另一联中的词语相对。如杜审言《秋夜宴临津郑明府宅》："酒中堪累月，身外即浮云。"借"月"之月亮义与"云"相对。孟浩然《裴司士员司户见寻》："厨人具鸡黍，稚子摘杨梅。"下句的"杨"借音"羊"，与上句的"鸡"相对。

（四）串对（流水对）

串对即上下两句的意义相连，不是并列的，而是有先后、因果等关系的对仗。如元稹《遣悲怀三首》之三："惟将终夜长开眼，报答平生未展眉。"杜甫《闻官军收河南河北》"即从巴峡穿巫峡，便下襄阳向洛阳。"

思考与练习

一、填空题

1. 中国古典格律诗结构严谨，字数、行数、平仄或轻重音、用韵都有一定的限制，讲究_____、_____。律诗分为八句，分为四联。第一联叫首联，二联为_____，三联为颈联，四联为_____。

2. 对仗在形式上有宽严不同的各种讲究可以分为工对、宽对、_____、_____。

二、论述题

酬乐天扬州初逢席上见赠
刘禹锡

巴山楚水凄凉地，二十三年弃置身。
怀旧空吟闻笛赋，到乡翻似烂柯人。
沉舟侧畔千帆过，病树前头万木春。
今日听君歌一曲，暂凭杯酒长精神。

1. 指出此诗所用的平仄。
2. 请对此诗作简要评析。

古代文化常识

一、古代人名称谓

（一）姓与氏

上古有姓有氏，姓是族号，氏是姓的分支，如周人姓姬，其分支有孟氏、季氏、孙氏、游氏等；齐人姓姜，其分支有中氏、吕氏、许氏、纪氏、崔氏、马氏等。姓用以别婚姻，氏用以明贵贱。最古老的姓多有女字旁，如姬、姜、嬴、姚、姒、妫，等等，带有母系社会的痕迹。由于氏以明贵贱，所以一些贵族很重视氏。姓则是在决定婚姻时用得上，因为同姓不婚。而平民、奴隶一般没有姓氏，他们没有财产，也不需要姓氏。

姓不能变，而氏可变，可自立。可用居住地的地名为氏，如西门豹的"西门"，百里奚的"百里"，南宫适的"南宫"。也可以用自己的封邑名为氏，如解狐的"解"，也可以官名为氏，如卜偃的"卜"，石、史墨的"史"。

在战国以前，男子只称氏，不称姓。而女子则必须称姓，一般是在姓后加氏，如姜氏、姬氏、嬴氏等。未出嫁的，可在姓上冠以孟（伯）仲叔季的排行，如孟姜、季芈。出嫁后，可以在姓上冠以母国的国名，也可以在姓上冠以配偶的氏或配偶受封的国名或邑名。死后，则可以冠以配偶或本人的谥号。

大概到了战国以后，以氏为姓，姓氏逐渐合一，汉以后便都叫作姓了。关于姓的来源，主要有下列七种。

（1）保留古老的姓：姬、姚、姜。
（2）以国名、封邑名为姓：秦、齐、楚、赵、燕、屈、解。
（3）以居住地为姓：西门、东郭、百里、南宫、柳下。
（4）以官名为姓：上官、司马、司徒、帅。
（5）以职业为姓：陶、巫、施、屠。
（6）以祖先的谥号、庙号为姓：文、武、唐、孔、张。
（7）以爵位为姓：王、侯。

（二）人物姓名称谓

1. 直称姓名

（1）用于自称：庐陵文天祥自序其诗。（《指南录后序》）
（2）用于所厌恶所轻视的人：不幸吕师孟构恶于前，贾余庆献谄于后。（《指南录后序》）
（3）用于作介绍，为人作传：柳敬亭者，扬之泰州人。（《柳敬亭传》）

（4）尊者对卑者称名：求，尔何如？（《论语·先进》）

（5）在尊者面前，卑者互称用名：夫子何哂由也？（《论语·先进》）

2. 称字、号、谥号、斋名

（1）称字：东阳马生君则，在太学已二年。（《送东阳马生序》）

（2）称号：五人者，盖当蓼洲周公之被逮，激于义而死焉者也。（《五人墓碑记》）

（3）称谥号：乡先辈左忠毅公视学京畿。（《左忠毅公逸事》）

（4）称斋号：蒲松龄为"聊斋先生"，梁启超为"饮冰室主人"。

3. 称官爵

（1）称官名：后人称杜甫为"杜工部"，称韩愈为"韩吏部"。

（2）称爵名：宁南南下，皖帅欲结欢宁南。（《柳敬亭传》）

4. 称籍贯

称籍贯：今南海之生死未可卜。（"南海"代指康有为）（《谭嗣同传》）

5. 兼称

兼称：这种情况一般是先说官职，次称籍贯，后称姓名、字号。四人者：庐陵萧君圭君玉，长乐王回深父，余弟安国平父、安上纯父。（《游褒禅山记》）

6. 特殊称谓

（1）在姓氏后加上行第（或再加上名号、官爵）：韩愈的《同水部张员外籍曲江春游寄白二十二舍人》。

（2）职业＋人名：庖丁为文惠君解牛。（《庄子·养生主》）

（3）姓＋之＋人名：国危矣，若使烛之武见秦君，师必退。（《左传·僖公三十年》）

（4）封地＋人名：商鞅姓卫，商为其封地。

（三）谦称、敬称、贱称、特定称

1. 谦称

（1）王侯自称：孤不度德量力。（《隆中对》）

（2）臣子自称：项伯杀人，臣活之。（《鸿门宴》）

（3）一般人自称：愚以为宫中之事……（《出师表》）；某自幼熟读兵书。（《失街亭》）；鄙人不慧，将有志于世。（《中山狼传》）

（4）女子自称：妾不堪驱使，徒留无所施。（《孔雀东南飞》）

2. 敬称

（1）称君王：以昭陛下平明之理。（《出师表》）

（2）称庙号，多称已死的皇帝：时世宗享国日久，不视朝。（《海瑞传》）

（3）称师长：夫子哂之。（《论语·先进》）

（4）称朋友、尊长：公等遇雨，皆已失期。（《史记·陈涉世家》）

3. 贱称

贱称：竖子不足与谋！（《鸿门宴》）

4. 特定称

（1）加"从"表示叔伯关系：谢安，字安石，尚从弟也。（《谢安传》）

（2）加"太"表示长一辈：必躬造左公第，候太公太母起居。（《左忠毅公逸事》）

（3）加"先"表示已经逝世的尊长：妪，先大母婢也。（《项脊轩志》）先考，指已逝的父亲；先妣（bǐ），指已故的母亲。

（四）名、字、号

古人有取字、号的习惯。名，一般指人的姓名或单指名。幼年时由父母命名，供长辈称唤。男子二十岁（成人）举行加冠礼时取字，女子十五岁许嫁举行笄礼时取字，以示尊重或供朋友称呼。

名和字一般在意义上存在着一定的联系，有两种情况。

（1）"名"和"字"词义相近或"字"是对"名"的进一步阐述。例如，屈原名平，字原，"原"是宽阔平坦的意思。

（2）"名"和"字"意思相反。例如，曾点，字皙。"点"指小黑点，"皙"指肤色洁白，"点"与"皙"意思相反。古人取字，通常是以两个字为"字"。例如，诸葛亮，字孔明。古人通常在表示对对方的尊敬时称自己的名，表示自己谦卑时也称自己的名。例如"不然，籍何以至此"中的"籍"就是项羽自呼己名，表示对对方的尊敬。

除了名和字之外，古人还有号（又称别字）。号是名和字以外的称号。古时，人们为了尊重别人，一般不直呼其名，也不称其字，而称其号。号和名不一定有意义上的联系。号可以有两个字的，也可以有三个字以上的。例如：陆游，号放翁；陶潜，号五柳先生；苏轼，号东坡居士。字数多的别号有时压缩为两个字，如苏东坡。此外，有人认为称别人的字、号还不够尊敬，于是就以其官职、籍贯来称呼，如称杜甫为杜工部，称柳宗元为柳河东。

（五）谥号、庙号、年号

1. 谥号

古代帝王、诸侯、高官大臣等死后，朝廷根据他们的生平行为给予一种称号以褒善贬恶，称为谥或谥号。谥号是对死者生前事迹和品德的概括。

2. 庙号

庙号是指皇帝死后，在太庙立室供奉时特起的名号，如高祖、太宗等。从汉代起，每个朝代一般是第一个皇帝的谥号太长，不便称呼，所以唐宋以来的皇帝都改称庙号，如唐太宗、宋太祖。到了明、清两代才用年号来称呼。

3. 年号

年号是纪年的名称，也是帝王用的，如"贞观"是唐太宗李世民的年号。

（六）年龄称谓

古人的年龄有时不用数字表示，不直接说出某人多少岁或自己多少岁，而是用一种与年龄有关的称谓来代替。

（1）初度：小儿初生之时。

（2）襁褓：本义是包裹婴儿的被子和带子。语出《论语·子路》："则四方之民襁褓负其子而至矣。"后来以此来借指未满周岁的婴儿。

（3）孩提：指二三岁的儿童。例如：孩提之童，无不知爱其亲者。（《孟子·尽心上》）

（4）齿龀（龆龀 tiáo chèn）：指儿童换牙时，五六岁。例如：有遗男，始龀。（《愚公移山》）

（5）总角（垂髫）：指幼年儿童。例如：总角之宴，言笑晏晏。（《诗经·卫风氓》）黄发垂髫，并怡然自乐。（《桃花源记》）

（6）豆蔻：指女子十三四岁。例如：娉娉袅袅十三余，豆蔻梢头二月初。（《赠别》）

（7）笄年：指女子十五岁。例如：复有双幼妹，笄年未结褵。（《对酒示行简》）

（8）束发：指男子十五岁。例如：余自束发读书轩中。（《项脊轩志》）

（9）加冠（弱冠）：指男子二十岁。例如：既加冠，益慕圣贤之道。（《送东阳马生序》）

（10）而立之年：指三十岁。例如：子曰："吾十有五而志于学，三十而立。"（《论语·为政》）

（11）不惑之年：指四十岁。

（12）知天命：指五十岁。

（13）花甲：指六十岁。十天干和十二地支按顺次组合为六十个纪序名号，自甲子到癸亥，错综参互相配，故称花甲或花甲子。

（14）耆艾：古指六十岁为耆，五十岁为艾。例如：耆艾而信，可以为师。（《荀子·致士》）

（15）古稀：指七十岁。例如：酒债寻常行处有，人生七十古来稀。（《曲江》）

（16）耆耋：指高寿，老年。耋多指七八十岁。

（17）耄耋：指高寿，老年。耄指八九十岁。

（18）期颐：称百岁之寿。例如：到处不妨闲卜筑，流年自可数期颐。（《次韵子由》）

（19）重开：指一百二十岁。

（20）双庆：指一百四十岁。

二、古代历法和节日

（一）古代历法

中国的历法与农业生产直接相关。《尚书·尧典》中记载了一年分四季。从殷商时起，用六十干支纪日，以月亮的圆缺纪月，直至汉武帝时制定"太初历"才形成中国第一部完整的历法。

1. 干支纪日

天干：甲、乙、丙、丁、戊、己、庚、辛、壬、癸。

地支：子、丑、寅、卯、辰、巳、午、未、申、酉、戌、亥。

从甲子开始，到癸亥结束，十天干和十二地支一次组合成六十个基本单位，每个单位代表一天，六十个单位周而复始，循环纪日。

一个月中有的日子有特定的名称。每月第一天（初一）叫作"朔"，最末一天叫作"晦"，初三叫作"腓（fěi）"，大月十六、小月十五月圆的日子叫作"望"。近在"望"后面的日子叫"既望"。

从东汉开始，人们还采用干支纪年和年号并用的方式来纪年。六十甲子循环往复，有如纪日法，直到现在都没有中断。

2. 二十四节气

二十四节气，于中国先秦时期就已经订立、到汉代完全确立的用来指导农事的补充历法，是通过观察太阳周年运动，认知一年中时令、气候、物候等方面变化规律所形成的知识体系。它把太阳周年运动轨迹划分为二十四等份，每一等份为一个节气，始于立春，终于大寒，周而复始。

立春、雨水、惊蛰、春分、清明、谷雨、立夏、小满、芒种、夏至、小暑、大暑、立秋、处暑、白露、秋分、寒露、霜降、立冬、小雪、大雪、冬至、小寒、大寒。

二十四节气名称的制定是以黄河中游中原地区的节候为标准制定的。二十四节气的交节时间，是天体运动的自然结果，它基本概括了一年中四季交替的准确时间及大自然中一些物候等自然现象发生的规律。

（二）古代民族节日

由于我国地域辽阔，民族众多，历史上形成的传统节日多达数百个。许多重大节日，至今仍影响着人们的生活。这些节日的形成和活动内容，与欧洲及西亚诸国的节日有很大不同。欧洲及西亚诸国的节日大多直接源于宗教或受宗教的影响，如基督教的圣诞节、复活节、感恩节与伊斯兰教的开斋节、宰牲节等。其活动内容也与宗教信仰密切相关，并且要举行一定的宗教仪式。我国的民族节日，特别是汉民族的传统节日，大多与宗教无关。它的产生与演变，跟远古农业生产、祖先崇拜和原始禁忌有密切关系。中国的风俗打上了鲜明的农业文化色彩，节日本身就反映出农业社会的生活规律；与农业生产有关的天文、历法对节日的产生有直接的影响；节日活动中的祭祖仪式和合家团圆之乐，表明节俗中保留着祖先崇拜的痕迹，体现了中国节日中的伦理特色。

1. 春节

春节古称"元日""元旦""三元"（岁之元、时之元、月之元）等，是我国最大、最隆重的传统节日。我国的大部分民族都过这个节日。"年"是个时间概念，它的产生与农业、历法直接相关，是古人对农作物生长周期和季节变化的一种总结。所以《说文解字》云："年，谷熟也。"相传远在尧舜时代人们称这种周期为"载"，夏代称"岁"，商代称"祀"，周代称"年"。"年"的时间概念因时代而不同，如《诗经》中描写的周代年终为十月，岁首为十一月。汉武帝时确定以夏历纪年，并把二十四节气编入历法，定正月为岁首，十二月为年终。于是，正月初一作为年节被确定下来，围绕年节的各种活动于除夕开始进行，并逐渐形成节日风俗。从历代过节情况来看，年节风俗活动主要集中在两个方面：一是"洁祀祖祢"，包括拜天地、祭祖宗及家人、亲友间的拜年活动，主要表达人们对天地养育之恩的感谢，对祖先的尊敬和怀念，对乡亲邻里的祝贺，这是中华民族重视伦理人情的体现，也是宗法观念在人们心理上的反映。二是"进酒降神"，如放爆竹、贴春联、喝椒柏酒、跳灶神之类。放爆竹始于汉代，南北朝时已成岁时风俗。据南朝梁代宗懔《荆楚岁时记》载："正月一日，鸡鸣而起，先于庭前爆竹，以避山臊恶鬼。"据说"山臊"是一种山中怪物，可使人致病，但惧怕爆竹声响。初时只是火烧竹子，故称"爆竹"，后将火药装入竹筒燃放，宋以后普遍改用鞭炮。春联最初是桃符，即把两块桃木板挂在门上，画神荼、郁垒二神以驱鬼，五代以后演变为春联。

2. 灯节

灯节即正月十五放花灯，古称"上元节"，或称"元宵节"，起源于古代的祭祀遗风，跟天地崇拜有一定关系。据《史记·乐书》载："汉家常以正月上辛祠太一甘泉，以昏时夜祠，到明而终。"史家认为这是灯节的源头。这是说，汉武帝于正月上辛在甘泉宫祭祀太一神，从昏祭至明。所谓"太一神"，又称"太乙""泰一"等，即远古时的太阳神，是天神中最尊贵者，因此汉代以隆重的仪式祭之。佛教传入中国以后，给中国节俗以一定影响。灯节就受到了这种影响。据《大唐西域记》载："摩竭陀国（在今印度比哈尔邦）正月十五日僧俗云集，观佛舍利，放光雨花。"汉明帝为了弘扬佛法，曾下令正月十五日夜在宫廷寺院燃灯礼佛。这样，中国的仙道思想与印度的佛教礼仪相结合而形成了灯节，到唐代以后十分盛行。每到正月十五日夜，士族庶民，家家挂灯，灯火辉煌，昼夜通明。明代恢复古制，规定初八上灯，十七日收灯，一连张灯十日。今北京城内灯市口大街，即当时灯火集散市场。由这一节俗形成的成语和俗语有"张灯结彩""灯火辉煌""光彩夺目""金吾不禁""只许州官放火，不许百姓点灯"等。

3. 清明节

清明节与古时"寒食节"相合而成，时间一般在冬至后第一百零五天，正好是农历三月上旬，公历四月五日前后。在我国的传统节日中，它是唯一同节气合一的节日。"清明"一词的含义是天清气明。相传大禹治水之后，天下太平，万民以清明颂之。周武王伐纣，天下太平，故《诗经·大雅·大明》云："肆伐大商，会朝清明。"后制历律，定二十四节气，三月的第一个节气为清明，意为"万物生长此时，皆清洁而明净"。此时气温升高，雨量增多，是开始春耕春种的时候了，所以，清明节最初是个农耕节。后来因相传晋文公的谋臣介子推在清明前一日（一说前二日）同他母亲被焚死在绵山，太原一带人民为纪念他而禁火一个月（后改为三日），只吃寒食，并纷纷往绵山介子推墓祭祀，遂形成寒食节。后上坟祭祀的礼仪与人们扫墓祭祖的风俗相结合，融入清明节的活动内容。大约到唐代，清明节与寒食节已合二为一。清明之时，除扫墓之外，人们还喜欢到郊外踏青，实则是今天的春游。

清明节的另一项活动是荡秋千。"秋千"本写作"鞦韆"，是春秋时期北方山戎族的一项习武活动，后传入中原，演变为娱乐活动。汉武帝于宫中祝寿，祈求千秋万岁，让宫女们荡之为嬉，为避讳，倒念为"秋千"。唐宋时极为盛行。唐玄宗天宝年间，每年清明节都在宫中竖起秋千架，让嫔妃宫女们尽情玩乐。

4. 端午节

端午节又称"端阳节"，时间为每年农历五月初五。其起源说法不一。有的说源于吴越地区的龙图腾崇拜；有的说是为了纪念屈原；有的说源于夏至；有的认为五月初五是个"恶日"，端午节的活动是为辟邪驱恶，等等。这几种说法各有道理，很难判断谁是谁非。极有可能就是这众多因素的融合，成为端午节的起源。因出于对屈原的怀念和同情，人们通常把节日的活动都附会到他的身上。据湖南一带相传，屈原于五月初五这一天投江而死，当地人民划着船争相前往抢救，这在后世演化为龙舟竞渡；为了保护屈原的尸体不受损害，人们用箬叶包了米喂鱼，这成为后来的节日食品粽子。从有关的史籍记载看，端午节在秦汉间已经形成，但两汉的端午风俗主要还是辟恶，其办法是用青、赤、黄、白、黑五色彩线合成细缕，系于臂上，称为"长命缕"或"续命缕"。由于五月初五已入初夏，后来的节俗中又加入许多夏令卫生保健的内容，如明代盛行用雄黄画额、涂耳鼻，节前打扫屋子，洒雄黄水，因为雄黄有杀虫消毒的作用。旧时，人们还喜欢在门上插艾叶，其味也有避瘟功效。民谣说"五月五，晒被褥"，我们不妨把端午节看作是古代的卫生节。

5. 乞巧节

乞巧节即七月初七，古代又称"七夕"。这一节日源于牛郎织女的传说。相传牛郎织女夫妻二人被天河隔于两岸，每年七月初七在鹊桥上见面。过去因妇女们常在这一天晚上趁牛郎织女高兴的时候，向他们乞求智慧和技巧，故名"乞巧节"，又称"女儿节"。但从节日内容和形成的风俗来看，它是我国特有的爱情节。关于牛郎织女的传说，本源于《诗经·小雅·大东》："维天有汉，监亦有光。跂彼织女，终日七襄。虽则七襄，不成报章。睆彼牵牛，不以服箱。"这里的织女和牵牛只是两个星名，尚无爱情纠葛。到汉代的《古诗十九首》，牛郎织女已成为相爱而不得相见的情侣："迢迢牵牛星，皎皎河汉女。纤纤擢素手，札札弄机杼。终日不成章，泣涕零如雨。河汉清且浅，相去复几许？盈盈一水间，脉脉不得语。"关于七夕乞巧的风俗，早在南北朝时期已经形成。一般的仪式是在庭院中摆上香案，供上瓜果，妇女们拿着五彩线在月下比赛穿针，穿得快者为巧。

6. 中秋节

中秋节在农历八月十五，与春节、端午合称三大传统节日。农历七、八、九三个月为秋季，八月十五恰当一秋之中，故名"中秋节"。其起源说法不同。一说源于战国末期嫦娥奔月的神话，人们于八月十五祭月以盼嫦娥归来。二说源于古人对月亮的崇拜，我国远在周代已有秋日拜月的活动。从实质上说，中秋节是庆贺丰收的农事节日。因为这时大田秋熟，人们盼望五谷丰登，遂于月亮最圆最亮的时候对月祭天，表达人们"花好月圆""人寿年丰"的美好愿望。在祭月的同时也产生了赏月的风俗，这也是因为八月十五这一天是一年之中赏月最好的时节。从历代文学作品中可以知道，唐诗中的赏月诗很多，其形象都很美，这说明中秋节至迟在唐代已经形成。"嫦娥奔月""玉兔蟾宫"及"唐玄宗夜游月宫"的神话传说，使月中世界更具有浪漫迷人的色彩。因此唐代以来的咏月诗篇，无不具有浪漫主义的格调。中秋节最明显的风俗就是吃月饼。这一风俗唐代已有，明清以来特别兴盛。据说元末汉族人民为了反抗蒙古族统治，曾用月饼相约起义时间。到明代，有的月饼做得很大，凡是回娘家的女子都要在中秋节赶回婆家，与丈夫、公婆一块吃月饼，因而明代称中秋节为"团圆节"。清代北京中秋节除赏月、吃月饼之外，最有特色的风俗就是到处卖"兔儿爷"，这大概是因为月中有玉兔捣药的传说。

7. 重阳节

重阳节即农历九月初九。古人以九为阳数的代表，二九相遇，故名"重阳节"。其风俗来由源于道教记载，据南朝梁代吴均《续齐谐记》说，东汉汝南人桓景随道士费长房学道多年，一天，费长房告诉他，九月九日你家当有大难，须速速回家，令家人各做绛囊，装上茱萸系于臂上，登高喝菊花酒，方可免灾。桓景赶回家中，让全家于九月九日登山饮酒，晚上回家一看，鸡、狗、牛、羊通通暴死。费长房后来告诉他，是它们替他的家人死了。由此推断，重阳登高活动至迟产生于东汉，魏晋南北朝之际已经流行开来。究其来源，也有避凶驱恶的意图在内。后世的重阳风俗主要就是登高饮酒以避不祥。由登高而赏景，由赏景而赋诗，而饮酒又颇助诗情，因此，登高聚会、饮酒赋诗，就成为重阳节的主要活动。

8. 腊八节

腊八节即农历十二月初八。这是受佛教影响而形成的一个节日，佛家称之为"成道节"。据佛教传云，释迦牟尼在成佛之前，曾修苦行多年，结果饿得骨瘦如柴，因此决定放弃苦行。这时他遇见一位牧女，她送他一些乳糜吃，吃了以后体力逐渐恢复，后来端坐于菩提树下沉思，终于在十二月初八"成道"，故佛家称这天为"成道日"或"成道节"。中国佛教徒在这一天用米和果子煮粥供佛，这种粥被称为"腊八粥"。后来腊八粥传入民间，腊八节这天喝腊八粥演变为了民间习俗，宗教色彩已经基本消失。这说明，中国一些受宗教影响形成的节日，最后也不一定带有宗教色彩。这跟西方的一些节日不同。

三、古代学校和科举制度

（一）古代的学校

我国的学校究竟出现于何时？历来的看法并不一致。文字记载显示，我国在夏代已经有了正式的学校。《孟子·滕文公上》说："设为庠、序、学、校以教之。庠者，养也；校者，教也；序者，射也。夏曰校，殷曰序，周曰庠，学则三代共之，皆所以明人伦也。"这里，"庠""序""学""校"都是那时学校的名称。但是，迄今所知有文物佐证的最早的学校，出现在商代，因为殷墟甲骨文里记载了殷商学校的名称，如"庠""序""学""瞽宗"等。

1. 中国古代的官学教育

中国古代官学教育是指中央朝廷按地方行政区划的地方官府所直接创办和管辖的旨在培养各种统治人才的历代学校教育体系。前者称中央官学教育，后者称地方官学教育。封建制度确立以后，为了培养统治阶级所需要的人才，国家采取"内法外儒"的文教政策，积极兴办学校，招纳士子们就读。汉代的学校也分官学和私学两类，而以官学最为发达。官学中有中央政府主办的"太学"和"鸿都门学"，也有地方政府主办的"郡国学"和校、庠、序等。汉代的太学，始于汉武帝时，这就是中国历史上正式设立的第一所大学。

（1）太学和国子监。自汉武帝元朔五年（前124年）创太学设置博士弟子五十名，至汉成帝时增至三千人，质帝时太学生增至三万余人。汉代太学规模之宏大，世界罕见。隋文帝设国子寺，隋炀帝时改名国子监，是中国设立专门教育管理机构之始，一直延续到清代。太学和国子监是封建王朝培养人才的主要场所，在办学育人、繁荣学术、发展科举取士等方面，都积累了许多宝贵的经验，在中国和世界教育史上占有重要的地位。

（2）专科学校。东汉末年创立的鸿都门学，南朝的史学、儒学、玄学，唐宋明三代分别创办的书学、算学、律学、医学、画学、武学等，都属于培养某种专门人才而设立的专门学校。

此外，还有研究科学、玄学，如唐朝咒禁学、崇玄学等，都属于特殊的专科学校。

（3）贵族学校。东汉的四姓小侯学，唐朝的弘文馆，宋朝的宗学、诸王宫学及内小学，明朝的宗学，清朝的旗学、宗学，等等，都属于以贵族子弟为教育对象的贵族学校。

（4）短期学校。在封建社会中央官学系统中，有少数学校，既不是高等学府，又不属于专科学校，更不是贵族学校，而是君王或执政大臣暂时开设时间短促无制度系统的学校，故称为短期学校。如宋代的外学（又名辟雍）、广文馆、四门学等都属这类短期学校。

另外宋朝中央政府在京都设立的普通国立小学，也属于中央官学的范围之内。

（5）地方官学。中国古代的地方官学自西汉景帝时文翁在蜀郡设学宫开始。汉武帝对文翁设学宫甚为赞许，并诏令天下郡国皆设学宫。从此以后，有些郡开设学宫，至汉平帝元年始建立了地方学制度。按制度规定，郡曰学，县道邑侯国曰校，乡曰庠，聚曰序。学校名称由此而来。东汉出现了"学校如林，庠序盈门"的局面。魏晋南北朝地方官学衰废，"空有建学之名，而无弘道之实"。

2. 古代私学教育

在古代中国社会中，私学是与官学相对而存在的，并在中国教育史上占有重要的地位。中国古代私学教育主要产生于春秋时期，其中以孔子的私学规模最大、影响最深远。

春秋战国是奴隶制向封建制过渡的历史转变时期。教育也随着经济政治的变更而发生了剧烈的变化，即由"学在官府"变为"学在四夷"。私学就是在这种历史条件下应运而生的。由于士这一阶层中的人为谁服务就代表那个阶级的利益，且他们的学说传承体系也各不相同，所以产生了各种学派林立与诸子争鸣的局面。其中影响最大的是儒家、墨家、道家和法家四大学派。在学术上各家互有长短，相辅相成。

汉武帝罢黜百家、独尊儒术，以今文经学为官学，但是并不禁止私学。汉代尤其重视师传家法，皆由孔丘以来的私学培养而成。古文经学讲究名物训诂，注重考证，后世名之为"汉学"。汉代私学在组织形式上可分为"蒙学和精舍（精庐）"两种。前者是小学程度的书馆、学馆，属启蒙教育；后者为专攻经学的经馆精舍、精庐等，属提高教育。魏晋南北朝时期，官学衰颓，私学却呈现繁荣局面，名儒聚徒讲学仍占重要地位，学生人数上百人或计千人屡见不鲜。这个时期的私学教学内容突破了传统的儒学，还包括玄学、佛学、道教，以及科学技术等。萧梁周兴嗣编辑了影响深远的蒙学读物《千字文》；颜之推的《颜氏家训》成为家庭教育的代表作。《五经》《论语》《千字文》等教材还传入日本。唐代私学遍布城乡，制度不一，程度悬殊，既有名士大儒，如颜师古、孔颖达在任官之前，均是私学教师，"以教授为业""以教授为务"，一代名儒刘焯、国子学博士尹知章，不仕归田后均在家乡教授生徒；也有村野启蒙识字的私立小学。

唐代以后，宋元明清私学教育，一方面是书院制度的产生和发展，形成私学的重要形式；另一方面蒙学教育主要是私人设立的学塾、村学和蒙学，启蒙教材宋代有《百家姓》《三字经》，以及后编的《千家诗》《杂字》等。明清时，学塾有坐馆、私塾、义学三种形式。

3. 古代书院

书院起源于唐代，兴盛于宋代，是中国古代教育史、学术史上具有重要地位的教育组织形式。它从唐中叶到清末，经历了千年之久的办学历史，并形成了一整套独特的办学形式、管理制度、教授方法，使源远流长的传统私学趋于成熟和完善。

唐开元年间设立的丽下书院和集贤殿书院虽是宫廷图书馆而不是一种教育机构，但它却是"书院"名称之始。继此之后，唐代出现的一些私人创办的书院，只是士大夫个人读书治学的场所。其中有几所如皇寮书院、梧桐书院、松竹书院、东佳书院等，已有讲学活动的记载，标志着以书院命名的教育机构的初步形成。唐五代的书院跟后来出现的书院往往有直接联系。所以，可以说唐代是中国书院的萌芽时期。

两宋时期中国书院蓬勃发展起来，共有书院三百九十七所，几乎达到了能够补充或代替官学的地步，足以使官学黯然失色。北宋书院最显著的标志就是出现了一批私人创办的全国著名的书院。由于书院教育受到了官方的支持和资助，因而起到了代替和补充官学的重要作用。

元代是书院建设的繁荣时期，共有书院二百二十七所，历来就有"书院之设，莫盛于元"之说。其原因有二：一是由于元朝政府对书院采取奖励政策；二是书院作为一种私学组织，仍然依赖于民间力量，元统一后很多儒家不愿到朝廷任官职而退居山林，建立书院，自由讲学，使私办书院增多。为了达到控制书院的目的，元朝政府采取委派山长或给山长授予官衔的方式，以掌握书院的领导权，书院的教授、学正、直学等职务的任命、提升也都由政府批准。

明代虽然重视文化教育，但却将重点放在发展完善各级官学上。明初书院处于沉寂状态。但是在官学成为科举附庸而"士风日陋"时，一批为解救时弊的士大夫便纷纷创办、复兴书院，利用书院培养人才。所以在明成化年间以后，不仅那些具有久远讲学传统的著名书院等相继复兴，还创办了许多新的书院。

清人入关后，清朝统治者虽然采取崇儒重教的政策，但是对书院则持严厉的抑制态度，阻碍了书院的发展。清代末年书院改制。书院制度是中国封建社会的产物，它必然随着封建社会的衰落而衰落。因此书院改制不是个人的愿望，而是一种历史的选择。

（二）古代科举制度

科举制度是中国及受中国影响的周边国家通过考试选拔官吏的制度，是封建时代所能采取的最公平的人才选拔形式，它扩展了封建国家引进人才的社会层面，吸收了大量出身中下层社会的人士进入统治阶级。特别是唐宋时期，科举制度之初，显示出生气勃勃的进步性，形成了中国古代文化发展的一个黄金时代。其发展过程大致如下。

1. 萌芽

在南朝齐时，秀才科的策试开始有了明确的规定，考试也比过去严格了很多，考试成绩分为上、中、下、不及格四等，不及格者不予授官。南朝梁时，梁武帝在建康设立五经馆，已经明确提出寒门庶族子弟不论出身，考试及格即可授官，随才而录用。各地寒门士子纷纷投馆就学。在北朝，北魏、北齐时，州县都设有中正，中书、集书、考功郎中三个部门，分别考核秀才、贡士、廉良三类人。当时的考试不但已经分科别类地实行，并且监督考场，不合格的举人当场就遭受斥黜。

2. 形成

到了隋朝，随着门阀、世族制度的衰落，隋文帝废除九品中正制，开始用分科考试选拔人才。

3. 确立

隋炀帝正式设进士、明经二科，通过考试取士。这是我国正式举行科举考试的开始。科举是分科举人的意思，这种制度保证了更多的中下层封建知识分子登上政治舞台，是选举制度的一次重大的变革。

4. 完善

唐承隋制，仍以进士、明经二科为主，另增设明法（法令）、明字（书法）、明算（算学、天文、历法）诸科。明经科重经术，试的是考生熟悉经书的程度。进士科重文辞，以考诗赋为主，故又称"辞科"。此外还要考时务策。唐高宗、武则天以后，进士科最为社会所重，被认为是致身通显的重要途径，每次录取一二十人，任官升迁，优于"明经"。武则天时期还首创武举和殿试（由皇帝主持的考试）。

四、古代礼俗文化

（一）婚俗与葬俗

婚俗和葬俗是人类社会学和人类文化学上很重要的问题。以婚姻而论，其制度的变化与风俗的形成，既反映了人类自身的进步，也反映了社会生活的发展，因而它也是衡量人类文明的一个尺度。而如何丧葬则深刻表现了人类对死亡这一问题的理解和认识。不同民族由于各自的历史进程并不一致，他们对未来世界的幻想和描绘也不尽相同。不同民族的婚姻关系和丧葬方式存在着许多殊异现象。考察婚丧嫁娶的各种不同，一直是社会学家和人类学家最感兴趣的课题。

1. 婚俗发展

"婚姻"这个词，通俗地说是男女两性结合为夫妻。但历史状况和实际生活远比这一解释要复杂得多。我国古书对"婚姻"二字的解释是："婚"同"昏"，是昏时迎娶的意思；"姻"同"因"，是因男而嫁的意思。《诗经·陈风·东门之杨》云："东门之杨，其叶牂牂；昏以为期，明星煌煌。"可见，"婚姻"二字的产生，应是父权制度已经完全确立以后的事。在远古时代，人类群居野处，男女混杂，性关系非常混乱而又自由，并没有什么婚姻概念。这正如《吕氏春秋·恃君览》所载的"其民聚生群处，知母不知父，无亲戚、兄弟、夫妻、男女之别"的那种原始群婚生活。

但从整体上说，我国约在距今二十万到三十万年以前的旧石器时代中期，就结束了原始群婚阶段而进入了血缘群婚阶段。所谓"血缘群婚"就是由血缘关系构成的一种群婚现象。它的特点是在同血缘的氏族内，相同辈分的男女互为夫妻，即所有的祖父、祖母，所有的父亲、母亲，所有的兄弟姐妹按辈分互为夫妻。只要是同辈男女都可以自由地发生性关系，但排斥祖孙之间、双亲和子女之间的性关系。这种血缘群婚在我国的神话传说中，可以看到一些痕迹。

随着社会的发展和文明的进步，人类逐渐认识到血缘婚姻的危害并逐渐产生明确的婚禁，即禁止一切血缘亲属间的性关系，而到无血缘关系的其他氏族集团寻找婚配对象，这就出现了氏族之间的"对偶婚"，也就是古代所说的"同姓不婚"。它的特点是非同一血缘氏族的男女方得婚配。男女间的结合尚不固定，没有严格的排他性，男可以多妻，女也可以多夫，但有一点是主要的，即都是男子入赘到女方氏族，子女归女方，从母姓，血统按母系计算，财产由女子继承。这就是母系氏族社会。对偶婚在我国大约从旧石器时代晚期一直延续到新石器时代晚期，距今约五万年到五千年。

对偶婚的进一步发展，就是固定的"一夫一妻制"。我国的"婚姻"概念也正是在这个阶段产生的。这一婚姻形态从仰韶文化中晚期到龙山文化时期开始出现和发展，一直持续到现在，包括了整个父权时代和刚刚开始的男女平等的时代。考古工作者曾经在陕西省华阴市发现了龙山文化时期的一个夫妻合葬墓，它是这种婚姻形态早已形成的证据。但是，父权制度的确立，就标志着女子地位的下降。一旦奴隶制度形成，妇女首先成为奴隶主掠夺和占有的对象。这些掠夺来的妇女不但要被奴隶主玩弄，而且还得服苦役，所以"奴"字带"女"字旁，而"奴隶"一词的本义正是隶属于他人的女子。从奴隶社会一直到新中国成立前，表面上是一夫一妻制，实际上是一夫多妻制；或说劳动人民是一夫一妻制，剥削阶级是一夫多妻制。在帝王那里是"三宫六院七十二嫔妃"和数不清的宫女，在公侯那里是夫人、姬妾，在官僚富豪那里则是妻妾、侍女。这时的妇女已完全是男子的附属品了。

当时的社会和家庭都认为婚姻是"上以事宗庙，下以继后世"的大事，必须经过"父母之命、媒妁之言"，才能组成合乎上述宗旨的婚姻。至于婚礼，古代的繁文缛节很多，尤其是大户以上人家，更是礼重如山，男女双方的礼节纠缠没完没了。但大致说来，从周代起，规定嫁娶时须行"六礼"：纳采、问名、纳吉、纳征、请期、亲迎。"纳采"是男方聘媒到女方说亲，并向女方送礼的环节。礼物是大雁，因为男属阳，女属阴，大雁南迁北返顺平阴阳，象征男女和顺；同时还因雁雌雄固定，有类夫妻，一只先死，另一只不再择偶，象征着爱情忠贞。"问名"是男方派人送信给女方，求问对方的名字及出生年月，女方复信具告的环节。"纳吉"是问名之后将男女双方的生辰八字通过巫师卜卦，卜得吉利即可相配、卜得凶兆双方告吹的环节。古人迷信，此礼至关重要。"纳征"是经占卜可以成亲后，由男方给女方正式下聘礼的环节。历代礼物不同，不外乎金、银、布、帛、茶。女方受得聘礼，这一门婚事就定了。"请期"是请巫师选一吉日，经双方议定嫁娶的日子的环节。"亲迎"是成亲那天，新郎奉父母之命亲自到女方家迎娶的环节。回到男方家里以后就要举行结婚仪式，要一拜天地，二拜高堂，然后夫妻对拜，最后饮合卺酒（或交杯酒）。后来又发展成合髻的仪式，即夫妻并坐，将二人一缕头发束在一起，"结发夫妻"一词就是由此而来。汉代以前，婚礼并不热闹，汉代以后日趋排场。至于皇帝的婚礼，形同国礼，其铺张场面更非庶民可比。

2. 丧葬发展

丧葬也是人类生活中的一件大事，因而仪式往往很隆重，是我国"礼"的一部分，称为"葬礼"。应当说，在远古社会，人死以后并不埋葬。古书也有"其亲死，则举而委之于壑"，让狐食蝇嘬的记载。后来产生了灵魂观念，认为人死了灵魂还活着，这些不死的灵魂还可能回来给人降临福祸，从而产生了对死者灵魂的怀念和敬畏，希望它们安宁不躁，由此衍生出复杂的祭祀和丧葬制度。

最初的丧葬方式很简单，古书上叫"死陵者葬陵，死泽者葬泽"。随着氏族制度的形成和发展，一个氏族的死者集中葬在公共的墓地，死者的头都朝着一个方向，以表明他们具有相同的血缘关系。如果氏族迁移，墓地也要迁移，于是有所谓的"二次葬"或者叫"复葬"。这种情况，在仰韶文化的遗址中都可以看到。

进入奴隶制的阶级社会以后，丧葬方式也因死者的地位高下而有了严格的区别。奴隶主视奴隶为会说话的工具和牲畜，所以奴隶主一死，属于他的奴隶就要同其他工具和牲畜一样从葬。这便是历史上最野蛮、最残忍的人殉制度。《墨子·节葬》记载了春秋战国时的人殉制度，云："天子杀殉，众者数百，寡者数十；将军、大夫杀殉，众者数十，寡者数人。"1986年发掘的陕西秦公一号大墓，被杀殉者达180余人，说明秦国奴隶主的殉葬人数是按天子等级安排的。逐渐地，一些奴隶主感到用活人和活畜殉葬是生产力的极大损失，因而改用仿制的人畜来殉葬，这就是"俑"。秦始皇兵马俑的发现，表明至少在秦代已流行用俑殉葬。秦俑同真人、真马一样大小，说明它是早期的俑殉。

在中国历史上，汉族主要流行土葬；而贵族地主又特别重视厚葬，凡是死者生前使用的器物、喜欢吃的食物及衣物都要随葬。封建帝王公卿的墓穴之所以设置众多的墓室，一方面是模仿他们生前的宫室住处，另一方面也是为了放置他们的随葬品。这就是中国大片土地下面埋藏了无数珍宝的原因。

汉族除了土葬以外，还有火葬，而且火葬的历史也很悠久。据《墨子》《荀子》等书的记载，我国在先秦时代就有火葬。当时实行火葬的先民，是生活在西北地区的民族，如氐族，后来融合于汉族。但据考古发现，在甘肃省临洮县发掘的原始社会村落遗址的墓葬中，有火化用的骨灰罐，说明当时已有火葬。佛教传入中国以后，由于和尚死后必须火葬，因而火葬风气对社会产生了一定影响，信仰佛教的王公百姓多有实行火葬的。如《水浒传》描写西门庆与潘金莲害死武大郎后，即运去火葬，说明那时确有火葬场所。但中国的儒学重视伦理道德，认为火葬有碍孝道，所以封建统治者还是明令禁止火葬的。

我国古代还有一种"石棺葬"，就是用石板或石块构筑成长方形的棺材，置于地面，即为墓地。采用这一葬法的并非同一个民族，地区主要集中在东北的松花江流域、四川西部的岷江和金沙江流域及云南境内的一些地方。而时间起于商周，盛行于战国到两汉，延续到明代。据县志载，陈异叔为明末孤臣，清兵入滇，他退避山中，晚年凿石为棺自葬。据近年来的学术研究，石棺葬起源于古人对石的崇拜。

我国古代还有一种葬法叫"悬棺葬"，就是把棺木高悬于崖壁的木桩上或洞穴里。这种悬棺葬在福建省武夷山，江西省贵溪市和四川省兴文县、珙县地区都有发现。武夷山悬棺据科学测定已有三千八百多年之久。这些悬棺离地面有的几十米，有的上百米，形似小船。四川的悬棺是古代生活在巴蜀地区的少数民族僰人的葬俗遗物，多数置于嵌入崖壁的木桩上。据认为，采用这一葬法的少数民族迷信灵魂可以升天，认为把棺木放得越高，灵魂就越容易升天。

此外，我国很多地区，特别是一些少数民族地区流行着各自独特的丧葬制度和习俗。这些葬制和葬俗都得到了保护和尊重。

（二）古代宗法制度

1. 古代宗法制度的发展

宗法制度是由氏族社会父系家长制演变而来的，是王族贵族按血缘关系分配国家权力，以便建立世袭统治的一种制度。其特点是宗族组织和国家组织合二为一，宗法等级和政治等级完全一致。这种制度确立于夏朝，发展于商朝，完备于周朝，影响于后来的各封建王朝。按照周朝的宗法制度，宗族中分为大宗和小宗。周王自称天子，称为天下的大宗。天子除嫡长子以外的儿子被封为诸侯。诸侯对天子而言是小宗，但在他的封国内却是大宗。诸侯的儿子被分封为卿大夫。卿大夫对诸侯而言是小宗，但在他的采邑内却是大宗。从卿大夫到士也是如此。因此贵族的嫡长子总是不同等级的大宗（宗子）。大宗不仅享有对宗族成员的统治权，而且享有政治上的特权。后来，各王朝的统治者对宗法制度加以改造，逐渐建立了由政权、族权、神权、夫权组成的封建宗法制度。

2. 古代宗法制度的形式

（1）家谱，是使后代知晓统系来处的方法，又可以使家族不散不失传。然而修家谱的目的是治国，将古代宗法尊祖、敬宗、收族的原则，变成了修宗谱、建宗祠、置族田、立族长、订族规的行为，将宗族制度发扬光大。家谱的雏形，在殷商卜辞中的世系关系中有所反映。隋唐以前，家谱的修撰已相当发达，大量的家谱书籍问世，但大多未流传后世，人们一般认为家谱起于宋代。

（2）宗祠在习惯上称为祠堂，是供奉祖先神主、进行祭祀的场所，被视为宗族的象征。宗庙制度产生于周代，《礼记·王制》中已记载了帝王贵族的宗庙制度。即天子七庙太祖、三昭、三穆；诸侯五庙太祖、二昭、二穆；公卿三庙太祖、一昭、一穆。秦代"尊君卑臣，无敢营宗庙者。汉世多建祠堂于墓所"。士大夫不敢建宗庙，从此宗庙成为天子专有。宋代朱熹提倡建立祠堂法：每个家族建立一个奉祀高、曾、祖、祢四世神主的祠堂四龛，而且，初立祠堂时，计现田每龛取二十分之一以为祭田，亲尽则以为基田。由宗子主之，以给祭用。清代，祠堂已遍及全国城乡各个家族，祠堂是族权与神权交织的中心。祠堂中的主祭——宗子，相当于天子。管理全族事务的宗长，相当于丞相。宗正、宗直，相当于礼部尚书与刑部尚书。祠堂最能体现宋代宗法制家国一体的特征。

（3）族规是家族的法律。族规在唐代以前是一家一户家长教养子孙的仪礼与规矩。最早的家规是三国时魏人田畴为其家族制定的。宋代，宗族组织普遍，家规由一家一户的家训，转变成专门约束家庭成员的规章，家法、族规成为封建国法的重要补充。族规的作用也体现了它的内容：第一，强制性的尊祖；第二，维护等级制度，严格区分嫡庶、房分、辈分、年龄、地位的不同；第三，强制实行儒家伦理道德，必须尊礼奉孝。

宋明以后，宗族制得到统治阶级的支持，族权布满农村社会各个角落的众多宗族，成为仅次于政权的权力体系。族权与政权互补互用，是中国的封建社会得以长期延续的重要原因。

思考与练习

一、填空题

1. 汉代的学校分官学和私学两类，而以＿＿＿＿为最发达。

2. 明朝将科举考试分为乡试、＿＿＿＿、＿＿＿＿三级，采用八股取士。

3. 清代的＿＿＿＿和＿＿＿＿是封建王朝培养人才的主要场所。

4. 从周代起，规定嫁娶时须行"六礼"：纳采、问名、_____、纳征、_____、亲迎。

二、论述题

1. 试分析名、字、号的异同。

2. 简述古代书院的起源与发展。

3. 简述古代科举制度的发展过程。

文史知识拓展

字里行间长知识——说"冠"

《说文解字》当中对"冠"的解释为："冠，絭也，所以絭发，弁冕之总名也。"这就是说"冠"是用来束住头发的，与"弁""冕"是同一类的东西。按照我们今天的理解，"冠"即古人的帽子。其实，"冠"跟我们今天所说的帽子的形制是不一样的。古人的"冠"并不像现在的帽子那样把头顶全盖住，而是用冠圈套在束好的头发上，上面有一根不宽的冠梁，从前到后，覆在头顶上，其主要作用是束住头发，当然也有装饰作用。

扫一扫 学一学

《礼记·曲礼上》云："男子二十，冠而字。"古人不是一生出来就可戴冠的，要年满二十，行过戴冠之礼，方有资格戴冠并另起别名，社会与家庭才承认他是成人了。同时这又说明，"冠"是古代男子的专利品，女子是无权问津的。然而，也不是所有的男子都能享受这一权利。西周时期，等级制度逐渐确立，"非其人不得服其服"的思想体制逐渐完善，戴冠是贵族的特权。而此时平民只能"戴帻"，也就是用头巾把头发束起来，穷人大多只能用麻绳束发。所以即便是孔孟这样的大学者也没戴冠的资格，只能用帕头将头发裹住。因此他们常教育学生要有轩冕之志，鼓励他们走上仕途。

"冠"是古代贵族男子身份的标志，因此那些贵族男子把"冠"看得相当重要。据《后汉书·马援传》载：马援未做官时，"敬事寡妇，不冠不入庐。"由此可见，古人视该戴冠而不戴冠为非礼。又如《左传·哀公十五年》记述卫国之乱，子路被人砍断系冠之缨，他说："君子死，冠不免。"于是竟放下武器结冠带，结果被对方杀死。我们从子路要冠不要命的可笑执迂中，可看出"冠"对古代贵族男子来说，是何等重要。

到了汉朝，对于戴冠有了更明确的规定，皇帝戴的叫冕，士大夫戴的叫冠。百姓依旧不能戴冠，所以男子过了二十岁便开始裹帻巾，平时冠巾约发且不裹额，或只是束发加笄。东汉时，情况略有变化，矮筒状平巾帻不分贵贱，一律使用。平巾帻上加梁的梁冠及平巾帻上加漆的纱冠，也成为定制。

魏晋南北朝时，随着少数民族政权的建立，各民族间的交流增加，没有官职的文人雅士都可以戴冠了。以往的冠帽逐渐被文人所用的幅巾代替，不仅文人用巾子表示名士风流，将帅也头着缣巾。但平民还是戴不起，只能用最廉价的黑色头巾包在头上，乌纱帽便由此而来。不过后来乌纱帽多为官家戴，明朝时更是成为做官为宦的代名词。

顺便提及，冠、弁、冕既属同类，是否没有区别呢？清代学者段玉裁说："析言之，冕、弁、冠三者异制；浑言之，则冕、弁亦冠也。"可见冠、弁、冕还是有所区别的。冠、弁都是古代贵族男子戴的帽子，只不过"弁"是贵族男子戴的比较尊贵的帽子而已，至于"冕"就只有天子、诸侯、大夫才有福戴了。

（资料来源：编者根据相关资料整理）

附录一　古代汉语常用工具书简介

一、工具书的种类及作用

我们在阅读古书的时候，往往会遇到语言文字上的许多障碍。要解决这些问题，我们不仅应该善于使用前代注释书中的成果来阅读和理解古书，还应该善于借助相关的工具书。

我国的工具书类型繁多，如百科全书、字典辞书、类书、索引，等等，并且数量丰富，即以语言文字学著作为例，数量也十分可观。我们不可能一一掌握。从学习古代汉语的角度来说，我们应该重点了解的工具书是《说文解字》《尔雅》《经传释词》等。这些工具书是我国最早的语言文字学工具书，后代的语言文字学著作大多是对它们的模仿或继承发展之作。

二、常用工具书的使用方法

（一）检字方法

1. 汉语拼音字母音序检字法

如果已知道某个字的读音，想了解这个字的意义，就可用此方法。如已经知道"涩"字读sè，就可按这个音节的声母"s"去查字典或词典正文前的"汉语拼音音节索引"，得知属于sè音节的字在正文中的页码，即可查到"涩"字的意义。

2. 部首检字法

倘若要想了解一个字的读音、意义，就可用此方法。如要查"泄"字，可先确定它的部首是"氵"，然后从字典或词典正文前"部首检字表"中的"部首目录"三画中找到"氵"部在"检字表"中的页码，再按"世"笔画五画查得"泄"字在正文中的页码。从而查看它的音、义。使用这种检字法，先要确定字的部首。

3. 四角号码检字法

四角号码检字法是根据汉字方块形式的特点编制而成的一种检字法。这种方法把汉字的笔画分为十类，用0到9这十个数字表示，并按字的左上、右上、左下、右下四个角取号，把四个角的笔形号码按顺序连接起来，就是四角号码。在确定了一个字的四角号码后，然后查字典或词典正文前的"四角号码检字表"，明确这个字在正文中的页码。查某个词语，只要用这种检字法从词典中查这个词语打头的字，就可查到。

（二）注音方法

1. 直音法

直音法即用同音字注音。古书中有运用直音法的例子，如《汉书·武帝纪》应劭注："弛，音移。"《汉书·地理志》孟康注："沮，音俎。"

2. 读若（读如）法

我国最早的字书《说文解字》大多使用读若（读如）法注音。如《说文解字》："馗，迫也。读若求。"《礼记·儒行》："起居竞信其志。"郑玄注："信，读如屈伸之伸，假借字也。"

3. 反切法

反切法是用两个汉字拼注一个汉字读音的注音方法。其方法是：反切上字与被切字声母相同，下字与被切字韵母、声调相同。如："呼报反"，即用"呼"的声母"h"和"报"的韵母"ɑo"声调（ˋ）相拼，是"号"或"爱好"的"好"。

4. 譬况法

譬况法就是采用打比方的形式，用音近或同音字注音的方法。譬况法往往比况描写被注字音的发音部位和发音方法。如《淮南子·地形训》："其地宜黍，多旄犀"。高诱注："旄读绸缪之缪，急气言乃得之。"

（三）释义方法

1. 直训

直训也叫语词式。它用一个词去解释另一个词。如：元，始也。

2. 描写

描写即对被释对象的特征、形状、位置、作用等给予解释。如：缶，瓦器，所以盛酒浆、秦人鼓之以节歌。

3. 义界

义界也称为定义式。如：斗，十升也。

4. 譬况

譬况即用人们熟知的事物去比方不熟悉的或难以解说的事物。如：黑，火所熏之色也。

三、常用工具书介绍

（一）字典类

1.《说文解字》

《说文解字》是我国第一部系统地分析字形考求本义的字典。它用"读若"的方法注释字音，所以它又是研究上古音的重要依据。它的解说体例是：先释义，后解形，再注音。目前比较流行的版本是北宋徐铉校订的本子，世称"大徐本"。

《说文解字》全书分十五卷，其中一至十四卷为正文，第15卷为序目。每卷分上、下。共收字（一般为小篆）九千三百五十三个，重文一千一百六十三个，总计收字一万零五百一十六个。《说文解字》把所收九千三百五十三字按汉字的形体和偏旁结构分列五百四十部，首创部首编排法；用六书的理论来解释文字，确立了六书的体系；以小篆为主作为分析对象，既保存了小篆的写法系统，又保存了汉代以前的古音古训，为古代文字学、汉语语源学和古音学提供了重要的参考资料。

2.《康熙字典》

《康熙字典》为清康熙四十九年（1710年）命张玉书、陈廷敬等三十人编撰的，至康熙五十五年（1716年），历六年而成书。这是现存的第一部官修的字典。这部字典按部首笔画的多少，把214个部首分别归入十二集中。十二集以子丑寅卯等十二地支命名。是古代收字最多的字典，共收47 000多字。

这本字典的释字体例是先引韵书释字音，先反切后直音。字义也多数引书作解。引书释义则从先秦古籍到唐宋元明诸家著作、字书、词书无所不引，还引古注。解释一字至少引一种书。博引群书释音义是此书的最大特点。此书的缺点也较多：一是释义未按本义、引申义、假借义的次序排列，不容易把握词义系统；二是引书失校，错误较多；三是注音错误不少。

3.《汉语大字典》

《汉语大字典》是由四川、湖北两省组成编委会集体编写，是一部解释汉字形、音、义的大型语文工具书。这部大字典是目前我国搜集汉字单字最多的字典，共收单字五万六千个左右。这部字典以楷书为标准字形，按二百个部首排列，每个楷书下面收列能反映其形体演变的甲骨文、金文、大篆、古文、小篆、隶书字形。然后再说明本义、读音，并按本义、引申义、假借义的顺序分项解释其各种含义、用法，最后征引古书用例。是汉语字典集大成之作。

4.《古汉语常用字字典》

《古汉语常用字字典》是1979年商务印书馆出版的图书，现已修订到第五版（2016年）。共收字三千七百多个，都是古汉语使用频率很高的字，另外还收了两千多个双音词。书后附有《难字表》，收难字二千六百多个，但只有注音和释义，没有例句。收词精当，释义准确，例证丰富，注意义项之间的联系，实用性和普及性兼备。是广大学生学习古汉语的必备工具书。

这本字典在释义上的特色是：注重字义的发展变化，尽可能注出哪些意义是后起的；吸取传统训诂学用"浑言""析言"分析字义的方法，区分字义的泛指和特指；在一些字的下面另立一项，用来辨析同义词或近义词之间的异同；在一些字的下面，标示"注意"，一般用来指出词义在历史发展中应当注意的地方，有字音方面的，也有字形方面的。

（二）词典类

1.《尔雅》

《尔雅》是我国第一部词典。"尔"是近的意思，"雅"是雅言、通语。《尔雅》是用近代雅言训释经书的一部训诂工具书。

其把二千多个条目分成十九个义类，首创了按照义类来编排词典的体例，汇集并训释了大量的上古汉语词语，比较完整地反映了上古汉语词汇的基本面貌，是阅读和研究先秦古籍的重要工具书，它对于汉语史的研究具有重要价值；《尔雅》所释词语涉及上古时期社会及自然现象的各个方面，为我们了解古代社会提供了一把钥匙。《尔雅》开创的体例为后代语文辞典和百科辞典的编纂所继承并得到发展和完善。《尔雅》的内容主要是以雅言、通语为标准来辨析名物和解释方言。其训释词义的方式大致可分为义训和声训两类。

2.《经传释词》

《经传释词》，清代王引之著。这是一部专门解释上古汉语虚词的字典。它所研究的材料"自九经三传及周秦西汉之书，凡语助之文，遍为搜讨，分字编次"（《经传释词·序》）。该书所收虚词一百六十个，按照三十六字母的顺序编排。在每字之下分别说明其意义和用法，并且旁征博引，追溯源流，引证与说解详备。该书运用了"互文（或称变文）见义""异文求义""古注互推"和"归纳求义"等训诂学方法，特别是运用了"就古音以求古义，引申触类，不限形体"的研究方法，有很多精辟的见解。《经传释词》把虚词分为"常语""语助""叹词""发声""发语词"等几大类别，其中多有交叉，其分类是不甚明确的。另外对虚词的解释只限于"前人所未及者补之，误解者正之，其易晓者，则略而不论"（《经传释词·序》），因此使得该书的使用价值受到一定的限制。该书对某些虚词的解释也偶有错误之处。

3.《辞源》

《辞源》由商务印书局编印，初版于1915年，1979—1983年出版第二版，2015年出版第三版。新版《辞源》为古汉语专门工具书。全书按二百一十四个部首排列。在字头下，用汉语拼音字母和注音字母注音，标明反切，列出单字义项及书证，单字之后收列该字起头的词语，进行解释并列出书证。《辞源》是一部兼收古汉语普通词语和百科词语的大型综合性词典。收录的词条共有九万余条，凡普通词语、成语、典故及重要的人名、地名、职官、文献、器物、动物、植物等专门名词术语，都包括在内。

4.《汉语大辞典》

《汉语大辞典》由罗竹风主编，中国汉语大辞典编辑委员会、汉语大辞典编纂处编纂。从1986年出版第一卷到1994年出版最后一卷。全书十二卷，词目约三十七万条，五万万字。是一部大型的历史性的详解语文词典，它试图从语词的历史演变过程加以阐述，古今兼收，源流并重。这部词典是迄今汉语语文辞书中搜罗最为宏富的一部大型语文词典。

附录二　简化字总表（1986年新版）

第一表　不作简化偏旁用的简化字

本表共收简化字350个，按读音的拼音字母顺序排列。本表的简化字都不得作简化偏旁使用。

A

碍［礙］
肮［骯］
袄［襖］

B

坝［壩］
板［闆］
办［辦］
帮［幫］
宝［寶］
报［報］
币［幣］
毙［斃］
标［標］
表［錶］
别［彆］
卜［蔔］
补［補］

C

才［纔］
蚕［蠶］①
灿［燦］
层［層］
搀［攙］
谗［讒］
馋［饞］
缠［纏］②
忏［懺］
偿［償］
厂［廠］
彻［徹］
尘［塵］
衬［襯］
称［稱］
惩［懲］
迟［遲］
冲［衝］
丑［醜］

出［齣］
础［礎］
处［處］
触［觸］
辞［辭］
聪［聰］
丛［叢］

D

担［擔］
胆［膽］
导［導］
灯［燈］
邓［鄧］
敌［敵］
籴［糴］
递［遞］
点［點］
淀［澱］
电［電］
冬［鼕］

斗［鬥］
独［獨］
吨［噸］
夺［奪］
堕［墮］

E

儿［兒］

F

矾［礬］
范［範］
飞［飛］
坟［墳］
奋［奮］
粪［糞］
凤［鳳］
肤［膚］
妇［婦］
复［復］

［複］

G

盖［蓋］
干［乾］③
　［幹］
赶［趕］
个［個］
巩［鞏］
沟［溝］
构［構］
购［購］
谷［穀］
顾［顧］
刮［颳］
关［關］
观［觀］
柜［櫃］

H

汉［漢］
号［號］
合［閤］
轰［轟］
后［後］
胡［鬍］
壶［壺］
沪［滬］
护［護］
划［劃］
怀［懷］
坏［壞］④
欢［歡］
环［環］
还［還］
回［迴］
伙［夥］⑤
获［獲］
　［穫］

---

① 蚕：上从天，不从夭。
② 缠：右从廛，不从厘。
③ 乾坤、乾隆的乾读qián（前），不简化。
④ 不作坏。坏是砖坯的坯，读pī（批），坏坏二字不可互混。
⑤ 作多解的夥不简化。

| J | | K | | L | | M | | N | | P | | Q | | R | | S | | T | |

J

击[擊]
鸡[鷄]
积[積]
极[極]
际[際]
继[繼]
家[傢]
价[價]
艰[艱]
歼[殲]
茧[繭]
拣[揀]
硷[鹼]
舰[艦]
姜[薑]
浆[漿]①
桨[槳]
奖[獎]
讲[講]
酱[醬]
胶[膠]
阶[階]
疖[癤]
洁[潔]
借[藉]②
仅[僅]

惊[驚]
竞[競]
旧[舊]
剧[劇]
据[據]
惧[懼]
卷[捲]

K

开[開]
克[剋]
垦[墾]
恳[懇]
夸[誇]
块[塊]
亏[虧]
困[睏]

L

腊[臘]
蜡[蠟]
兰[蘭]
拦[攔]
栏[欄]
烂[爛]
累[纍]
垒[壘]

类[類]③
里[裏]
礼[禮]
隶[隸]
帘[簾]
联[聯]
怜[憐]
炼[煉]
练[練]
粮[糧]
疗[療]
辽[遼]
了[瞭]④
猎[獵]
临[臨]⑤
邻[鄰]
岭[嶺]⑥
庐[廬]
芦[蘆]
炉[爐]
陆[陸]
驴[驢]
乱[亂]

M

么[麼]⑦
霉[黴]

蒙[矇]
[濛]
[懞]
梦[夢]
面[麵]
庙[廟]
灭[滅]
苠[嶙]
亩[畝]

N

恼[惱]
脑[腦]
拟[擬]
酿[釀]
疟[瘧]

P

盘[盤]
辟[闢]
苹[蘋]
凭[憑]
扑[撲]
仆[僕]⑧
朴[樸]

Q

启[啓]
签[籤]
千[韆]
牵[牽]
纤[縴]
[纖]⑨
窍[竅]
窃[竊]
寝[寢]
庆[慶]⑩
琼[瓊]
秋[鞦]
曲[麯]
权[權]
劝[勸]
确[確]

R

让[讓]
扰[擾]
热[熱]
认[認]

S

洒[灑]

伞[傘]
丧[喪]
扫[掃]
涩[澀]
晒[曬]
伤[傷]
舍[捨]
沈[瀋]
声[聲]
胜[勝]
湿[濕]
实[實]
适[適]⑪
势[勢]
兽[獸]
书[書]
术[術]⑫
树[樹]
帅[帥]
松[鬆]
苏[蘇]
[囌]
虽[雖]
随[隨]

T

台[臺]

---

① 浆、桨、奖、酱：右上角从夕，不从夕或⺈。
② 藉口、凭藉的藉简化作借，慰藉、狼藉等的藉仍用藉。
③ 类：下从大，不从犬。
④ 瞭：读liǎo（了解）时，仍简作了，读liào（瞭望）时作瞭，不简作了。
⑤ 临：左从一短竖一长竖，不从丨。
⑥ 岭：不作岺，免与岑混淆。
⑦ 读me轻声。读yāo（夭）的么应作幺（么本字）。吆应作吆。麼读mó（摩）时不简化，如幺麼小丑。
⑧ 前仆后继的仆读pū（扑）。
⑨ 纤维的纤读xiān（先）。
⑩ 庆：从大，不从犬。
⑪ 古人南宫适、洪适的适（古字罕用）读kuò（括）。此适字本作的适，为了避免混淆，可恢复本字适。
⑫ 中药苍术、白术的术读zhú（竹）。

［檀］	袜［襪］②	协［協］	医［醫］	酝［醞］	致［緻］
［颱］	网［網］	胁［脅］	亿［億］		制［製］
态［態］	卫［衛］	亵［褻］	忆［憶］	**Z**	钟［鐘］
坛［壇］	稳［穩］	衅［釁］	应［應］		［鍾］
［罎］	务［務］	兴［興］	痈［癰］	杂［雜］	肿［腫］
叹［嘆］	雾［霧］	须［鬚］	拥［擁］	赃［贓］	种［種］
誊［謄］		悬［懸］	佣［傭］	脏［臟］	众［衆］
体［體］	**X**	选［選］	踊［踴］	［髒］	昼［晝］
枭［梟］		旋［鏇］	忧［憂］	凿［鑿］	朱［硃］
铁［鐵］	牺［犧］		优［優］	枣［棗］	烛［燭］
听［聽］	习［習］	**Y**	邮［郵］	灶［竈］	筑［築］
厅［廳］①	系［係］		余［餘］⑧	斋［齋］	庄［莊］⑫
头［頭］	［繫］③	压［壓］⑥	御［禦］	毡［氈］	桩［樁］
图［圖］	戏［戲］	盐［鹽］	吁［籲］⑨	战［戰］	妆［妝］
涂［塗］	虾［蝦］	阳［陽］	郁［鬱］	赵［趙］	装［裝］
团［團］	吓［嚇］④	养［養］	誉［譽］	折［摺］⑩	壮［壯］
［糰］	咸［鹹］	痒［癢］	渊［淵］	这［這］	状［狀］
椭［橢］	显［顯］	样［樣］	园［園］	征［徵］⑪	准［準］
	宪［憲］	钥［鑰］	远［遠］	症［癥］	浊［濁］
W	县［縣］⑤	药［藥］	愿［願］	证［證］	总［總］
	响［響］	爷［爺］	跃［躍］	只［隻］	钻［鑽］
洼［窪］	向［嚮］	叶［葉］⑦	运［運］	［祇］	

① 厅：从厂，不从广。
② 袜：从末，不从未。
③ 系带子的系读 jì（计）。
④ 恐吓的吓读 hè（赫）。
⑤ 县：七笔，上从且。
⑥ 压：六笔。土的右旁有一点。
⑦ 叶韵的叶读 xié（协）。
⑧ 在余和馀意义可能混淆时，仍用馀。如文言句"馀年无多"。
⑨ 喘吁吁，长吁短叹的吁读 xū（虚）。
⑩ 在折和摺意义可能混淆时，摺仍用摺。
⑪ 宫商角徵羽的徵读 zhǐ（止），不简化。
⑫ 庄：六笔。土的右旁无点。

第二表　可作简化偏旁用的简化字和简化偏旁

　　本表共收简化字132个和简化偏旁14个。简化字按读音的拼音字母顺序排列，简化偏旁按笔数排列。

A

爱［愛］

B

罢［罷］
备［備］
贝［貝］
笔［筆］
毕［畢］
边［邊］
宾［賓］

C

参［參］
仓［倉］
产［產］
长［長］①
尝［嘗］②
车［車］
齿［齒］

虫［蟲］
刍［芻］
从［從］
窜［竄］

D

达［達］
带［帶］
单［單］
当［當］
　［噹］
党［黨］
东［東］
动［動］
断［斷］
对［對］
队［隊］

E

尔［爾］

F

发［發］
　［髮］
丰［豐］③
风［風］

G

冈［岡］
广［廣］
归［歸］
龟［龜］
国［國］
过［過］

H

华［華］
画［畫］
汇［匯］
　［彙］
会［會］

J

几［幾］
夹［夾］
戋［戔］
监［監］
见［見］
荐［薦］
将［將］④
节［節］
尽［盡］
　［儘］
进［進］
举［舉］

K

壳［殼］⑤

L

来［來］
乐［樂］
离［離］

历［歷］
　［曆］
丽［麗］⑥
两［兩］
灵［靈］
刘［劉］
龙［龍］
娄［婁］
卢［盧］
虏［虜］
卤［鹵］
　［滷］
录［錄］
虑［慮］
仑［侖］
罗［羅］

M

马［馬］⑦
买［買］
卖［賣］⑧
麦［麥］

门［門］
黾［黽］⑨

N

难［難］
鸟［鳥］⑩
聂［聶］
宁［寧］⑪
农［農］

Q

齐［齊］
岂［豈］
气［氣］
迁［遷］
佥［僉］
乔［喬］
亲［親］
穷［窮］
区［區］⑫

---

① 长：四笔。笔顺是：ノ亡长长。
② 尝：不是赏的简化字。赏的简化字是赏。
③ 四川省酆都县已改丰都县。姓酆的酆不简化作邦。
④ 将：右上角从夕，不从夕或爫。
⑤ 壳：几上没有一小横。
⑥ 丽：七笔。上边一横，不作两小横。
⑦ 马：三笔。笔顺是⁷马马。上部向左稍斜，左上角开口，末笔作左偏旁时改作平挑。
⑧ 卖：从十从买，上不从土或士。
⑨ 黾：从口从电。
⑩ 鸟：五笔。
⑪ 作门屏之间解的宁（古字罕用）读 zhù（柱）。为避免此宁字与宁的简化字混淆，原读 zhù 的宁作㝉。
⑫ 区：不作区。

S	岁[歲]	无[無]④	厌[厭]	**Z**	纟[糸]
	孙[孫]		尧[堯]⑥		収[叚]
啬[嗇]		**X**	业[業]	郑[鄭]	⺍[燚]
杀[殺]	**T**		页[頁]	执[執]	⺻[臨]
审[審]		献[獻]	义[義]⑦	质[質]	只[戠]
圣[聖]	条[條]②	乡[鄉]	艺[藝]	专[專]	钅[金]⑪
师[師]		写[寫]⑤	阴[陰]		𭕄[與]
时[時]	**W**	寻[尋]	隐[隱]	**简化偏旁**	罙[罩]⑫
寿[壽]			犹[猶]		圣[坙]
属[屬]	万[萬]	**Y**	鱼[魚]	讠[言]⑧	亦[䜌]
双[雙]	为[爲]		与[與]	饣[食]⑨	呙[咼]
肃[肅]①	韦[韋]	亚[亞]	云[雲]	彐[易]⑩	
	乌[烏]③	严[嚴]			

---

① 肃：中间一竖下面的两边从八，下半中间不从米。
② 条：上从冬，三笔，不从夂。
③ 乌：四笔。
④ 无：四笔。上从二，不可误作尢。
⑤ 写：上从冖，不从宀。
⑥ 尧：六笔。右上角无点，不可误作尭。
⑦ 义：从乂（读yì）加点，不可误作叉（读chā）。
⑧ 讠：二笔。不作訁。
⑨ 饣：三笔。中一横折作𠃌，不作丶或点。
⑩ 彐：三笔。
⑪ 钅：第二笔是一短横，中两横，竖提不出头。
⑫ 睾丸的睾读gāo（高），不简化。

参考文献

［1］ 张世禄. 古代汉语教程［M］. 上海：复旦大学出版社，2020.

［2］ 程裕祯. 中国文化要略［M］. 北京：外语教学与研究出版社，2020.

［3］ 殷国光，赵彤. 古代汉语［M］. 北京：中国人民大学出版社，2016.

［4］ 吴鸿清. 古代汉语基础［M］. 北京：北京大学，2015.

［5］ 程观林. 古代汉语［M］. 上海：华东师范大学出版社，2012.

［6］ 王力. 古代汉语［M］. 北京：中华书局，2011.

［7］ 王力. 古代汉语（四册）［M］. 北京：中华书局，1981.

［8］ 许嘉璐. 古代汉语（上中下）［M］. 北京：高等教育出版社，1992.

［9］ 郭锡良. 古代汉语（上下）［M］. 北京：商务印书馆，2001.

［10］ 王宁. 汉字学概要［M］. 北京：北京师范大学出版社，2001.

［11］ 王力. 中国语言学史［M］. 太原：山西人民出版社，1981.

［12］ 程观林. 古代汉语（第三版）［M］. 上海：华东师范大学出版社，2006.

［13］ 何九盈. 中国古代语言学史［M］. 北京：高等教育出版社，2000.